I0032345

CODE PÉNAL

GÉNÉRAL

DE L'EMPIRE D'AUTRICHE,

AVEC DES APPENDICES

CONTENANT

LES RÈGLEMENTS GÉNÉRAUX LES PLUS RÉCENTS;

TRADUIT SUR LA DERNIÈRE ÉDITION OFFICIELLE,

PAR M. VICTOR FOUCHER,

AVOCAT GÉNÉRAL DU ROI
PRÈS LA COUR ROYALE DE RENNES.

PARIS.

IMPRIMÉ PAR AUTORISATION DU ROI

A L'IMPRIMERIE ROYALE.

M DCCC XXXIII.

AVERTISSEMENT

DU TRADUCTEUR.

La traduction d'un Code ne peut être que littérale : la pureté du style doit y être sacrifiée à la nécessité de ne hasarder aucune signification qui expose le lecteur à prendre le change sur l'esprit de la loi. Nous avons, dans notre travail, poussé fort loin le scrupule sous ce rapport ; nous avons même évité d'enlever à l'original son cachet germanique, afin que chacun pût se rendre compte non-seulement de la pensée du législateur, mais aussi des formes sous lesquelles il la manifeste.

Pour l'homme qui étudie les législations comparées, il ne suffit pas d'examiner les liaisons d'une disposition avec le système auquel elle appartient, il faut, en outre, rechercher quel a été le mode suivi pour le développement de ce

a

COLLECTION

DES

LOIS CIVILES ET CRIMINELLES

DES ÉTATS MODERNES.

PREMIÈRE LIVRAISON.

A PARIS,

Chez DUPONT ET CAILLEUX, Éditeurs, rue de
Grenelle-Saint-Honoré, n° 55 ; Hôtel des Fermes.

système ; car tout est important dans une matière qui touche aux intérêts les plus intimes
et affecte jusqu'à la vie de l'homme social.

APERÇU ANALYTIQUE

DU CODE.

Ce Code, exécutoire depuis 1815 dans tous les États autrichiens, se divise en deux parties bien distinctes; chaque partie règle la compétence des tribunaux appelés à prononcer sur les transgressions qu'elle réprime, en même temps qu'elle détermine la peine et le mode de procédure; chaque partie est donc un code complet pour les matières qu'elle embrasse; elle prend l'homme au moment où le soupçon de l'infraction le saisit, et le conduit jusqu'à l'exécution de la sentence; aussi se divise-t-elle, elle même, en deux sections, l'une de pénalité, l'autre de procédure; quant à la compétence, elle résulte de la qualification donnée au fait, et la qualification donnée au fait prend sa source dans la sanction pénale de l'infraction.

Les qualifications sont celles de *délits*, ou de *graves infractions de police ;* la première partie du Code règle ce qui concerne les délits; la deuxième partie, ce qui est grave infraction de police.

a.

Les peines ne sont pas classées, comme dans le Code pénal français, en peines afflictives, infamantes, criminelles ou correctionnelles.

La prison, base de la pénalité, n'y dégénère pas en nos travaux forcés ; plus le condamné est perverti, plus on l'isole, plus on le séquestre non-seulement de la société, mais aussi de ses compagnons.

Dans le Code autrichien la perte de la liberté, considérée comme peine, se qualifie *prison* et *arrêt*.

La prison s'applique aux délits.

L'arrêt s'applique aux graves infractions de police.

La prison a trois degrés, elle est *simple*, *dure* ou *très-dure* : c'est l'isolement plus ou moins sévère, plus ou moins complet, accompagné, dans les deux degrés les plus élevés, de la mise aux fers.

L'arrêt est ou n'est pas rigoureux ; rigoureux, il constitue une espèce d'isolement.

La prison peut être prononcée à vie ; prononcée à temps, sa durée a pour limites extrêmes six mois et vingt ans.

Le minimum de l'arrêt est de vingt-quatre heures, son maximum de six mois.

La prison et l'arrêt peuvent être aggravés du *jeûne*, de *travaux plus durs*, d'un *châtiment corporel*, de l'*exposition publique* : la prison seule peut l'être de la *marque* et du *bannissement* ; l'arrêt est, cependant, quelquefois suivi de l'*expulsion* temporaire ou indéfinie d'une localité ou des États; mais le bannissement comme l'expulsion de tous les États autrichiens ne se prononce jamais que contre les étrangers.

Le châtiment corporel est souvent appliqué comme peine principale; en France, il nous révolterait avec raison. Mais, dans les États héréditaires, il paraît que le sentiment de la dignité de l'homme n'est pas encore arrivé au même degré de maturité.

L'amende se fait remarquer aussi dans ce Code comme sanction pénale, particulièrement pour les graves infractions de police; elle peut être commuée en châtiment corporel, même en arrêt, lorsque le recouvrement serait préjudiciable aux moyens d'existence du condamné; l'arrêt, de son côté, peut être subi au domicile du coupable, suivant les circonstances, ou suivant la condition de celui-ci.

Comme on le voit, l'égalité devant la loi est entendue dans ce Code d'une manière autre que dans notre patrie : chez nous elle est absolue; dans les États autrichiens elle est relative ou même elle se réduit à ne pas laisser l'infraction impunie; cependant, pour les faits qualifiés délits, sauf le châtiment corporel qu'on n'applique pas aux classes privilégiées (autant que cela m'a paru résulter encore plus de l'esprit de la loi que de son texte), la pénalité est la même pour tous les coupables; la distinction ne

porte que sur le tribunal compétent, et sur certaines
formalités à remplir en cas de condamnation.

La pénalité est, en général, assez douce dans le
Code autrichien ; la latitude laissée au tribunal de
commuer certaines peines lorsqu'elles pourraient trop
léser la famille du condamné lui imprime quelquefois un caractère paternel ; il est néanmoins quelques
exceptions ; tous les faits tenant à l'ordre politique
y sont rigoureusement réprimés, et ils sont nombreux ;
hors ces cas, la peine de mort y est rarement
prononcée.

Le système pénal adopté en Autriche est d'accord
avec la forme du gouvernement, et on doit particulièrement louer le mode d'exécution de la prison
et de l'arrêt, qui se rapproche beaucoup du système
pénitentiaire, et frappe davantage les coupables dans
leurs inclinations vicieuses.

Mais si l'on rencontre quelques heureuses combi-
naisons dans plusieurs parties de la pénalité de ce
Code, si la deuxième partie qui traite des graves
infractions de police nous a paru être telle qu'on
pourrait y puiser les bases d'un excellent code,
il n'en est pas de même de la section qui forme
la deuxième division de chaque partie et règle le
mode de procédure ; ainsi, l'instruction est secrète,
l'inculpé ne peut arriver à un débat contradictoire
devant ses juges, les sentences d'absolution peuvent,
en certains cas, être révisées, lors même qu'elles sont-

devenues définitives. Il est vrai que pour pallier ces vices, le tribunal ne peut, sans soupçon légal, mettre un homme en prison ; mais ce tribunal pour l'instruction et particulièrement pour l'appréciation du soupçon légal, se compose d'un seul magistrat ; il est vrai encore que, lors de l'interrogatoire de l'inculpé, ce magistrat est obligé de se faire assister de deux assesseurs pour attester que rien n'a été changé aux réponses de l'accusé ; mais que devient cette garantie lorsque l'inculpé ne peut avoir la communication des pièces mises à sa charge ? Enfin, si l'on accorde au condamné le recours contre la sentence, ce recours est presque illusoire puisque aucune nouvelle latitude ne lui est accordée.

Nous venons de parler d'un seul juge instructeur, car notre institution du ministère public, si belle quand elle est bien comprise, n'existe pas dans les États autrichiens.

Un juge, sous la dénomination de tribunal criminel, procède d'office dans chaque district, à l'instruction des infractions qualifiées *délits*.

Le magistrat chargé de la police dans chaque commune vaque à l'instruction des graves infractions de police.

Cependant des assesseurs assermentés doivent assister aux principaux actes de l'instruction.

L'instruction close, la sentence est formée et rendue hors de la présence de l'inculpé.

En matière de délits, pour former la sentence, le tribunal criminel appelle pour se compléter deux hommes de loi que le tribunal supérieur a déclarés aptes à faire ce service, plus deux assesseurs assermentés; en général, ceux qui ont assisté aux interrogatoires.

La sentence prononcée est déférée, selon la peine portée ou le délit imputé, à la décision du tribunal supérieur criminel établi pour chaque province, et dans certains cas, cette dernière décision ne peut être mise à exécution avant que l'affaire n'ait été soumise à l'examen du tribunal suprême de justice.

Pour les graves infractions de police, il peut aussi y avoir dans quelques hypothèses trois degrés de juridiction : 1° le magistrat de police auquel se joignent deux assesseurs; 2° le bailliage du cercle ou le gouverneur de la province, suivant le genre d'infraction; 3°. le dicastère aulique de police.

Indépendamment de la justice ordinaire pour laquelle le Code autrichien renferme, malgré ses graves imperfections, d'excellentes règles de conduite, tant pour la découverte des délits que pour l'instruction, et qui, spécialement dans ses chapitres de l'interrogatoire des inculpés et de l'audition des témoins, seraient lues avec fruit par tout magistrat, il y a dans les États héréditaires une juridiction qui se rapproche de nos anciens tribunaux prévôtaux.

Ce tribunal s'assemble principalement dans les cas de rébellion ou de sédition graves; il forme une espèce de commission, mais toute judiciaire et devant laquelle presque toute la procédure est orale; il n'a d'existence que le danger durant; la convocation en est annoncée au son du tambour ou de la trompette; il siége sur le lieu même du délit, et il est tenu à une célérité d'action telle, que la sentence qu'il prononce est rendue et exécutée dans les vingt-quatre heures de l'arrestation de l'inculpé. Toutes les fois que dans ce délai on n'a pu acquérir les preuves nécessaires, le procès est renvoyé devant le tribunal criminel ordinaire.

De tous les tribunaux d'exception que des perturbations instantanées peuvent forcer d'établir, ceux-ci sont peut-être ceux dont l'organisation atteint le mieux le but qu'on se propose, en même temps qu'ils conservent le plus possible aux citoyens la garantie du juge naturel.

En effet, pourquoi les commissions extraordinaires dont les lois de chaque vieux peuple constatent l'existence éventuelle, si ce n'est pour arriver à imprimer, par un châtiment subit et certain, la terreur dans le cœur des rebelles ou des séditieux? Tant que le danger est imminent, elles sont là toujours organisées, frappant les coupables presqu'en même temps que le délit se commet; mais le danger passé, ou

bien la culpabilité résistant à une première investigation, la justice ordinaire reprend son cours.

Malheureusement on a tant abusé de ces armes
dangereuses, qu'il faut espérer qu'en faire mention
aujourd'hui c'est écrire de l'histoire.

ORDONNANCE

DE PUBLICATION

DU

CODE PÉNAL AUTRICHIEN.

Nous, FRANÇOIS II, par la grâce de Dieu, empereur élu des Romains, roi de Germanie, de Hongrie et de Bohême, archiduc d'Autriche, etc.

La conviction que la législation en général, mais principalement la législation pénale, a besoin d'être perfectionnée, d'après l'expérience acquise sur les lois existantes, d'après les progrès des connaissances et de la civilisation et d'après le changement des circonstances, nous a porté, à l'exemple de plusieurs de nos prédécesseurs, à publier une nouvelle loi pénale sur les délits et les graves infractions de police.

La loi générale sur les crimes et leur punition, rendue en 1787, et l'ordonnance criminelle générale qui l'a suivie en 1788, se distinguent déjà, sous plusieurs rapports, des anciennes lois pénales.

Cependant elles avaient successivement rendu nécessaires beaucoup d'explications, d'additions et de modifications qui, n'étant point recueillies d'une manière méthodique, pouvaient facilement tomber dans l'oubli ; elles laissaient aussi à désirer des améliorations même dans les parties essentielles.

Nous ordonnâmes, en conséquence, de rédiger un projet de nouveau Code pénal, et de le soumettre à l'examen de commissions spécialement instituées, à cet effet, dans les différentes provinces. Seulement, dans la Gallicie occidentale, où l'introduction d'une nouvelle loi pénale était d'une nécessité urgente, le projet préparé fut immédiatement mis en vigueur avec un petit nombre de changements.

Au moyen de ce soin, on a recueilli sur le projet les observations de l'expérience, et lors de la nouvelle et complète révision qui en fut faite, on a mis à profit les critiques envoyées par les hommes versés dans la matière.

Nous avons voulu avant tout qu'il existât une *ligne de démarcation précise* entre les *délits* et les *graves infractions de police*, et que cette distinction importante fût à l'abri de tout arbitraire.

Les diverses espèces de crimes sont qualifiées par des signes distinctifs précis, et le degré de la criminalité se trouve indiqué par les motifs généraux et particuliers d'aggravation ou d'atténuation auxquels le juge doit avoir égard dans l'application des peines, en tant que cette application peut être justement abandonnée à sa discrétion.

Dans la fixation des peines, des motifs impérieux nous ont imposé la nécessité de rétablir la peine de mort pour certains délits, même hors le cas des procédures prévôtales. Mais elle a été bornée aux délits qui ne peuvent être exécutés qu'avec une pleine préméditation, et qui exigent cette sévérité à raison de leur influence profondément dangereuse pour la sécurité publique et privée.

Pour les délits moins dangereux, nous avons pu suivre le penchant de notre cœur, en mitigeant la rigueur des lois précédentes, et en limitant la discrétion du juge suivant la nature plus ou moins nuisible des délits, au moyen d'une meilleure gradation de la durée des peines.

Le coupable ne souffrira pas plus de mal qu'on n'est obligé d'en laisser entrevoir et d'en infliger pour la prévention des crimes; et les suites de la peine devront, le moins possible, s'étendre à ses parents innocents.

A . cette fin, la prescription des crimes et des peines a été rétablie sous des conditions propres à se concilier avec les besoins de la vindicte publique. La confiscation des biens a été entièrement abolie, et les tribunaux ont été autorisés à modifier les peines, par égard pour la famille innocente du coupable.

Dans l'ordonnance de la *procédure criminelle*, notre but a été de faciliter la prompte découverte et punition du coupable, de libérer promptement l'in-

nocent du soupçon qui pèse sur lui, et de faire surveiller le citoyen suspect et dangereux.

Nous avons, en conséquence, simplifié la marche
de l'instruction, étendu la compétence du tribunal
criminel à des actions judiciaires qui ne peuvent être
isolées sans faire naître des délais, renvoyé à l'examen
plus sévère des tribunaux supérieurs les preuves qui
pourraient encore avoir laissé des doutes, et chargé
les tribunaux criminels, ainsi que les autorités admi-
nistratives d'exercer de concert une surveillance active
sur les individus demeurés suspects après l'instruction.

La loi pénale relative aux graves infractions de
police, qui a pour objet de réprimer les délits tendant au mépris de la morale publique, ou les actions
condamnables qui peuvent constituer des contraventions préméditées et également dangereuses dans leurs
conséquences immédiates, a reçu, par le nouveau
Code, dans l'intérêt général, un développement plus
complet que dans le Code actuellement existant sur
les délits dits *de police.*

Mais, pour observer exactement une juste proportion entre la correction de police et les peines
criminelles, et pour ne point affaiblir l'horreur des
crimes par leur mélange avec des actions condamnables moins dangereuses, même chez ceux qui ont
l'habitude de juger de l'énormité d'une faute par le
degré de la peine que la loi y applique, nous avons
adopté pour principe que la plus longue durée d'une

peine de police ne doit pas dépasser le dernier degré de la pénalité criminelle fixée par la loi.

Néanmoins, nous ne voulons pas qu'aucune peine de police soit appliquée sans une procédure régulière.

Les autorités de police seront tenues, en conséquence, de suivre, dans les procédures relatives aux graves infractions de police, et les autorités judiciaires pour l'instruction des délits, un règlement fixe et complet, de manière que, sans oublier la nécessité d'une action aussi prompte que les circonstances peuvent le permettre, l'inculpé se trouve à l'abri de tout traitement arbitraire.

Tels sont les points essentiels qui ne doivent pas être perdus de vue dans l'exécution de la loi pénale.

Nous ordonnons, en conséquence, que le présent Code pénal soit mis en vigueur dans tous nos États héréditaires allemands, à partir du 1er janvier 1804, et qu'il soit pris pour seule et unique règle, dans la procédure et l'application des peines, par toutes les autorités auxquelles appartient le droit de juridiction en matière de crimes et de graves infractions de police.

Nous entendons également étendre l'effet du présent Code à toutes les affaires actuellement pendantes ou sur le point d'être instruites, ainsi qu'aux délits et graves infractions de police commis avant l'époque ci-dessus fixée, mais dont l'instruction n'aura commencé que postérieurement, toutes les fois que le présent Code portera une peine plus douce que les lois anciennes.

En conséquence, la prescription sera également appliquée, sous les conditions déterminées par le présent Code, à toutes les contraventions qui, d'après les lois pénales généralement existantes, n'auraient pu être prescrites.

DONNÉ en notre capitale et résidence de Vienne, le 3 septembre 1803, et de notre règne le 12ᵉ [1].

FRANÇOIS.

ALOYS Cᵗᵉ D'UGARTE,

Premier Chancelier, de l'archiduché d'Autriche et du royaume de Bohême.

JOSEPH, Baron DE LA MARCK.

FRANÇOIS, Comte DE WOYNA.

Par ordre spécial de Sa Majesté impériale et royale,

LÉOPOLD, Baron DE HAAN.

---

[1] Une semblable ordonnance de promulgation se trouve en tête de l'édition officielle italienne, pour le royaume Lombardo-Vénitien; elle porte la date de 1815.

CODE PÉNAL

GÉNÉRAL

DE L'EMPIRE D'AUTRICHE.

INTRODUCTION.

DE L'OBJET DU PRÉSENT CODE.

ARTICLE PREMIER.

Toute action contraire à la loi est soumise à une responsabilité.

Néanmoins, le législateur est plus sévère contre les actions contraires à la loi qui nuisent à un plus haut degré et qui attaquent de plus près la sécurité publique.

Pour les distinguer des autres transgressions, elles sont indiquées par la dénomination de *délits* et de *graves infractions de police*.

Des actions contraires à la loi.

ART. 2.

Sont *délits :* les actions ou omissions contraires aux lois, qui ont pour but de troubler la sécurité

Des délits.

publique, et qui, par suite de la gravité de l'offense ou des circonstances, sont désignées pour l'instruction *criminelle*.

ART. 3.

Des graves in-
fractions de police. Sont : *graves infractions de police*, les actions ou omissions qui ont le même but, mais qui, par la nature de la contravention, par la qualité des personnes, ou par d'autres circonstances, ne sont pas qualifiées pour l'instruction criminelle.

ART. 4.

Sont aussi considérées comme graves infractions de police, tant l'action de faire, même sans intention de commettre un délit, ce qui est défendu par les lois de police, que d'omettre de faire ce qui est ordonné par ces lois, afin de prévenir les méfaits ou d'obvier à de graves dommages.

ART. 5.

Enfin, comme les bonnes mœurs ont une grande influence pour empêcher les délits, les actions contraires à la morale publique sont classées parmi les graves infractions de police.

ART. 6.

Limites des dé-
lits et des graves
infractions de po-
lice. N'est délit ou grave infraction de police que ce qui est expressément qualifié tel par le présent Code.

Art. 7.

La connaissance des autres infractions et leur pu-
nition demeurent réservées aux pouvoirs pour ce com-
pétents, selon leurs règles respectives.

Autres contra-
ventions.

Art. 8.

Le présent Code pénal se divise en deux parties :
la première comprend les lois concernant les délits
et la manière de les instruire; la seconde concerne
les graves infractions de police et le mode de pro-
céder à leur égard.

Division du pré-
sent Code.

PREMIÈRE PARTIE.

DES DÉLITS.

Iʳᵉ SECTION.

DES DÉLITS ET DES PEINES.

CHAPITRE Iᵉʳ.

DES DÉLITS EN GÉNÉRAL.

ARTICLE 1ᵉʳ.

De l'intention criminelle.

Pour qu'il y ait délit, il faut nécessairement qu'il y ait intention criminelle. Il y a criminalité d'intention non-seulement lorsque, ou avant ou pendant l'action, le mal qui résulte du délit a été directement délibéré et prémédité, mais aussi, lorsqu'avec quelque autre intention coupable l'on a omis ou commis une action de laquelle résulte ou peut résulter ordinairement le mal qui est arrivé.

ART. 2.

Motifs qui excluent l'intention criminelle

Nulle action ou omission ne constitue un délit :

1° Quand l'auteur est totalement privé de sa raison ;

2° Quand le fait est commis pendant une aliénation d'esprit intermittente, durant le temps de l'aliénation ;

3° Quand l'auteur est en état de pleine ivresse, à moins qu'il ne s'y soit mis dans l'intention directe de commettre le délit, ou s'il est en proie à d'autres perturbations des sens, pendant lesquelles il n'est pas maître de sa propre action ;

4° Quand l'auteur du fait n'a pas encore accompli sa 14ᵉ année ;

5° Quand le fait est la conséquence d'une force insurmontable ;

6° Quand le fait est le résultat d'une telle erreur, qu'elle ne laisse pas la possibilité de reconnaître un délit dans l'action ;

7° Quand le dommage provient d'un cas fortuit, d'une négligence, ou de l'ignorance de la conséquence de l'action.

Art. 3.

L'ignorance de la présente loi sur les délits ne peut être alléguée pour excuse, parce qu'il est impossible que qui que ce soit n'ait pas la connaissance de leur injustice.

Justifications inutiles.

Art. 4.

Le délit s'infère de l'intention criminelle de celui qui le commet et non des circonstances tirées de

l'état de la personne envers laquelle il est commis;
que ce soit même envers des malfaiteurs, des fous,
des enfants ou des personnes endormies que les délits
soient commis, ou envers des personnes qui désire-
raient souffrir dommage ou y consentiraient.

ART. 5.

Le coupable d'un délit est non-seulement celui qui
en est l'auteur immédiat, mais aussi celui qui, par
un mandat, des conseils ou des instructions, ou son
approbation, facilite le fait, ou qui librement donne
occasion de le commettre, ou en procure les moyens,
ou éloigne les obstacles, ou de quelque manière que
ce soit le provoque, ou prête aide, ou contribue à
en assurer l'exécution, ou même seulement de concert prémédité s'accorde avec l'auteur du délit sur
l'aide et l'assistance qu'il doit lui prêter après le délit
commis, ou sur une partie du lucre ou avantage qu'il
y a à en retirer.

ART. 6.

Celui qui, sans un concert antérieur, se rend complice d'un coupable en l'assistant ou l'aidant après le
délit commis, ou qui, en ayant connaissance, en
retire un profit ou un avantage, ne se rend pas coupable du même délit, ainsi que cela est déterminé
ci-après.

ART. 7.

Il n'est pas nécessaire pour qu'il y ait délit que

le fait soit réellement consommé. La seule tentative d'un fait criminel constitue aussi un délit, toutes les fois que le malintentionné entreprend une action tendante à son exécution effective, pourvu qu'il soit seulement interrompu dans l'accomplissement par impuissance, par un obstacle indépendant de sa volonté ou par cas fortuit.

ART. 8.

Personne ne peut être contraint de rendre compte de ses pensées ou de ses desseins intérieurs, tant qu'il n'a pas entrepris une action extérieure condamnable, ou n'a rien omis de ce que la loi prescrit de faire.

CHAPITRE II.
DES PEINES EN GÉNÉRAL.

ART. 9.

La peine des délits est la mort, ou la détention du coupable dans une prison.

Division des peines.

ART. 10.

La peine de mort s'exécute par la potence.

Peine de mort.

ART. 11.

La peine de la prison se divise en trois degrés, selon les degrés de sévérité de la peine. Le premier degré s'appelle, *prison*, sans aucune adjonction; le second, *prison dure* ; le troisième, *prison très-dure*.

Degrés de la peine de la prison.

ART. 12.

Le condamné à la prison *simple*, premier degré, est renfermé avec soin, mais sans fers, et, quant à la nourriture, est traité selon les règlements établis pour de tels condamnés. Il ne lui est donné aucun autre breuvage que de l'eau, et il ne lui est permis de recevoir aucune visite, ou de s'entretenir avec quelqu'un, si ce n'est en présence du gardien de la prison et dans une langue que celui-ci comprendra.

ART. 13.

Le condamné à la peine de la prison *dure*, second degré, a les fers aux pieds; il est nourri journellement avec des aliments chauds, la viande exclue; quant au lit, il consiste en une planche nue, et il ne peut communiquer qu'avec les personnes qui ont des relations immédiates avec lui pour sa garde.

ART. 14.

Le condamné à la peine de la prison *très-dure*, troisième degré, est renfermé dans une prison séparée de toute communication, dans laquelle il n'entre que la quantité d'air et qui ne contient que l'espace, nécessaires pour la conservation de sa vie. Il a constamment des fers pesants aux mains et aux pieds, avec un cercle de fer autour du corps, auquel il reste continuellement lié moyennant une chaîne, excepté pendant le temps du travail. Sa nourriture consiste en pain et en eau et en des aliments chauds donnés seulement tous les deux jours, la viande exclue; son lit consiste en une planche nue; il ne reçoit aucune visite et ne peut converser avec personne.

ART. 15.

La peine de la prison est appliquée pour tout le temps de la durée de la vie du délinquant ou pour un temps déterminé. Dans ce dernier cas, la moindre durée est de six mois et la plus longue de vingt ans. Mais comme la variété des circonstances qui aggravent ou atténuent le délit ne permet pas de déterminer précisément la mesure de la peine pour chaque cas particulier prévu dans cette loi, on a seulement fixé pour chaque espèce de délit le minimum et le maximum du temps de la prison, et c'est dans ces limites que doit être fixée la durée, en proportion de la gravité du délit.

Degré de la peine de la prison selon la durée.

ART. 16.

A la peine de la prison est toujours jointe l'obligation du travail. Chaque condamné est soumis à un travail en rapport avec la discipline du lieu de détention, et, en cas de travaux de force, on doit veiller à ce que ce soient, autant que possible, les condamnés à la peine de la prison *très-dure* qui exécutent les plus pénibles.

Travail joint à la prison.

ART. 17.

La peine de la prison peut encore être aggravée:

De l'aggravation de la peine de la prison.

1° Par le travail public ;

2° Par l'exposition au carcan ;

3° Par des coups de bâton ou de verge ;

4° Par le jeûne ;

5° Par le bannissement après la peine subie.

ART. 18.

Les hommes seuls peuvent être condamnés au travail public, et, comme ils ne peuvent y vaquer qu'enchaînés, ils n'y sont soumis qu'autant qu'ils subissent la prison dure ou très-dure. Les coupables dont la durée de la peine est de plus de dix ans peuvent aussi être condamnés aux galères.

ART. 19.

Le condamné au carcan est attaché avec une chaîne pesante par les mains et par les pieds, il est ainsi exposé, sous garde, en spectacle public, sur une estrade placée dans un lieu élevé devant le peuple, pendant trois jours successifs, et chaque fois pendant une heure, avec un écriteau pendu sur la poitrine, où sont exprimés d'une manière succincte, claire et lisible, tant le délit que la peine à laquelle il a été condamné. Cette aggravation a lieu seulement dans les cas expressément indiqués par la loi, ou quand la peine à subir atteint au moins dix ans de prison.

ART. 20.

La peine ne peut être aggravée de coups de bâton que pour les hommes adultes, et de coups de verge

que pour les jeunes garçons qui n'ont pas encore
atteint l'âge de dix-huit ans et pour les femmes.
Ce châtiment peut être répété plusieurs fois pendant
la durée de la peine. La fixation du nombre des
coups et la répétition du châtiment sont laissées à
la discrétion du juge, qui prend en considération
la gravité du délit, la *malice* du coupable, et sa
constitution physique. On ne peut excéder le nombre
de cinquante coups par chaque fois. L'exécution se
fait dans les murs du lieu de répression.

ART. 21.

Les premier et deuxième degrés de prison peuvent
être accompagnés du jeûne, de manière à ce que pendant plusieurs jours on ne donne au condamné, pour
nourriture, que du pain et de l'eau. Cependant le
jeûne ne peut s'étendre à plus de trois jours sur sept,
et doit avoir lieu par jours intermittents.

Jeûne.

ART. 22.

Le bannissement a lieu seulement envers les délinquants étrangers et doit toujours être étendu à
toutes les provinces dans lesquelles est promulgué le
présent Code. Si le délinquant est d'un caractère particulièrement dangereux, on y ajoutera la marque;
dans ce cas, on applique sur la partie gauche du corps
d'une manière reconnaissable et indélébile la lettre R
avec la lettre initiale de la province où a été prononcée la sentence.

Bannissement.

ART. 23.

Conséquence lé-
gale de la peine
de mort et de la
prison dure et très-
dure.

La sentence par laquelle un coupable est condamné
à la peine de mort, ou de la prison *dure* ou *très-
dure* produit en outre, par la force de la présente loi,
les effets suivants :

Si le délinquant fait partie des états provinciaux,
de la classe des princes, comtes, barons ou des che-
valiers, ou s'il est membre immatriculé d'une université, ou d'un lycée de l'État, ou est un militaire
qui ayant conservé son rang est passé au service civil,
une telle condamnation emporte toujours la radiation
des matricules de l'état, de l'université ou du lycée et
la perte de son rang militaire.

Si le délinquant est noble, la sentence porte qu'il
est privé de la noblesse, et qu'il perd, quant à sa
personne, tous les droits qui, selon la constitution
des États, lui appartenaient comme noble. Cette perte
ne concerne que lui seul et ne s'étend ni à sa femme
ni aux enfants nés avant la sentence.

Le délinquant, du jour où la sentence lui a été
signifiée, et pendant toute la durée de la peine, ne
peut valablement s'obliger par actes entre-vifs ni disposer par testament. Néanmoins, les actes et les dispositions antérieures ne perdent pas de leur validité
à raison de la peine.

ART. 24.

La perte du métier ou profession n'est pas légalement une conséquence nécessaire du délit; ainsi, par suite d'une sentence pénale, le délinquant né peut en être privé; il en est de même du droit de bourgeoisie. Si, cependant, il était dangereux de lui permettre, après l'expiration de la peine, la continuation de son premier état, il en serait fait rapport, après la publication de la sentence, à l'autorité à laquelle appartient le droit d'en permettre l'exercice.

ART. 25.

La culpabilité comme la peine ne peuvent atteindre aucun autre que le délinquant.

Restriction de la peine au seul coupable.

ART. 26.

La peine doit être appliquée dans les limites de la loi; on ne peut appliquer une peine plus dure ou plus douce que celle prescrite par la loi, d'après les circonstances du délit et la position de son auteur.

Limitation du pouvoir discrétionnaire du juge dans l'arbitration de la peine.

ART. 27.

On ne peut appliquer au délinquant aucune autre peine que celle portée par le présent Code, et la peine méritée ne peut être remise par suite d'une transaction entre la partie lésée et le délinquant.

ART. 28.

Si un délinquant est coupable de plusieurs délits de différente espèce, on doit le punir pour le délit qui entraine la peine la plus grave, en ayant, néanmoins, égard aux autres délits.

Concours de plusieurs délits.

ART. 29.

Du délit commis concurremment avec une grave infraction de police.

La même règle est observée dans le cas où un délit a été commis concurremment avec une grave infraction de police que la loi réprime de l'emprisonnement ou d'un autre châtiment corporel. Si, cependant, cette infraction est punie d'une autre peine, elle est appliquée séparément par le juge de police, ainsi qu'il est dit dans la deuxième partie du présent Code.

ART. 30.

Du délit commis par un sujet dans un état étranger.

Les délits commis par un sujet de nos États dans un État étranger seront également punis, à son retour, selon les dispositions du présent Code, sans égard aux lois du pays où ils ont été commis.

ART. 31.

Du délit commis par un étranger dans les états.

Les délits commis par un étranger dans nos États sont jugés et punis conformément à ce qui est prescrit au présent Code.

ART. 32.

Du délit commis par un étranger hors les états.

Si un étranger a commis un délit hors de nos États contre la constitution, ou en ce qui concerne les billets de crédit public ou la monnaie de nos États, il est traité comme un sujet, et selon la présente loi.

ART. 33.

(Voir appendice, art. 1er.)

Mais si le délit ne rentre pas dans les espèces exprimées à l'article précédent, le délinquant étranger, sera arrêté, et on prendra promptement des mesures avec l'État où a été commis le délit, pour son extradition.

ART. 34.

Si cet État refuse de le recevoir, on procède à son égard suivant les règles prescrites par la présente loi ; cependant si les lois du lieu où a été commis le délit portent une peine moins forte, elle lui est appliquée ; la sentence doit en outre mentionner le bannissement à l'expiration de la peine.

ART. 35.

La peine infligée au délinquant ne préjudicie pas aux droits de ceux qui ont été lésés ou endommagés par le délit. Ils en réclament la réparation ou l'indemnité du délinquant ou de ses héritiers ou sur les moyens d'existence du premier.

Droit d'indemnité contre le délinquant.

CHAPITRE III.

DES CIRCONSTANCES AGGRAVANTES.

ART. 36.

En général un délit est d'autant plus grave que la préméditation en a été plus mûrie et les moyens de l'entreprendre plus étudiés, ou que le dommage qui s'en est suivi, ou le péril qu'on a couru, ont été plus grands, ou que les précautions pour l'éviter étaient plus difficiles à prendre, ou que les devoirs ont été plus fortement violés.

Circonstances généralement aggravantes.

ART. 37.

Circonstances spécialement aggravantes.

Les circonstances spécialement aggravantes sont :

1° D'avoir commis plusieurs délits de différente espèce;

2° D'avoir plusieurs fois commis un délit de même espèce;

3° Si le coupable a déjà été puni une fois pour un semblable délit;

4° S'il en a entraîné d'autres à commettre un délit;

5° S'il a été l'auteur, l'instigateur ou l'agent principal d'un délit commis par plusieurs personnes.

ART. 38.

C'est aussi une circonstance aggravante d'avoir essayé de tromper le juge en inventant des circonstances fausses.

CHAPITRE IV.

DES CIRCONSTANCES ATTÉNUANTES.

ART. 39.

Circonstances atténuantes concernant la personne du coupable.

Les circonstances atténuantes concernant les personnes sont :

1° Si le coupable n'a pas encore atteint sa vingtième année, s'il est faible d'esprit, ou si son éducation a été négligée;

2° Si sa conduite antérieure au délit a été sans reproche ;

3° S'il a commis le délit à l'instigation d'un autre, ou par crainte ou par obéissance;

4° S'il s'est laissé entraîner au délit dans l'état d'une violente commotion d'esprit venant d'un sentiment naturel à l'homme;

5° S'il a été poussé au délit par l'occasion qui lui en était offerte par suite de la négligence d'autrui, plutôt que par l'intention criminelle de le commettre;

6° S'il a été poussé au délit par une misère accablante;

7° S'il a cherché avec un zèle actif à réparer le dommage causé, ou s'il a empêché des conséquences pernicieuses ultérieures;

8° Si, pouvant facilement se soustraire par la fuite, ou se tenir caché, il s'est dénoncé et a avoué le délit;

9° S'il a découvert d'autres coupables, alors bien cachés, et s'il a suggéré l'occasion et les moyens de les arrêter;

10° Si l'instruction l'a fait rester, sans sa faute, trop longtemps en prison.

ART. 40.

Les circonstances atténuantes tirées du fait sont : Circonstances atténuantes tirées du fait.

1° Si l'acte est demeuré dans les limites d'une tentative, et suivant qu'il a été plus ou moins près du délit accompli;

2° Si le coupable s'est volontairement abstenu,

dans l'exécution du délit, de causer un dommage plus grand, bien qu'il en fût libre;

3° Si le dommage causé a été minime, ou si la partie lésée a obtenu du coupable une pleine indemnité ou réparation.

CHAPITRE V.

DE L'APPLICATION DES CIRCONSTANCES AGGRAVANTES OU ATTÉNUANTES POUR DÉTERMINER LA PEINE.

ART. 41.

Règle générale pour balancer les circonstances aggravantes ou atténuantes. On ne doit avoir égard aux circonstances aggravantes qu'autant qu'il n'y a pas de circonstances atténuantes, de même on ne doit avoir égard aux circonstances atténuantes qu'autant qu'il n'y a pas de circonstances aggravantes. Mais dans l'application c'est selon que les unes ou les autres prédominent qu'il faut aggraver ou atténuer la peine.

ART. 42.

Délimitation générale de l'aggravation de la peine. On ne peut, pour l'aggravation de la peine, ni en changer la nature, ni dépasser le maximum de durée prescrit par la loi.

ART. 43.

Peine de mort. Pour les délits contre lesquels la loi prononce la peine de mort, il n'y a lieu à aucune aggravation.

ART. 44.

Prison à vie. Pour les délits punis de la prison à vie, s'ils

sont accompagnés de circonstances aggravantes,
l'aggravation est prononcée, selon la gravité des circonstances, d'après les règles tracées à l'article 17.

ART. 45.

Pour les autres délits on applique la peine de la
prison suivant la gravité progressive des circonstances,
pour une durée plus longue jusqu'au maximum fixé
par la loi, et on l'aggrave, en outre, conformément à
l'article 17.

Prison à temps.

ART. 46.

Lorsqu'il existe des circonstances atténuantes dans
les délits punis par la loi de la peine de mort ou de
la prison à vie, le juge rend sa sentence selon ce que
prescrit la loi, en observant en outre les prescriptions
portées en la deuxième section de la première partie
du Code pénal.

Application des circonstances atté-nuantes,

A la peine de mort et de la pri-son à vie;

ART. 47.

Dans les autres délits, le juge ne peut, à raison des
circonstances atténuantes, changer ni la nature de la
peine ni la mesure légale de la durée; mais seulement il peut l'abréger dans les limites tracées par la loi;
néanmoins, dans les cas particuliers où il peut y avoir
lieu à quelque exception, il fait ce qui est prescrit à la
deuxième section précitée.

A la peine de la prison à temps.

ART. 48.

Quant aux délits pour lesquels la peine est fixée

à un temps moindre de cinq années, la prison peut non - seulement être changée en peine plus douce, mais encore être réduite au-dessous de sa durée légale, lorsqu'il y a des circonstances atténuantes telles, qu'elles font espérer avec fondement l'amendement du coupable.

Art. 49.

En outre, pour les délits dont la peine légale n'excède pas cinq ans, on doit, dans l'application qui en est faite, avoir égard à l'innocence de la famille, et abréger la durée de la peine, suivant le préjudice qui pourrait en résulter dans les moyens d'existence de la famille; mais on devra aggraver la peine par le jeûne, les coups de bâton ou de verge, et de manière à rendre le châtiment plus sensible, selon que la peine devait avoir une plus longue durée.

CHAPITRE VI.

DES DIVERSES ESPÈCES DE DÉLITS.

Art. 50.

Division des délits.

Les délits attaquent ou la sécurité commune en portant directement atteinte à la constitution de l'État, aux institutions publiques, à la confiance publique, ou la sécurité des particuliers dans leur personne, dans leurs biens, dans leur liberté et dans leurs autres droits.

ART. 51.

D'après ces principes, sont déclarés délits :

1° La haute-trahison et les autres actions qui troublent la tranquillité publique ;

2° La sédition et la rébellion ;

3° La violence publique ;

4° Le retour d'un banni ;

5° L'abus de pouvoir dans les fonctions ;

6° La contrefaçon des billets du crédit public ;

7° La falsification des monnaies ;

8° Le trouble apporté à la religion ;

9° Le viol et les autres espèces d'attentats à la pudeur ;

10° Le meurtre et l'homicide ;

11° L'avortement procuré ;

12° L'exposition d'un enfant ;

13° Les blessures et autres lésions corporelles ;

14° Le duel ;

15° L'incendie ;

16° Le vol et l'infidélité ;

17° La rapine ;

18° La fraude ;

19° La bigamie ;

20° La calomnie ;

21° L'assistance donnée aux délinquants.

CHAPITRE VII.

DE LA HAUTE-TRAHISON ET DES AUTRES ACTIONS TROUBLANT LA TRANQUILLITÉ PUBLIQUE.

ART. 52.

Haute-trahison.

Commet un délit de haute-trahison :

1° Celui qui attaque la sûreté personnelle du chef suprême de l'État ;

2° Celui qui entreprend quelque chose tendant à faire une révolution violente dans la constitution de l'État, ou à attirer à l'État un danger du dehors, ou à l'augmenter ; que le fait soit commis en public ou en secret par des personnes séparées ou réunies, par suite de complot, de conseil ou de leur propre mouvement, par la force des armes ou sans l'employer, par la communication de secrets conduisant à ce but, ou par trames conduisant à la révolte ; par excitation, levée d'hommes, espionnage, secours, ou par toute autre action commise dans cette intention.

ART. 53.

Peine contre la haute-trahison.

Ce délit est puni de la peine de mort, encore qu'il soit resté sans effet, et dans les limites d'une simple tentative.

ART. 54.

Complices du délit en ne l'empêchant pas ;

Celui qui, avec connaissance, omet de mettre obstacle à une entreprise directe de haute-trahison, pouvant facilement, sans péril pour lui, en empêcher les progrès, se rend complice de ce délit et est puni de la prison très-dure à vie.

ART. 55.

De même, celui qui, avec connaissance, omet de dénoncer aux magistrats un coupable de haute-trahison, de lui connu, est considéré comme complice de ce délit, à moins qu'il ne ressorte des circonstances que, nonobstant le défaut de dénonciation, il n'en est résulté aucune conséquence fâcheuse; ce coupable est puni de la prison dure à vie.

En omettant de dénoncer le coupable.

ART. 56.

Celui qui, agrégé à une association secrète ayant pour but une haute-trahison, prévue par le n° 2 de l'article 52, dans un mouvement de repentir découvre, aux magistrats, les membres, les statuts, les desseins, les attentats, tandis qu'ils sont encore occultes, et que le dommage peut encore être prévenu, s'assure une entière impunité et le secret de la dénonciation.

Remise de la peine pour repentir efficace.

ART. 57.

Celui qui malicieusement essaie par des discours, des écrits ou par des tableaux, d'inspirer à ses concitoyens des sentiments qui peuvent faire naître de l'aversion pour la forme du Gouvernement, pour l'administration de l'État, ou la constitution du pays,

Perturbation de la tranquillité intérieure de l'État.

commet le délit de perturbation de la tranquillité publique.

ART. 58.

Constituent aussi ce délit, les injures contre la personne du prince, desquelles peut naître une aversion certaine contre lui, lorsqu'elles sont proférées en réunion ou en public, ainsi que les écrits ou les desseins outrageants faits dans ce but, quand ils sont communiqués à quelqu'un.

ART. 59.

Peine.

Le délit prévu par les deux paragraphes précédents sera puni de la prison dure d'un à cinq ans.

ART. 60.

Espions.

Quant aux espions, il est procédé à leur procès et à leur punition par le pouvoir militaire, ainsi qu'il est ordonné par les lois militaires.

CHAPITRE VIII.

DE LA SÉDITION ET DE LA RÉBELLION.

ART. 61.

Sédition.
(*Voir* l'appendice, article 2.)

La réunion de plusieurs personnes mutinées pour résister avec force à l'autorité caractérise le délit de sédition, soit que leur but tende à obtenir par la force quelque chose, ou à se soustraire à l'accomplissement de quelque obligation, ou à rendre vaine

une disposition supérieure, ou bien à troubler la
tranquillité publique d'une manière quelconque; soit
aussi que la violence ait été exercée contre la personne même qui représente le pouvoir, ou contre
un de ses officiers ou un chef de commune, ou contre
les subalternes, qui sont préposés à exécuter leurs
ordres.

Art. 62.

. Quiconque s'associe à une mutinerie, que ce soit
dans son principe ou dans ses progrès, se rend coupable de sédition.

Art. 63.

Ceux qui, dans une sédition, à l'arrivée des magistrats ou de la garde pour arrêter le tumulte, per-
sistent dans la résistance, sont punis de la peine de
la prison dure avec travaux publics, de cinq à dix
ans, et s'ils sont instigateurs ou moteurs principaux,
de dix à vingt ans.

Peine.

Art. 64.

A l'exception du cas prévu par l'article précédent,
les instigateurs et moteurs principaux sont condamnés à la prison dure avec travaux publics, de cinq
à dix ans, et les autres coupables, d'un an à cinq ans
suivant le danger couru, la gravité du dommage, et
la part qu'ils ont prise au délit.

Art. 65.

Si la sédition a été calmée dans sa naissance, sans entreprise dangereuse ultérieure, les instigateurs et les moteurs principaux seront punis de la prison, d'un an à cinq ans, et les autres coupables de six mois à un an.

Art. 66.

Rebellion.

Quel que soit le fait qui a été l'origine de la mutinerie, si l'on persiste à s'opposer aux paroles de dissuasion de la magistrature, et qu'on y ajoute des actes de violence tels que pour rétablir la tranquillité publique et l'ordre on soit obligé d'avoir recours à une force extraordinaire, il y a rébellion ; et quiconque a pris part à une pareille mutinerie se rend coupable de ce délit.

Art. 67.

Peine au cas de jugement prévôtal.

Si, pour réprimer la sédition, il est besoin de former le tribunal prévôtal, la peine de mort est prononcée, ainsi qu'il est prescrit au chapitre spécial du tribunal prévôtal.

Art. 68.

Peine hors du jugement prévôtal.

Hors le cas du jugement par le tribunal prévôtal, les instigateurs et moteurs principaux sont condamnés à la peine de la prison dure avec travaux publics, de six à vingt ans, et si l'on reconnaît un très-grand degré de criminalité dans un des coupables, et qu'il soit considéré comme dangereux, il est condamné à vie.

ART. 69.

Les autres complices seront punis de la prison dure, avec travaux publics, d'un à cinq ans et de cinq à dix ans, si l'on reconnaît un plus grand degré de criminalité, ou de part prise au délit.

CHAPITRE IX.
DE LA VIOLENCE PUBLIQUE.

ART. 70.

Le délit de violence publique se commet dans les cas suivants :

Premier cas : Quand un seul individu, ou plusieurs, résistent sans mutinerie à un juge ou à un magistrat, ou à son délégué, dans ce qui concerne leurs fonctions, ou à la garde agissant pour l'exécution d'un ordre public, en leur faisant des menaces graves, ou en se portant à des voies de fait contre eux, bien que sans armes, et sans les blesser.

Violence publique.

Violence réelle ou menaces graves vis-à-vis d'une personne représentant l'autorité publique dans l'exercice de ses fonctions. (Voir l'appendice, article 2.)

ART. 71.

Le coupable d'un tel délit est puni de la prison dure avec travaux publics, de six mois à un an, et si la résistance a eu lieu à main armée, ou avec blessures ou autres lésions, d'un à cinq ans.

Peine.

Art. 72.

Agression avec violence sur le onds d'autrui.

Deuxième cas : Quand quelqu'un , sans l'intervention du pouvoir compétent , trouble autrui dans la paisible possession de son bien fonds ou droits y attenants , en y entrant avec violence en réunion de plusieurs personnes , ou quand , sans aide, il entre armé dans la maison ou l'habitation d'un autre , et fait violence à sa personne ou à ses biens , ou aux gens de sa maison , soit pour se venger d'une injure qu'il croira avoir reçue , ou pour exécuter un prétendu droit , ou pour se procurer par la force une promesse ou un moyen de preuve , ou bien pour satisfaire un sentiment quelconque de haine.

Art. 73.

Peine.

L'auteur d'une pareille violence est puni de la prison dure, d'un à cinq ans, et ceux qui se sont laissés aller à lui prêter aide, de la prison, de six mois à un an.

Art. 74.

Peine pour les autres préjudices apportés à la propriété d'autrui.

Les autres actions condamnables, portant préjudice à autrui dans sa propriété, sont punies, à proportion de la criminalité et du préjudice causé, de la prison, de six mois à un an, et si la criminalité est plus grande et le dommage plus important, de la prison dure, d'un à cinq ans.

ART. 75.

Troisième cas : Quand quelqu'un, sans le consentement et à l'insu du pouvoir compétent, s'em-
pare, par la force ou la ruse, d'une autre personne,
pour la soumettre contre son gré à un pouvoir
étranger.

Enlèvement d'une personne.

ART. 76.

Dans ce cas, la peine est de la prison dure, de
cinq à dix ans, laquelle peut s'étendre de cinq à
vingt ans, si la personne maltraitée a été en danger
de perdre la vie ou de ne pas recouvrer sa liberté.

Peine.

ART. 77.

Celui qui enrôle des hommes pour un service militaire étranger, ou qui détermine une personne appartenant à un corps militaire à établir seulement
son domicile en dehors de l'État, est jugé et puni,
conformément aux lois militaires, par le pouvoir militaire compétent.

Enrôlement il-légal.

ART. 78.

Quatrième cas : Quand une personne, n'ayant,
aux termes de la loi, aucun pouvoir sur un individu,
ni motif fondé de le réputer délinquant, nuisible ou
dangereux, le tient renfermé de sa propre autorité,
ou empêche d'une manière quelconque l'exercice de
sa liberté personnelle, ou quand quelqu'un, alors

Restriction illé-gale apportée à la liberté d'une per-sonne.

même que le motif de l'arrestation parait fondé , omet à dessein d'en faire la dénonciation immédiate au pouvoir compétent.

ART. 79.

Peine.

La peine de ce délit est la prison, de six mois à un an ; si, néanmoins, l'arrestation a duré plus de trois jours, ou si le détenu a souffert un préjudice, ou a éprouvé quelque violence autre que la perte de sa liberté, la peine est de la prison dure, d'un an à cinq ans.

ART. 80.

Rapt.

Cinquième cas : Quand, par force ou ruse, une femme a été enlevée contre son gré, soit dans le but du mariage ou dans un but de libertinage, et quand une femme mariée, même consentante, a été enlevée à son mari ; quand on enlève, par force ou ruse, un enfant à ses parents, un pupille, un mineur, à son tuteur ou curateur ou à ceux qui en ont la garde, qu'on atteigne ou non le but de l'enlèvement.

ART. 81.

Peine.

La peine du rapt contre la volonté de la personne enlevée, ou du rapt d'une personne impubère, est de la prison dure, de cinq à dix ans, selon les moyens employés et le préjudice médité ou causé à la personne ainsi enlevée. Si, néanmoins, la personne enlevée est pubère, et qu'elle y ait consenti, la peine est de la prison dure, de six mois à un an.

ART. 82.

Violation des cordons sanitaires.

· Le mode de réprimer et de punir ceux qui usent de violence envers la garde afin de rompre les cordons contre la peste, ou, d'une autre manière, empéchent l'effet des mesures prises pour tenir une maladie contagieuse éloignée, est réglé par une loi particulière.

CHAPITRE X.
DU RETOUR D'UN BANNI.

ART. 83.

Rupture du ban.

Quiconque banni pour délit des provinces où le présent Code est en vigueur, y retournera, sous quelque prétexte que ce soit, se rend coupable d'un délit par ce seul retour.

ART. 84.

Peine.

Le coupable de ce délit est exposé au carcan et puni de la peine de la prison dure, de six mois à un an, et, la peine expirée, il supporte un nouveau bannissement. S'il a déjà été puni pour un pareil délit, la peine de la prison est aggravée ou l'aggravation augmentée.

CHAPITRE XI.
DE L'ABUS DE POUVOIR DANS SES FONCTIONS.

ART. 85.

Abus de pouvoir de sa charge.

Ceux qui, ayant une charge dont ils sont obligés de remplir les devoirs, abusent, de quelque manière que ce soit, du pouvoir qui leur est confié, pour porter préjudice à quelqu'un, se rendent coupables d'un délit par cet abus, soit qu'ils agissent par intérêt ou qu'ils soient mus par quelque passion, ou bien qu'ils agissent dans toute autre vue secondaire.

ART. 86.

Se rend spécialement coupable de ce délit :

Cas spéciaux.

1° Le juge ou le magistrat ou quiconque ayant un emploi, qui se laisse induire à ne pas exécuter les devoirs légaux de sa charge ;

2° Tout fonctionnaire qui, dans les actes de sa charge, atteste une fausseté ;

3° Celui qui dévoile dangereusement un secret de sa charge à lui confié, ou qui supprime un document confié à ses soins par suite de son emploi ou le communique à quelqu'un contre son devoir ;

4° L'avocat ou un autre agent assermenté qui, au préjudice de son client, assiste l'adversaire dans la composition de ses défenses ou d'une autre manière, par des actions ou par des conseils.

ART. 87.

Peine.

La peine de ce délit est celle de la prison dure d'un an à cinq ans, laquelle peut être étendue depuis cinq jusqu'à dix ans, selon le degré de criminalité et l'importance du préjudice qui en est résulté.

Art. 88.

Tout fonctionnaire qui, dans l'administration de la justice, dans l'exercice de son emploi ou dans les décisions qu'il rend sur des affaires publiques, accepte directement ou indirectement quelque don pour les remplir, ou bien se procure ou se fait promettre un avantage, ou qui par de tels moyens se laisse aller à la partialité dans la décision des affaires de sa charge, est puni de six mois à un an de prison, et doit, en outre, consigner le don reçu ou la valeur à la caisse des pauvres du lieu où a été commis le délit.

Acceptation de don pour chose de sa charge.

Art. 89.

Celui qui par des dons tente de séduire un magistrat ou un fonctionnaire en activité de service, pour le porter à la partialité dans quelque affaire de sa charge, dans quelque promotion, et généralement à la violation de ses devoirs officiels, se rend coupable d'un délit, qu'il agisse dans son propre intérêt ou pour l'avantage d'autrui et qu'il ait atteint ou non son but.

Séduction pour abuser de sa charge.

Art. 90.

La peine de ce délit, outre la consignation, dans la caisse des pauvres du lieu, du don offert ou effectué, est de six mois à un an de prison, selon l'importance du préjudice qui en résultera.

Peine.

ART. 91..

Si la ruse a été grande et le préjudice considérable, l'auteur du délit sera puni de la prison dure qui pourra s'étendre jusqu'à cinq ans.

CHAPITRE XII.

DE LA FALSIFICATION DES BILLETS DE CRÉDIT PUBLIC.

ART. 92.

Se rend coupable de ce délit, celui qui contrefait, avec des instruments pour ce préparés, des billets de crédit public ayant cours comme monnaie (billets de banque) ou des obligations émises par une caisse publique (obligations publiques), que la contrefaçon s'applique à des billets de crédit public ayant cours dans nos États ou dans des États étrangers, sous une dénomination quelconque, qu'ils aient ou non été mis en circulation, ou qu'il en soit ou non résulté un préjudice.

ART. 93.

Co-auteur de ce délit.

Est co-auteur de ce délit celui qui imite les armoiries employées usuellement dans les billets de crédit public, confectionne même le papier, les timbres, les matrices, les lettres, les presses, par pièce isolée, ou quelque autre chose pouvant servir à la fabrication des billets de crédit public, et en fait sciemment la fourniture pour faciliter la contrefaçon, ou y coopère de toute autre manière, lors même que son assistance est restée sans effet.

ART. 94.

Si un billet de crédit public valant pour monnaie (billet de banque) a été réellement contrefait, l'auteur principal comme chaque co-auteur est puni de mort.

Peine des billets de banque contrefaits.
(Voir appendice, article 3.)

ART. 95.

La peine de mort est appliquée au complice qui, d'intelligence avec le principal coupable ou avec un co-auteur, met en circulation le billet de crédit public contrefait.

(Voir appendice, articles 3-4.)

ART. 96.

Si la contrefaçon d'un billet de crédit public ayant cours, comme monnaie, a été seulement tentée sans être arrivée à son entière confection, chacun de ceux qui y ont coopéré est puni de dix à vingt ans de prison dure, et dans le cas d'un caractère particulièrement dangereux, de la prison dure à vie.

Peine de la tentative.
(Voir appendice, article 5.)

ART. 97.

Si c'est une obligation émise par une caisse publique qui a été contrefaite, le principal coupable et chaque co-auteur sont punis de la prison dure à vie, qui peut être aggravée dans le cas où il existerait des circonstances très-aggravantes du délit.

Peine de la contrefaçon des obligations publiques.

ART. 98.

Doit subir la même peine le complice qui, d'accord avec le principal coupable ou un co-auteur, met en circulation l'obligation publique contrefaite.

ART. 99.

Peine de la tentative.

Si la contrefaçon d'un billet de crédit public de l'espèce spécifiée en l'article 97 a seulement été tentée, sans être arrivée à son entière confection, chacun de ceux qui y auront coopéré sera puni de cinq à dix ans de prison dure, et s'il existe des circonstances spécialement aggravantes du délit, de dix à vingt ans.

ART. 100.

Altération de la somme portée dans le billet de crédit public.

Se rend aussi coupable du délit de contrefaçon de billets de crédit public, celui qui a altéré un billet légal en y portant une somme plus grande que celle qui y est originairement énoncée, ou celui qui prête assistance à cette altération.

ART. 101.

Peine du coupable.

Le coupable de ce délit est puni de dix à vingt ans de prison dure, et si la falsification n'a été que tentée et non consommée, de cinq à dix ans.

ART. 102.

(Voir appendice, article 6.)

Celui qui, d'intelligence avec le falsificateur, met en circulation le billet de crédit public ainsi altéré, est puni de la prison dure de cinq à dix ans.

CHAPITRE XIII.

DE LA CONTREFAÇON DES MONNAIES.

ART. 103.

Se rend coupable du délit de contrefaçon de monnaie :

Contrefaçon de monnaie.

1° Celui qui, sans autorité légitime, bat monnaie d'après un coin ayant cours dans un lieu quelconque, alors même qu'elle serait d'un titre égal et du poids de la monnaie véritable, ou même plus fort ;

2° Celui qui, d'après un pareil coin, bat de la fausse monnaie avec le métal véritable, réduit à un titre ou à un poids plus bas, ou avec un métal moins précieux, ou qui, de toute autre manière, donne à de la fausse monnaie l'apparence de la véritable ;

3° Celui qui diminue, de quelque manière que ce soit, les pièces de monnaie véritable, dans leur valeur intrinsèque, ou dans le poids pour lequel elles ont été frappées, ou tente de leur procurer l'apparence des pièces de plus grande valeur ;

4° Celui qui fournit les instruments pour la fabrication de la fausse monnaie, ou coopère, de quelque manière que ce soit, à la contrefaçon.

ART. 104.

La peine de ce délit est de cinq à dix ans de prison dure, et s'il y a un danger particulier ou un dommage considérable, de dix à vingt ans ; seulement, dans

Peine.

le cas où la falsification est facilement reconnaissable par chacun, ou si la monnaie frappée sans autorité légitime est d'un titre égal et du même poids que la véritable, la peine peut être réduite d'un à cinq ans.

ART. 105.

Complices.

Se rend complice du délit de contrefaçon de la monnaie, l'individu qui, de concert avec celui qui a fait ou aidé la falsification, cherche à mettre en circulation la fausse monnaie, ou bien celui qui achète les parties enlevées à la monnaie véritable dans les cas prévus par l'article 103, n° 3.

ART. 106.

Peine.

Cette complicité est punie d'un an à cinq ans de prison dure, et selon l'importance du préjudice causé, de cinq à dix ans.

CHAPITRE XIV.
DES TROUBLES APPORTÉS À LA RELIGION.

ART. 107.

Trouble apporté à la religion.

Se rend coupable du délit de trouble apporté à la religion :

1° Celui qui, par parole, écrit ou action, blasphème contre Dieu ;

2° Celui qui trouble l'exercice d'un culte établi dans l'État, ou qui par une violation injurieuse des choses destinées au culte divin, ou par quelque autre fait, dit ou écrit, montre publiquement son mépris pour la religion ;

3° Celui qui ose séduire un chrétien pour lui faire apostasier le christianisme;

4° Celui qui s'efforce de répandre l'incrédulité ou de répandre une doctrine contraire à la religion chrétienne, ou de fonder une secte.

ART. 108.

Si le trouble porté à la religion a causé un scandale public, ou s'il s'en est suivi quelque trouble, ou si à l'attentat s'est joint quelque danger commun, la peine est la prison dure d'un à cinq ans, et dans le cas d'un grand degré de criminalité ou de danger, de cinq à dix ans.

Peine.

ART. 109.

S'il n'existe aucune des circonstances mentionnées en l'article précédent, le trouble apporté à la religion est puni de six mois à un an de prison.

CHAPITRE XV.

DU VIOL ET DES AUTRES ESPÈCES D'ATTENTATS À LA PUDEUR.

ART. 110.

Celui qui, par des menaces de violences ou par des violences exercées, ou par des ruses tendantes à

Du viol.

assoupir les sens, mettra une femme hors d'état de résister à ses passions lascives et, dans un tel état, la violera, commettra le délit de viol.

ART. 111.

Peine.

La peine de ce délit est la prison dure de cinq à dix ans, et si la violence a porté une grave atteinte à la santé ou à la vie de la personne offensée, la peine peut être élevée de dix à vingt ans.

ART. 112.

Viol d'une personne impubère.

Toute entreprise de viol exercée sur une personne âgée de moins de 14 ans est considérée comme viol.

ART. 113.

Crime contre nature et inceste.

Sont punis comme délits : les espèces suivantes d'attentats à la pudeur :

1° L'attentat contre nature ;

2° L'inceste entre parents en ligne ascendante ou descendante, que la parenté provienne d'une naissance légitime ou illégitime.

ART. 114.

Peine.

La peine est de six mois à un an de prison.

ART. 115.

Excitation à la débauche et maquerellage.

3° La séduction par laquelle quelqu'un excite à la débauche une personne confiée à ses soins ou pour son éducation ;

4° Le maquerellage lorsqu'il a pour but de séduire une personne innocente.

ART. 116.

La peine est la prison dure d'un à cinq ans.

Peine.

CHAPITRE XVI.

DU MEURTRE ET DE L'HOMICIDE.

ART. 117.

Ceux qui, dans l'intention de tuer une personne, exercent contre elle des violences dont la mort doit être la conséquence nécessaire, se rendent coupables du délit de meurtre.

Meurtre.

ART. 118.

Les différentes espèces de meurtres sont:

Espèces de meurtres.

1° L'assassinat qui se commet à l'aide du poison, ou par d'autres moyens dissimulés;

2° Le meurtre avec rapine, qui est commis dans l'intention de s'approprier le bien d'autrui au moyen de violences sur sa personne;

3° Le meurtre par *mandat*, qui existe lorsqu'il est commis par un homme payé pour ce, ou déterminé de toute autre manière par un tiers;

4° Le meurtre simple, qui n'appartient à aucune des espèces plus graves qui viennent d'être indiquées.

ART. 119.

Peine de l'ho-
micide consommé.

Le meurtre consommé est puni de la peine de mort, tant contre l'auteur immédiat que contre ceux qui l'y auraient provoqué ou lui auraient prêté aide ou assistance.

ART. 120.

Peine contre les
complices indi-
rects.
(Voir l'appendice,
article 7.)

Ceux qui, par les moyens plus indirects énoncés en l'article 5, auront pris part à un meurtre, s'il est simple, sont punis de la prison dure, de cinq à dix ans; mais s'il est commis envers un parent en ligne ascendante ou descendante, ou envers le conjoint de l'auteur principal ou de son complice, s'ils ont connaissance de cette parenté, ou s'il s'agit d'un assassinat, ou d'un meurtre avec rapine, ils sont punis de la prison dure, de dix à vingt ans.

ART. 121.

Peine de la ten-
tative d'homicide.

Le meurtre seulement tenté mais non consommé est puni, pour l'auteur et les co-auteurs, de cinq à dix ans de prison dure, et pour les complices plus indirects, d'un à cinq ans. Si c'est une tentative d'assassinat, de meurtre, avec rapine ou par mandat ou contre des parents des degrés spécifiés en l'article précédent, la peine pour l'auteur et les co-auteurs est de dix à vingt ans de prison dure, et même à vie, s'il existe des circonstances particulièrement aggravantes; et pour les complices plus indirects de cinq à dix ans.

Art. 122.

La mère qui, pendant l'accouchement, ôte la vie à son propre enfant, ou qui en omettant avec intention les secours nécessaires dans une telle circonstance, le laisse périr, est punie, si c'est un enfant légitime, de la prison à vie très-dure; s'il est illégitime, dans le cas où elle lui aurait donné la mort, de la prison dure de dix à vingt ans, et de cinq à dix ans si elle l'a laissé périr en omettant avec intention de prendre les précautions nécessaires.

Peine contre l'infanticide.

Art. 123.

Si l'action de laquelle est résultée la mort d'une personne n'a pas été commise avec la résolution de la tuer, mais, néanmoins, dans une autre intention hostile, le délit est celui de l'homicide.

De l'homicide.

Art. 124.

Si dans une entreprise de vol, une personne a été si grièvement maltraitée, qu'il en résulte nécessairement la mort, l'homicide est puni du dernier supplice, contre tous ceux qui auront coopéré à la mort.

De l'homicide en cas de rapine.

Art. 125.

Dans les autres cas, l'homicide est puni de la prison dure de cinq à dix ans, et si le coupable était un très-proche parent de la personne tuée, ou s'il avait avec elle quelque autre lien de devoirs particuliers, de dix à vingt ans.

Peine de l'homicide.

ART. 126.

Si dans une rixe entre plusieurs personnes, l'une est tuée, chacun de ceux qui ont donné un coup mortel se rend coupable d'homicide; mais si la mort est le résultat de toutes les blessures réunies, sans qu'il soit possible de déterminer qui a porté le coup mortel, personne n'est coupable de l'homicide, mais tous ceux qui ont porté la main sur la personne tuée sont réputés coupables de blessures graves.

ART. 127.

Légitime défense. Ceux qui en opposant une juste et nécessaire défense tuent quelqu'un, ne commettent aucun délit; mais il faut qu'il soit prouvé ou qu'il résulte avec fondement des circonstances de lieu, de temps ou de personnes, que l'on a employé cette juste et nécessaire défense seulement pour préserver sa vie, ses biens, sa liberté ou ceux d'autrui.

CHAPITRE·XVII.

DE L'AVORTEMENT PROCURÉ.

ART. 128.

Avortement par la personne elle-même. Une femme qui entreprend, avec intention, une action quelconque pour se faire avorter, ou pour que, dans son accouchement, l'enfant vienne au monde sans vie, se rend coupable d'un délit.

ART. 129.

La peine de la tentative d'avortement est celle de six mois à un an de prison, et la peine de l'avortement consommé, de la prison dure, d'un à cinq ans.

Peine. X

ART. 130.

Est puni de la même peine, mais avec aggravation, le père de l'enfant avorté, s'il est complice du délit.

ART. 131.

Se rend coupable de ce délit celui qui, dans un but quelconque, sans le gré et contre la volonté de la mère, la fait ou tente de la faire avorter.

Avortement procuré par une autre personne.

ART. 132.

Le coupable de ce délit est puni de la peine de la prison dure d'un à cinq ans; et s'il en est résulté pour la mère un danger pour sa vie ou une altération de santé, la peine est de cinq à dix ans.

CHAPITRE XVIII.

DE L'EXPOSITION D'UN ENFANT.

ART. 133.

Celui qui expose un enfant dans un âge où il est incapable de se procurer les secours nécessaires pour la conservation de sa vie, afin de l'exposer au danger

Exposition d'un enfant.

de la mort, ou même seulement pour abandonner au hasard sa conservation, commet un délit, quel que soit le motif qui l'y pousse.

ART. 134.

Si l'enfant est exposé dans un lieu éloigné, ordinairement peu fréquenté, ou bien avec des circonstances telles qu'il ne peut être, avec facilité, promptement découvert et sauvé, la peine est de la prison dure d'un à cinq ans, et si la mort de l'enfant s'en est suivie, de cinq à dix ans.

ART. 135.

Si, au contraire, l'enfant a été exposé dans un lieu ordinairement fréquenté, et de manière à ce qu'avec raison on puisse espérer qu'on arrivera promptement à le trouver et à le sauver, l'exposition est punie de six mois à un an de prison, et si, néanmoins, la mort de l'enfant s'en est suivie, d'un à cinq ans de prison.

CHAPITRE XIX.

DES BLESSURES ET AUTRES LÉSIONS CORPORELLES.

ART. 136.

Définition de ce délit.

Celui qui, dans l'intention de nuire à autrui, le blesse gravement, ou lui fait une grave lésion, ou lui occasionne quelque altération dans sa santé, se rend coupable d'un délit.

Art. 137.

1° Si la violence a mis la vie en danger, ou si elle a eu lieu de manière à ce que l'offensé en souffre un préjudice grave dans sa personne;

2° Si les blessures ont été causées par un instrument tel et de telle manière, que communément la vie doive en être en danger;

3° Si la personne a été surprise par guet-à-pens et a été violemment maltraitée, même par de simples coups.

La peine est celle d'un à cinq ans de prison; et néanmoins, en cas d'une plus grande criminalité, ou si les violences ou lésions ont été très-graves, la peine sera d'un à cinq ans de prison dure.

Peine.

Art. 138.

Les blessures et lésions graves autres que celles mentionnées en l'article précédent sont punies de six mois à un an de prison.

Art. 139.

Ceux qui, pour un homicide commis dans une rixe, sont déclarés coupables de blessures graves, ainsi qu'il est dit en l'article 126, sont punis de la prison dure d'un à cinq ans.

CHAPITRE XX
DU DUEL.

Art. 140.

Celui qui, pour quelque cause que ce soit, défie un

Duel.

autre à se battre avec des armes meurtrières, et celui qui, après un tel défi, se présente au combat, commettent le délit de duel..

ART. 141.

Peine.

Ce délit, quand même il n'entraînerait aucune conséquence, est puni de la peine de la prison dure d'un à cinq ans.

ART. 142.

S'il est résulté du duel une blessure, la peine est de la prison dure de cinq à dix ans.

ART. 143.

Si du duel il s'est suivi la mort de l'un des deux combattants, le meurtrier est puni de la prison dure de dix à vingt ans. Le cadavre du mort, s'il est demeuré sur la place, est transporté, sous l'escorte de la garde, dans un lieu hors du cimetière commun pour y être inhumé.

ART. 144.

Dans tous les cas, le provocateur est puni plus sévèrement que le provoqué, et par conséquent pour un temps plus long qu'il ne l'eût été s'il avait été provoqué.

ART. 145.

Peine des complices.

Ceux qui, d'une manière quelconque, contribuent à la provocation ou à l'acceptation d'un duel, ou qui font des menaces ou des démonstrations méprisantes à celui qui était disposé à se dispenser de l'accepter, sont punis de la prison; mais s'ils ont particulièrement influé sur la détermination, et si dans le duel il y a eu blessure ou mort, ils sont punis de la prison dure d'un à cinq ans.

ART. 146.

Ceux qui se présentent au duel comme assistants ou comme *seconds* pour l'un des combattants sont punis de la prison dure d'un an, et selon l'influence qu'ils ont exercée, ou du mal advenu, la prison dure peut être étendue à cinq ans.

CHAPITRE XXI.
DU DÉLIT D'INCENDIE.
ART. 147.

Celui qui entreprend une action dans le dessein d'occasionner un incendie dans les propriétés d'autrui commet le délit d'incendie, quand même le feu n'aurait pas éclaté, ou lorsqu'il n'en serait résulté aucun dommage.

De l'incendie.

ART. 148.

La peine est prononcée selon les distinctions suivantes :

Peine.

1° Si le feu a éclaté, et s'il s'en est suivi la mort d'une personne, quand l'incendiaire pouvait prévoir cette conséquence; si l'incendie a éclaté après que le feu a été mis à plusieurs reprises, ou si l'incendie a été excité au moyen d'un complot ayant pour objet la dévastation ; la peine est la mort ;

2° Si le feu a éclaté et s'il en est résulté un préjudice grave pour l'incendié ;

3° Si le coupable a plusieurs fois tenté l'incendie, bien que chaque tentative soit restée sans effet ;

La peine est de la prison dure à vie et même de la prison très-dure à vie, selon la criminalité plus grande du coupable et la gravité du dommage..

4° Si le feu a éclaté sans le concours de l'une des circonstances qui viennent d'être exprimées ; -

La peine est de la prison dure, de dix à vingt ans ;

5° Si le feu n'a pas éclaté, mais a été mis la nuit, ou dans un lieu où il pouvait facilement s'étendre, ou avec des circonstances telles, que la vie de quelqu'un pouvait se trouver dans un danger manifeste ;

La peine est de cinq à dix ans de prison dure.

6° Si le fait a été entrepris de jour, et sans danger particulier, et si le feu a été éteint sans éclater, ou a été éteint sans dommage ;

La peine est d'un à cinq ans de prison dure.

7° Si le coupable, mû par un sentiment de repentir, s'est employé, dans un moment encore opportun, de manière à ce que tout dommage ait été évité ;

La peine est de six mois à un an de prison dure.

ART. 149.

De la peine de celui qui a incendié son propre bien.

Celui qui en mettant le feu, avec une intention coupable quelconque, sur ses propres biens, expose au danger de l'incendie celui d'autrui, se rend aussi toupable du délit d'incendie, et est puni, d'après les distinctions énoncées dans l'article précédent.

ART. 150.

Celui qui incendie sa propre chose sans danger pour celle d'autrui ne se rend pas coupable du délit d'incendie, mais seulement de fraude, soit qu'il cherche à préjudicier les droits d'un tiers, ou à faire peser les soupçons sur d'autres.

CHAPITRE XXII.
DU VOL ET DE L'INFIDÉLITÉ.

ART. 151.

Celui qui, pour en faire son profit, enlève le bien mobilier d'autrui, à son possesseur, sans le consentement de ce dernier, commet un vol.

Du vol.

ART. 152.

Le vol devient délit, ou par sa valeur, ou par les circonstances du fait, ou par la nature de la chose volée, ou enfin par la qualité de la personne qui le commet.

Circonstances qui rendent le vol criminel.

ART. 153.

Par sa valeur le vol devient un délit, quand l'objet ou sa valeur (qu'il soit commis à une ou plusieurs reprises) surpasse vingt-cinq florins de Vienne.

(a) Valeur.

4.

La valeur ne se calcule pas sur le profit du voleur, mais sur le dommage causé à la personne volée.

ART. 154.

Le vol devient un délit par les circonstances du fait :

1° Sans aucun égard à la valeur;

a Quand il est commis pendant un incendie, une inondation, ou toute autre calamité générale ou particulière survenue au volé;

b Quand le voleur était porteur d'armes, ou d'autres instruments dangereux pour la sécurité des personnes;

2° Si le vol surpasse cinq florins, et, en outre, es commis :

a De complicité avec une ou plusieurs per sonnes;

b Dans un lieu consacré au culte divin;

c Sur des ôbjets fermés;

d Sur du bois dans des forêts closes, ou avec un dommage considérable pour les forêts;

e Sur des poissons dans des étangs;

f Sur du gibier, soit dans des bois clos, soi avec une témérité particulière, ou par une personne qui en fait presque sa profession habituelle.

ART. 155.

Le vol devient délit à raison de la nature de la chose volée :

1° Sans égard pour sa valeur, quand il est commis avec une profanation insultante pour la religion chrétienne, sur une chose spécialement consacrée au culte divin ;

2° Si le vol outrepasse cinq florins et est commis :

a Sur les fruits des champs ou des arbres ;

b Sur les bestiaux, dans un pâturage ou lieu de pacage ;

c Sur des instruments d'agriculture, dans les champs.

ART. 156.

Le vol devient délit à raison de la qualité du coupable :

(a) Criminalité du voleur.

1° Sans égard pour la valeur, quand le coupable a déjà été puni deux fois pour vol ;

2° Quand il est de cinq florins et qu'il est commis :

a Par des gens de service, au préjudice de leurs maîtres ou maîtresses ;

b Par les ouvriers ou journaliers au préjudice de leurs maîtres ou de ceux qui payent leurs travaux.

ART. 157.

Si le vol n'est pas aggravé, autrement que par les circonstances exigées par les quatre articles précédents pour caractériser un délit, la peine est celle de la prison dure de six mois à un an.

Peines.

Art. 158.

Si, néanmoins, au fait qui serait seul suffisant pour caractériser le délit il se joint une deuxième circonstance de celles exprimées dans les articles précédents, la peine est d'un à cinq ans de prison dure.

Art. 159.

Si la totalité de la chose volée surpasse trois cents florins, ou s'il en est résulté un préjudice sensible, d'après les circonstances, pour le volé, ou si le vol a été commis avec une témérité, une violence, ou une criminalité toute particulière, ou si enfin le voleur a contracté l'habitude du vol, la peine est de cinq à dix ans de prison dure.

Art. 160.

Le vol commis de nuit est puni plus rigoureusement par une durée plus longue de la peine, ou par son aggravation, qu'il l'aurait été si, avec les mêmes circonstances, il eût été commis de jour.

Art. 161.

Infidélité.

(a) Qualité de l'auteur.

Est considéré comme un délit, l'infidélité par laquelle quelqu'un retient ou s'approprie le bien d'autrui, lorsqu'il lui est confié à raison de sa charge publique, ou d'un mandat spécial de l'autorité, quand sa valeur excède cinq florins.

ART. 162.

Cette infidélité est punie de la prison dure d'un à cinq ans, et si la valeur excède cent florins, de cinq à dix ans et même jusqu'à vingt ans.

Peine.

ART. 163.

Se rend également coupable du délit d'infidélité, celui qui, hors des cas exprimés en l'article 161, retient ou s'approprie une chose à lui confiée, d'une valeur excédant cinquante florins.

Infidélité.
(b) Valeur soustraite.

ART. 164.

Cette infidélité est punie de six mois à un an de prison; si la valeur excède trois cents florins, de la prison dure d'un à cinq ans, et s'il existe des circonstances spécialement aggravantes, de cinq à dix ans.

Peine.

ART. 165.

Se rend complice du vol ou de l'infidélité, celui qui recèle, achète ou vend la chose volée ou infidèlement soustraite.

Complices du vol et de l'infidélité.

ART. 166.

Si le complice par le produit, par la valeur de la chose ou par des faits antérieurs, a cru que le vol ou l'infidélité avait été commis de manière à caractériser un délit;

" Ou bien si les choses recélées, achetées ou vendues à plusieurs reprises, réunies ensemble, excèdent, dans leur produit ou leur valeur, vingt-cinq florins;

Peine.

La peine du complice est de six mois à un an de prison, et même peut être élevée jusqu'à cinq ans, selon la valeur de l'objet volé, le plus grand degré de criminalité, ou le dommage causé.

ART. 167.

Le vol ou l'infidélité cesse d'être un délit, si leur auteur, avant qu'il soit connu de la justice, répare en entier le dommage causé par son action. Cette disposition s'étend même au complice.

ART. 168.

Quant à la manière de poursuivre, comme graves infractions de police, les vols et les infidélités de moindre gravité qui ne sont pas spécifiés ici, ainsi que leur complicité, de même que généralement toutes les soustractions entre époux, ou entre parents et fils, vivant en communauté, les règles en sont posées dans la 2e partie de ce Code.

CHAPITRE XXIII.

DE LA RAPINE [1].

ART. 169.

Celui qui fait violence à une personne, pour s'emparer d'une chose mobilière à lui appartenant ou appartenant à autrui, se rend coupable de *rapine*, que la violence ait lieu par des voies de fait ou seulement par des menaces.

[1] *Raub* (en allemand) rapine ou brigandage.

Peine.

Art. 170.

Lorsque cette menace est faite, même par une seule personne, et qu'elle est restée sans effet, elle est punie de cinq à dix ans de prison dure.

Art. 171.

Si la menace est faite de concert avec une ou plusieurs personnes, ou avec des armes meurtrières, ou si, après la menace, la chose a été effectivement enlevée, la peine est de dix à vingt ans de prison dure.

Art. 172.

La même peine est appliquée lorsqu'il y a eu violence matérielle sur la personne, bien que la rapine n'ait pas eu son effet.

Art. 173.

Mais si la rapine entreprise, à l'aide de violence matérielle, sur une personne, a été consommée, la peine sera de la prison dure à vie.

Art. 174.

Si dans une rapine, quelqu'un a été blessé ou lésé de manière à en éprouver un grave préjudice dans sa personne, ou si quelqu'un par de mauvais traitements continus ou des menaces dangereuses a été placé dans un état pénible de tourment, chacun de ceux qui y auront pris part sera puni de la prison très-dure à vie.

ART. 175.

Complicité.

Celui qui recèle, vend ou achète une chose, de la plus légère valeur, sachant qu'elle provient d'une rapine, se rend coupable de complicité dans la rapine, et est puni d'un à cinq ans de prison dure.

CHAPITRE XXIV.

DE LA FRAUDE.

ART. 176.

De la fraude.

Celui qui, par des insinuations ou des manœuvres artificieuses, induit un autre dans une erreur, par suite de laquelle quelqu'un souffre un dommage dans sa propriété ou dans ses autres droits, ou bien, qui, avec une telle intention, profite de l'erreur ou de l'ignorance d'autrui, commet une fraude.

ART. 177.

Circonstances qui la rendent criminelle.

La fraude devient délit par la nature du fait, ou par l'importance du dommage causé.

ART. 178.

1º Nature du fait.

Les cas dans lesquels la fraude devient un délit par la nature seule du fait sont :

1º Si l'on cherche à obtenir un faux témoignage en justice; si un faux témoignage a été offert ou déposé en justice; si un faux serment a été offert ou effectivement prêté dans une cause personnelle;

2° Si quelqu'un prend faussement le caractère d'une personne ayant une charge publique, ou feint d'avoir un mandat de l'autorité, ou d'avoir obtenu un pouvoir spécial de l'autorité publique;

3° Si dans une industrie publique il a été employé de faux poids ou de fausses mesures;

4° Si quelqu'un contrefait ou falsifie un document public, ou un signe adopté par l'autorité publique, ou des timbres ou empreintes publiques;

5° Si l'on enlève ou déplace les signes placés pour la démarcation des limites;

6° Si quelqu'un, par sa prodigalité, s'est rendu inhabile à payer ses dettes, ou a cherché à soutenir son crédit par des manœuvres frauduleuses; ou a altéré le véritable état de la masse, à l'aide de créanciers fictifs ou par d'autres entreprises frauduleuses, ou en cachant une partie de sa fortune.

ART. 179.

Les autres espèces de fraude deviennent délit quand le préjudice causé ou qu'on a voulu causer excède 25 florins.

2° Importance du dommage.

ART. 180.

On ne peut énumérer dans la loi toutes les différentes espèces de fraude; néanmoins se rend coupable d'un délit, eu égard à la valeur fixée par l'article précédent,

Espèces principales.

1° Celui qui fabrique de faux documents privés, ou en falsifie de sincères, celui qui met en circulation des billets de crédit public contrefaits ou falsifiés, ou des monnaies fausses, sans être d'intelligence avec les faussaires ;

2° Celui qui, à l'aide de moyens superstitieux ou de fascination frauduleuse, abuse de la faiblesse d'esprit d'un autre pour lui porter préjudice ou à un tiers ;

3° Celui qui cache à dessein une chose trouvée, et se l'approprie ;

4° Celui qui prend un faux nom, un faux état, une fausse qualité, se fait passer pour le propriétaire du bien d'autrui, ou se revêt, de toute autre manière, d'une fausse apparence, pour se procurer un lucre illicite, ou pour préjudicier à autrui dans ses biens ou ses droits, ou pour pousser quelqu'un à des actes préjudiciables auxquels il ne se serait pas porté sans ces fraudes ;

5° Celui qui se sert dans un jeu de faux dés ou de fausses cartes, ou d'intelligences ou d'autres moyens frauduleux.

ART. 181.

Peine. La peine ordinaire de la fraude est de six mois à un an de prison, mais elle peut être élevée jusqu'à cinq ans, selon le danger couru ou la plus grande difficulté de l'éviter, ou la récidive plus fréquente, ou la plus grande élévation du dommage.

Art. 182.

Si la valeur que le coupable s'est appropriée par le délit surpasse trois cents florins, ou si elle a causé un préjudice sensible à la personne lésée à raison de sa position de fortune, ou si le délinquant a commis la fraude avec une grande audace, ou s'il a contracté l'habitude de frauder; la peine est de la prison dure de cinq à dix ans.

Art. 183.

Lorsque la fraude aura été accompagnée d'un faux serment offert ou fait en justice, le coupable doit, outre la peine de la prison dure ci-dessus déterminée, être exposé au carcan; et si du faux serment il est résulté un dommage considérable, il est puni de vingt ans de prison dure, et même à vie selon les circonstances.

Art. 184.

La fraude qui n'est accompagnée d'aucune des circonstances énoncées aux articles 178 et 179 est considérée comme grave infraction de police, et sera poursuivie conformément aux règles posées dans la deuxième partie du présent Code.

Fraudes; graves infractions de police.

CHAPITRE XXV.
DE LA BIGAMIE.

Art. 185.

La personne mariée qui contracte un mariage avec une autre personne se rend coupable de bigamie.

Bigamie.

ART. 186.

Se rend coupable du même délit, la personne non mariée qui sciemment contracte mariage avec une personne mariée.

187.

Peine.

La peine de la bigamie est d'un à cinq ans de prison, et si le coupable a tenu caché son état à la personne avec laquelle il a contracté le second mariage, il est condamné à la prison dure.

CHAPITRE XXVI.

DE LA CALOMNIE.

ART. 188.

Calomnie.

Celui qui dénonce quelqu'un à l'autorité pour un délit controuvé, ou l'inculpe de telle manière que son imputation puisse servir de base à une instruction réglée, où au moins à des recherches contre l'inculpé, se rend coupable de calomnie.

ART. 189.

Peine.

La peine ordinaire de la calomnie est la prison dure d'un à cinq ans, laquelle peut être étendue à dix ans :

1° Si le calomniateur s'est servi d'une malignité profonde pour donner créance à son imputation ;

2° Si l'inculpé a été exposé à un grave danger;

3° Si le calomniateur est un domestique de l'inculpé, un familier habitant avec lui, ou une personne qui lui est soumise, ou si c'est un employé qui ait commis la calomnie dans l'exercice de sa charge.

CHAPITRE XXVII.
DE L'ASSISTANCE DONNÉE AUX DÉLINQUANTS.
ART. 190.

Il a déjà été déclaré par l'article 5, que celui qui concourt à un délit se rend coupable de la même espèce de délit que son auteur principal; mais, en outre, on se rend coupable d'un délit, en accordant des facilités à un délinquant dans les cas suivants.

Aide dans le délit.

ART. 191.

Premier cas : Quand quelqu'un omet, par méchanceté, d'empêcher un délit, alors qu'il pouvait le faire facilement sans s'exposer à un danger.

1° En omettant par méchanceté de l'empêcher.

ART. 192.

Pour le délit de haute-trahison : est considéré comme co-auteur celui qui ne l'aura pas empêché, et il est puni des peines portées en l'article 54; pour les autres délits, la peine, dans ce cas, est de six mois à un an de prison; néanmoins, à l'égard des délits que la loi punit de la mort ou de la prison à vie, la peine est d'un à cinq ans de prison dure.

Peine.

ART. 193.

Deuxième cas : Quand quelqu'un cache à l'investigation du magistrat, des indices pouvant servir à

2° Par recèlement.

découvrir le délit ou son auteur, ou recèle le coupable, ou donne des avis à des délinquants qu'il connaît pour tels, ou favorise leurs conciliabules, pouvant l'empêcher.

ART. 194.

Peine.

Un tel coupable, quand il ne se trouve pas dans le cas de non-révélation prévu par l'article 55, est puni de la prison de six mois à trois ans, selon la criminalité du coupable recélé ou le dommage causé par la non-révélation; mais dans le cas où des avis ont été donnés, ou des conciliabules favorisés, la peine est de la prison dure jusqu'à cinq ans.

ART. 195.

Ne peuvent cependant être punis pour le seul fait de non-révélation, les parents du coupable en ligne ascendante, ou descendante, son conjoint, ses alliés au premier degré, ses frères et sœurs et ses premiers cousins.

ART. 196.

3° En facilitant la fuite d'un homme arrêté.

Troisième cas : Quand quelqu'un, par ruse ou par force, facilite à une personne arrêtée pour délit l'occasion de fuir, ou suscite des obstacles à l'autorité qui cherche à l'arrêter de nouveau.

ART. 197.

Peine.

Si cette assistance est prêtée par une personne

préposée à sa garde, ou par une personne qui savait
que la personne arrêtée était inculpée ou condamnée
comme coupable de haute - trahison, de falsification
de billets de crédit public, ou de faux monnayage,
de rapine ou d'incendie, la peine est de la prison
dure de cinq à dix ans, quand l'aide est prêtée à une
personne arrêtée pour haute-trahison, ou pour falsification de billets de crédit public, et d'un à cinq ans,
dans les autres cas énumérés en cet article.

Art. 198.

Si l'arrêté est soumis à une instruction ou à une
peine pour tout autre délit que ceux indiqués en
l'article précédent, et s'il n'y avait pas obligation de
le garder; pour celui qui a prêté assistance, la peine
est de six mois à un an de prison.

Art. 199.

Quatrième cas : Quand quelqu'un engage à la
désertion un soldat qui a juré fidélité à son drapeau,
ou un homme de service appartenant à un corps
militaire, ou lui prête assistance, à cet effet, par conseil
et par le fait, ou bien porte secours à un déserteur,
en achetant son équipement ou son fusil, ou en lui
indiquant le chemin, ou en le travestissant, ou en
le recélant, ou en lui donnant retraite, ou en lui
donnant toute autre assistance, de manière à faciliter
sa désertion ou à rendre plus difficile sa recherche
ou son arrestation.

4° En assistant
un déserteur.

ART. 200.

Peine.
(Voir l'appen-
dice, article 11.)

Un tel coupable est puni de la prison de six mois à un an, outre le payement à la caisse de la guerre, de 50 florins pour chaque fantassin déserteur, et de 100 florins pour chaque cavalier; s'il ne peut effectuer ce versement à la caisse de la guerre, la peine est augmentée de durée ou aggravée, et la circonstance de l'arrestation du déserteur ne change rien à l'application de cet article.

CHAPITRE XXVIII.

DE L'EXTINCTION, DES DÉLITS ET DES PEINES.

ART. 201.

Mode d'extinc-
tion des délits.

Le délit s'éteint :

1° Par la mort du délinquant ;

2° Par l'expiration de la peine ;

3° Par la remise de la peine ;

4° Par la prescription.

ART. 202.

1° Par la mort
du coupable.

La mort du coupable, soit qu'elle survienne avant ou pendant l'instruction, avant ou depuis la sentence formée, fait cesser la poursuite du coupable et l'application de la peine. Mais la sentence, une fois notifiée, produit son effet à l'égard de la perte du droit de disposer librement de ses biens conformément aux dispositions du paragraphe 3 de l'article 23.

ART. 203.

Si un délinquant se soustrait à la peine en se donnant la mort, lorsque le délit fait une grande impression dans le public, et s'il est légalement prouvé, le nom du coupable avec la désignation du délit est publié suivant le mode prescrit en l'article 498 de la IIe section.

ART. 204.

Lorsque le coupable a subi la peine prononcée contre lui, le délit est considéré comme éteint. Le condamné rentre dans tous ses droits civils communs, à moins que leur perte ne soit une conséquence de la sentence, aux termes de l'article 23, ou n'y soit jointe en vertu de l'article 22. Il ne peut en conséquence être molesté ou empêché par personne dans la jouissance de ces droits, et tant qu'il tiendra une conduite honnête, qui que ce soit ne peut lui reprocher le passé, ni le molester, à cet égard, d'aucune manière.

2° Par l'accomplissement de la peine.

ART. 205.

La remise de la peine a, suivant son étendue, le même effet que si la peine avait été subie.

3° Par la remise de la peine.

ART. 206.

Le délit et la peine s'éteignent par la prescription, lorsque le coupable, à compter du jour du délit commis, n'a pas été soumis à une instruction dans le délai fixé par la présente loi.

4° Par la prescription.

Art. 207.

Le temps de la prescription est:

1° De vingt ans pour les délits que les lois punissent de la peine de la prison à vie;

2° De dix ans pour ceux dont la peine s'élève de dix à vingt ans;.

Et 3° de cinq ans pour tous les autres délits.

Art. 208.

La prescription néanmoins profite seulement à celui qui :

1° Ne retient aucun profit du délit;

2° Qui, en outre, s'est efforcé autant qu'il lui a été possible, et que la nature du délit l'a permis, d'indemniser la partie lésée;

3° Qui n'a pas pris la fuite hors de nos États;

4° Qui n'a pas commis de nouveau délit pendant le temps de la prescription.

Art. 209.

Effet.

L'effet de la prescription est qu'à raison du délit prescrit il ne peut plus y avoir lieu à aucune instruction, ni à l'application d'aucune peine.

Art. 210.

Pour les délits punis de la peine de mort, il n'y a aucune prescription d'instruction ou de peine; si, néanmoins, depuis le temps du délit commis, il s'est écoulé l'espace de vingt ans, et que les conditions portées en l'article 208 se trouvent réunies, on applique les dispositions de l'article 431 de la IIe section.

SECTION II.
DE LA PROCÉDURE EN MATIÈRE DE DÉLIT.

CHAPITRE IER.
DE LA JURIDICTION CRIMINELLE.
ART. 211.

Pour toutes les infractions aux lois qui sont déclarées délits par la première section de ce Code, la juridiction sera exercée par les tribunaux auxquels appartiennent, d'après la constitution de chaque pays, l'instruction et le jugement des matières criminelles, et qui sont désignées, dans le présent Code, sous la dénomination de tribunaux criminels.

A qui appartient la juridiction criminelle.

ART. 212.

La juridiction du tribunal criminel s'étend à tout son district. En conséquence, il n'existera plus d'exception pour aucune commune ou personne particulière qui se trouvera dans le district d'un tribunal criminel, si cette exception n'est formellement exprimée par le présent Code.

Étendue de cette juridiction.

ART. 213.

La juridiction criminelle consiste dans le devoir de rechercher les délits, d'examiner leurs auteurs, et de procéder contre eux en conformité des lois.

En quoi elle consiste.

Art. 214.

Ses effets en gé-
néral.

Quiconque se trouve dans le district d'un tribunal
criminel est obligé, sur la citation que ce tribunal croit
nécessaire de lui signifier, de comparaître devant lui,
de lui dire ce dont il a connaissance, de répondre
à toutes ses questions et d'obéir à ses ordres.

Art. 215.

Elle s'exerce :
1" D'office.
2° Avec célérité.

Le tribunal criminel exerce d'office sa juridiction.
Les opérations qui en sont la conséquence réclament
particulièrement une prompte expédition, et même,
les autres autorités sont tenues de prêter assistance,
sans délai, aux tribunaux criminels sur leur réquisition.

Art. 216.

3° Par des juges
capables.

L'exercice de la juridiction criminelle ne peut être
confié, dans les tribunaux criminels, qu'à ceux qui ont
vingt-quatre ans accomplis, qui rapportent la preuve
qu'ils ont tenu une bonne conduite, qu'ils ont étudié
avec profit la jurisprudence, qu'ils ont acquis une pra-
tique satisfaisante des affaires judiciaires criminelles,
et qui, d'après un examen rigoureux sur le présent
Code, ont été déclarés capables par le tribunal d'appel. Celui qui sera ainsi jugé capable devra, en outre,
prêter immédiatement serment devant le tribunal
d'appel, d'administrer la justice conformément aux
lois, en quelque occasion qu'il soit appelé à exercer
la juridiction sur les matières criminelles.

ART. 217.

Les tribunaux criminels devront, en outre, instituer les auxiliaires nécessaires d'après l'étendue de leur district; entretenir, en nombre suffisant, des prisons dans l'état voulu par les lois, et, en général, se pourvoir de tout ce qui est nécessaire pour l'administration de la justice qui leur est confiée. Aucun signe public ne doit indiquer ni le tribunal criminel ni le lieu du supplice.

Autres conditions.

ART. 218.

Les recherches pour vérifier le corps du délit doivent être faites par le juge criminel dans le district duquel le délit a été commis.

De la compétence.
(Voir appendice, n° 11.)

ART. 219.

La procédure contre la personne inculpée d'un délit appartient au juge criminel dans le district duquel elle est arrêtée.

ART. 220.

Si un délit est commis ou si une personne inculpée est arrêtée sur les limites de deux tribunaux criminels, la juridiction appartient au premier saisi.

ART. 221.

Sont exceptés des règles prescrites dans les articles 219 et 220 les cas suivants :

Exceptions.

1° Lorsqu'un fonctionnaire relevant directement

du Prince, un membre des états provinciaux, un noble, un individu appartenant au clergé de la religion chrétienne, ou immatriculé dans une université ou dans un lycée de l'État, sont inculpés d'un délit, l'instruction et le jugement en appartiennent à l'autorité judiciaire de la capitale de la province où ils sont arrêtés;

(Voir appendice n° 12.)

2° Quand il y a prévention de haute-trahison, de falsification de billets de crédit public ou de monnaies, l'inculpé est remis au tribunal criminel de la capitale de la province dans laquelle il est arrêté, pour être procédé contre lui conformément aux lois;

3°. Lorsqu'une personne appartenant à un corps militaire de l'État vient à être arrêtée pour quelque délit, elle est remise au commandant militaire le plus voisin;

4° Les ambassadeurs étrangers et les personnes qui appartiennent spécialement au corps diplomatique sont traités selon le droit des gens, et ne se trouvent pas soumis aux autorités du pays. Les personnes mêmes de la maison et les domestiques d'un ambassadeur, qui sont sujets immédiats de la puissance à laquelle il appartient, ne sont pas soumis à la juridiction ordinaire : en conséquence, s'ils commettent quelque délit, le magistrat peut s'assurer de la personne de l'inculpé, mais en même temps il doit en donner connaissance au ministre, afin que celui-ci reçoive la personne arrêtée;

5° Lorsqu'un tribunal criminel fait poursuivre
contre une personne fugitive de son district, quel
que soit le lieu de l'État où elle est prise, elle est remise à ce tribunal;

6° Lorsqu'une personne citée devant un tribunal
criminel par édit, pour un délit, est arrêtée dans un
autre district criminel, elle doit être remise au
premier.

Art. 222.

Comme l'administration de la justice confiée aux
tribunaux criminels intéresse particulièrement la sûreté
publique, chaque négligence entraîne une grave responsabilité; en conséquence, s'il est constaté qu'un
délinquant s'est soustrait à un procès judiciaire par la
lenteur d'un tribunal criminel, celui-ci est tenu, non-
seulement de dédommager celui qui ainsi a perdu les
moyens de s'indemniser, mais, en outre, de rembourser les dépenses qui pourraient être faites pour ce délinquant par un autre tribunal. Celui sur lequel pèsera
le reproche de négligence est, en outre, puni particulièrement.

Responsabilité en cas de négligence.

Art. 223.

Les tribunaux criminels sont subordonnés au tribunal d'appel comme tribunal criminel supérieur de
la province, et celui-ci, à la cour suprême de justice.

Degrés de juri-diction.

Art. 224.

Le tribunal criminel supérieur a la faculté, dans

Renvoi devant un autre juge que le juge ordinaire.

des cas particuliers, de déléguer l'instruction de l'affaire à un autre tribunal criminel que le tribunal ordinaire, si les relations du coupable avec ce tribunal, ou si la connexité de l'affaire l'exigent pour accélérer et pour mieux suivre le procès, ou pour quelque autre motif grave.

ART. 225.

Excès de pouvoir.

Si une autorité quelconque s'arroge, contre le texte de la loi, la juridiction sur une personne inculpée de quelque délit, ses opérations sont nulles; seulement le tribunal supérieur peut décider celles qui, ayant été accomplies, pourront conserver leur effet.

CHAPITRE II.

DE LA RECHERCHE DU DÉLIT ET DE LA RECONNAISSANCE DU CORPS DU DÉLIT.

ART. 226.

Motifs d'action.

Le tribunal criminel est tenu d'exercer sa juridiction au moment où il découvre lui-même, ou apprend par le bruit public ou par une dénonciation, ou de quelque manière que ce soit, qu'un délit a été commis dans son district.

ART. 227.

Bruit public.

Tout bruit public se propage par la communication, mais il a toujours quelque cause ou quelque auteur primitif; en conséquence, le tribunal criminel doit s'en faire rendre compte par ceux qui lui ont donné connaissance du bruit public, le suivre de bouche en bouche jusqu'à sa première origine, et s'assurer, autant qu'il est possible, s'il a, ou non, quelque fondement.

ART. 228.

Toutes les autorités et administrations doivent dénoncer sans retard, au tribunal criminel du district dans lequel elles se trouvent, les délinquants par eux découverts, ou dont ils auront eu connaissance de toute autre manière.

Dénonciation obligée.

ART. 229.

Quiconque a connaissance de quelque délit est autorisé, même hors les cas où la dénonciation est d'obligation, à le dénoncer soit directement au tribunal criminel, soit à l'autorité la plus voisine; le tribunal criminel est obligé en conséquence de recevoir toute dénonciation qui lui est faite.

Droit de dénonciation.

ART. 230.

En général, la dénonciation doit contenir une notice précise du fait, ainsi que le nom, la condition et la demeure du dénonciateur; celui-ci peut néanmoins exiger, excepté dans le cas de l'article 188, que son nom soit tenu secret.

Contenu de la dénonciation.

ART. 231.

On peut même procéder à la vérification des cir-

Dénonciation anonyme.

constances d'un délit, sur une dénonciation anonyme, lorsque celle-ci contient, sur le délit, des renseignements précis qui le rendent vraisemblable.

ART. 232.

Reconnaissance du corps du délit.

(Voir appendice, articles 11 et 15.)

Quel que soit le moyen par lequel le tribunal criminel a découvert un délit commis dans son district, il doit toujours procéder sans retard à la reconnaissance légale du corps du délit.

ART. 233.

But de cette reconnaissance.

Le but de cette reconnaissance est de constater l'existence du délit commis, et d'éclaircir en outre, autant qu'il est possible, ce qui peut servir à l'instruction ultérieure.

ART. 234.

Lorsque l'existence du fait se trouve ainsi mise hors de doute, on doit faire porter successivement les recherches sur toutes ses circonstances dans l'ordre où elles se trouvent liées entr'elles, de manière à pouvoir déterminer,

1° Si le fait est un délit;

2° De quelles circonstances aggravantes ou atténuantes il se trouve accompagné;

3° Comment on peut découvrir le coupable, s'il est encore inconnu;

4° Celles de ces circonstances qui peuvent, comme indices, conduire à la découverte des délinquants, de leurs co-auteurs et complices ou de ceux qui ont connaissance du fait;

5° Ou celles qui peuvent, comme preuve, servir pour ou contre le délit;

6° Quel est le dommage résultant du délit en tant qu'il peut donner lieu à une réparation.

ART. 235.

La reconnaissance du corps du délit doit être faite par le fonctionnaire préposé à l'exercice de la juridiction criminelle. Mais, pour le cas où celui-ci serait absent, au moment de la dénonciation, ou se trouverait empêché, pour toute autre cause, de procéder lui-même, il doit toujours y avoir un autre fonctionnaire qui puisse avec raison être présumé suffisamment capable, et dont on puisse attendre une bonne enquête judiciaire.

Par qui elle doit être faite.

ART. 236.

Dans les cas urgents, si l'éloignement du lieu où siége le tribunal criminel ne permet pas que l'enquête soit faite par lui avec la célérité nécessaire, sans courir le risque de laisser échapper l'occasion, ou de voir les circonstances se dénaturer, ou de faire échouer la procédure, l'autorité du lieu où a été commis le délit, ou qui a reçu la dénonciation, ou, s'il y a plusieurs autorités, celle qui est chargée de veiller au maintien de la tranquillité, de l'ordre et de la sécurité, est tenue de procéder à l'enquête préliminaire et de trans-

(Voir appendice, article 11.)

mettre ensuite toute la procédure au tribunal criminel.

ART. 237.

Que la constatation du corps du délit soit faite par
le tribunal criminel ou par l'autorité locale, on doit
toujours appeler à cette constatation deux personnes
de justice ou, au moins, deux personnes dignes de
confiance.

ART. 238.

Reconnaissance
du lieu du délit.

Si le délit laisse des traces sur le lieu ou sur la
personne lésée, la constatation se fait par la visite de
ce lieu ou de cette personne.

ART. 239.

Précautions à
prendre pour con-
server les traces du
délit.

On doit en conséquence, pendant que la dénonciation est portée au tribunal criminel, et jusqu'à ce
que l'enquête ait eu lieu, avoir soin que les traces du
délit et tout ce qui peut conduire à un plus grand éclaircissement de la nature véritable du fait, soient conservés dans l'état même où le délit a été découvert,
si cela est possible sans qu'il en résulte de plus grand
dommage.

ART. 240.

Des experts.

Si le délit est tel que, pour apprécier sa nature
d'après les traces, il soit nécessaire d'avoir des connaissances scientifiques ou d'art particulières, on doit se
faire assister d'un expert dans cet art ou cette science,

et même de deux, si on peut le faire sans un retard
nuisible.

ART. 241.

Si l'expert est déjà assermenté, on lui rappellera
que, d'après son serment et ses devoirs, il est tenu
d'examiner scrupuleusement l'objet qui lui est soumis
et d'indiquer avec vérité et précision tout ce qu'il est
nécessaire d'en connaître. S'il n'est pas assermenté,
on lui fera prêter serment dans ce but.

Serment des experts.

ART. 242.

Notamment, dans le cas où une personne a été
lésée, blessée ou tuée, il est nécessaire de faire avec
soin l'inspection de la personne blessée ou du cadavre
du mort; de décrire le nombre et la nature des blessures; de déterminer si chaque blessure ou lésion est
dangereuse, ou laquelle est mortelle; d'indiquer autant
que possible par quel instrument les blessures ou
la mort ont été occasionnées : on doit déclarer, en
outre, si la mort était une conséquence nécessaire du
fait, ou si elle est seulement provenue de circonstances
accessoires; enfin on doit noter et déterminer le degré de
violence employée ou de cruauté manifestée, autant
que cela peut être reconnu d'après les traces existantes.

Circonstances à vérifier dans les lésions corporelles.

ART. 243.

Dans les délits où l'on a endommagé ou tenté d'en-
dommager la fortune d'autrui d'une manière violente

Dans l'apprécia- tion du dommage.

' ou artificieuse, on doit rechercher avec soin la nature réelle de la violence employée ou de l'artifice pratiqué, et les moyens dont on s'est servi, ainsi que le préjudice qui s'en est suivi, et s'enquérir en même temps si le délit a pu être commis par une seule personne, ou si, des circonstances, il apparaît que ce soit avec une assistance étrangère, et de quelle nature était cette assistance.

ART. 244.

Précautions à prendre à l'égard des instruments du délit.

Dans la constatation du corps du délit, il devra être dressé inventaire et fait une exacte description, pièce par pièce, de tous les instruments qui ont servi au délit, ou des objets qui le constatent, des effets volés ou enlevés ou bien appartenant au coupable et abandonnés dans le lieu du délit, et, en tant que cela sera possible, ces objets seront mis sous la garde de la justice, après qu'il en aura été donné un reçu à la personne en la possession de laquelle ils ont été trouvés.

ART. 245.

Constatation d'un corps de délit ne laissant pas de trace.

Si l'espèce de délit n'exige pas la visite par l'inspection du lieu ou de la personne, la constatation légale peut en être faite dans le lieu ordinaire du siége du tribunal, mais toutes les circonstances doivent être recherchées et vérifiées avec le même soin, et, à cette fin, les personnes indiquées dans l'article 248 devront être entendues de la manière prescrite.

ART. 246.

Il doit être dressé procès-verbal de la constatation du fait, qu'elle ait lieu par une visite ordinaire ou de toute autre manière. Au commencement du procès-verbal est énoncée la cause qui a donné lieu à l'enquête, ensuite sont référées toutes les circonstances découvertes ou vérifiées par l'enquête, autant que possible suivant l'ordre dans lequel elles se sont succédé les unes aux autres.

Procès-verbal.

ART. 247.

A l'endroit du procès-verbal où il doit être fait mention des effets qui, d'après l'article 244, sont mis sous la garde de la justice, il est nécessaire de joindre l'inventaire qui en a été dressé, ainsi que la description faite par l'expert qui a été appelé, de l'état où il a trouvé la chose soumise à son examen. Si l'expert aime mieux faire ce rapport de vive voix, ses explications seront transcrites, mot à mot, dans le procès-verbal, et seront signées de lui.

ART. 248.

Aussitôt après, on soumettra à un interrogatoire circonstancié toutes les personnes qui paraissent, avec quelque probabilité, pouvoir donner des renseignements précis sur les circonstances du délit, ou des renseigements propres à faire découvrir le coupable; et pareillement, celle qui a souffert un préjudice du

Examen des témoins.

délit commis ; il sera tenu procès - verbal de leurs
dépositions, ou il sera pris les mesures nécessaires
pour l'audition des personnes qui habitent dans le
ressort d'un autre tribunal criminel.

ART. 249.

Avertissement.

Quiconque est ainsi examiné est préalablement
averti de bien réfléchir à ce qu'il va déposer, de
déclarer la pure vérité, et, en conséquence, de ne
pas relater des soupçons sans fondement, ni aggraver
ses imputations ; de même, de ne taire aucune des
circonstances de lui connues, ni de chercher à en
atténuer la véritable nature.

ART. 250.

Questions géné-
rales.

Ensuite, le comparant est interrogé généralement
sur ses nom, prénoms, âge, lieu de naissance, religion
et état, et sur les autres points qu'il est nécessaire
de savoir relativement à sa personne.

ART. 251.

Questions spé-
ciales.

Dans l'examen des domestiques, ou autres personnes qui peuvent déposer sur le fait, il est nécessaire de se régler, d'après les circonstances particulières dans lesquelles le délit a été commis. En
général, les questions doivent être posées de manière
à ce que le témoin ne soit pas conduit à déposer des
circonstances particulières, mais à ce qu'il trouve
l'occasion de raconter lui-même tout ce qui est par-

venu à sa connaissance, sauf à suppléer, après son récit, par des questions particulières, à ce qui y manque. Mais on doit, chaque fois, rechercher de quelle manière le témoin a eu connaissance de ce dont il dépose.

ART. 252.

Ceux qui ont souffert un dommage par le délit commis seront interrogés sur les questions de savoir:

Questions sur le dommage causé.

1° En quoi consistent l'objet et la véritable nature du dommage;

2° De quelle manière le préjudice a été causé;

3° Ce qu'ils ont fait de leur côté pour l'empêcher;

4° S'ils ont quelque chose à indiquer pour les poursuites ultérieures ou pour l'obtention de leur dédommagement.

ART. 253.

Si l'on ne peut constater avec certitude le préjudice causé, par l'audition de la partie lésée, parce qu'elle est absente, imbécile, ou par quelque autre empêchement, ou bien, si l'on a des motifs de supposer qu'elle a exagéré le préjudice : dans ce cas, si la gravité du délit dépend de l'élévation du dommage, la valeur précise de ce dommage sera constatée par l'audition des personnes qui ont connaissance de l'objet qui a souffert, ou, si les circonstances le permettent, à l'aide d'estimateurs impartiaux.

6.

Art. 254.

Lecture aux témoins de leur déposition.

On lira clairement, et comme elle est écrite sur le procès-verbal, leur déposition, tant à la personne lésée qu'aux autres témoins qui ont déposé de quelque chose sur le délit, en les avertissant qu'ils doivent la confirmer encore par serment.

Art. 255.

Les observations que le témoin fait sur la lecture de sa déposition sont consignées dans le procès-verbal, et, ainsi complétée, elle est signée par le déposant. S'il ne sait pas signer, il appose, de sa main, un signe particulier en présence de deux autres témoins appelés à cette fin, qui l'attesteront par leur signature.

Art. 256.

Serment des témoins.
(Voir appendice, article 13.)

On reçoit ensuite du témoin le serment que sa déposition est sincère et conforme à la vérité. Ce serment n'a pas lieu cependant, ou au moins est différé jusqu'à éclaircissement ultérieur, lorsqu'il existe contre le témoin quelque empêchement fondé sur les dispositions du présent Code.

Art. 257.

Clôture du procès-verbal.

Le procès-verbal ainsi rédigé, il en est donné de nouveau lecture, en son entier, à tous ceux qui ont assisté à l'enquête, et s'ils ont quelques observations à faire en conséquence, il en est fait mention dans le procès-verbal à titre d'observations, et sans corriger le texte. Enfin, les assistants signeront le tout, ainsi que chacune des pièces annexées au procès-verbal.

CHAPITRE III.
DE LA RECHERCHE ET DE L'IMPUTATION LÉGALE DU DÉLIT.

ART. 258.

Personne ne peut être mis en prévention pour un délit, s'il n'existe des indices légaux qui motivent l'imputation.

Fondements de la poursuite contre une personne déterminée.

ART. 259.

Les indices légaux sont les circonstances qui donnent lieu de reconnaître, entre le délit et une personne, une telle connexité, qu'en les pesant avec impartialité il y a vraisemblance que le délit a été commis par cette personne.

Idée des indices légaux.

ART. 260.

De même que de l'investigation d'un fait déjà connu peuvent surgir des indices légaux qui conduisent à en découvrir l'auteur, de même, des circonstances concernant une personne peuvent résulter des indices légaux qu'un délit encore inconnu a été commis par elle, quand elles sont d'une telle nature que, selon toute vraisemblance, elles ne peuvent se rapporter qu'à un délit.

Base des indices légaux.

ART. 261.

Indices directs
et indirects.

Suivant que la connexité entre un délit commis et une personne résulte des circonstances, selon le cours ordinaire des choses humaines, avec plus ou moins de vraisemblance, ainsi les indices qui en surgissent sont plus ou moins directs.

ART. 262.

Indices directs.

Les indices directs pour l'imputation légale s'élèvent spécialement contre ceux :

1° Qui se dénoncent eux-mêmes aux magistrats comme auteurs du fait ;

2° Qui ont manifesté une haine violente contre l'offensé et l'ont menacé du mal qu'il a souffert ;

3° Qui, avant le fait, ont annoncé l'intention de le commettre, ou, depuis le fait, ont rapporté ou confessé l'avoir commis ;

4° Qui, dans le temps ou le lieu du délit, ont été vus commettant une action ayant connexité avec l'exécution du délit ;

5° De qui sont trouvés des lettres ou autres écrits de leur propre main, dont le contenu, selon le sens naturel de ces lettres ou écrits, fait connaître qu'ils ont commis le délit ;

6° Qui, par de faux exposés, ont cherché à éloigner d'eux les soupçons ou à les faire tomber sur d'autres ;

7° Qui se sont procuré des moyens, ont commandé ou acquis des instruments qui ont un rapport direct avec l'exécution du délit ;

. 8° Parmi les effets desquels il est trouvé des instruments qui, d'après leur état, ne pouvaient leur être
d'aucun usage, et n'ont pu servir qu'à commettre le
délit;

9° Ou bien, des objets qui portent visiblement les
traces ou les signes du délit;

· 10° Ou qui proviennent du délit lui-même;

11° Qui ont déjà commis un délit semblable et
avec des circonstances particulières analogues à celles
qui, de nouveau, se rencontrent dans le cas actuel;

12° Qui, immédiatement après le délit ou dès que
le bruit public l'a fait connaître, ont pris la fuite,
sans qu'on puisse attribuer cette fuite à une autre
cause;

13° Dont le signalement se rapporte exactement
à celui du délinquant qui a été l'objet d'un mandat
d'arrêt rendu public.

ART. 263.

Dans les délits qui ont pour objet un lucre quelconque, sont spécialement considérées comme indices
légaux, les circonstances suivantes:

Indices speciaux dans les délits qui ont pour but un lucre illicite.

1° Si une personne jouissant en général d'une mauvaise réputation fait une dépense disproportionnée à
son état;

2° Si elle montre ou dépense beaucoup de pièces
de monnaie de l'espèce de celles qui ont été volées ou
enlevées;

3° Si un vagabond, ou une personne autrement suspecte, porte avec elle ou offre de vendre des choses dont la possession légitime est manifestement incompatible avec sa position.

ART. 264.

Dans l'infanticide.

Dans l'infanticide, un indice légal direct résulte du concours des circonstances suivantes : lorsqu'à un changement visible et subit dans l'état extérieur du ventre ne se joint pas la naissance d'un enfant, et que d'une visite, motivée sur cet indice, il résulte la certitude d'un accouchement récent.

ART. 265.

Révélation d'un co-auteur.

La révélation d'un co-auteur qui confesse le délit n'est un indice légal direct que lorsqu'elle est faite spontanément par lui, sans que son attention ait été spécialement dirigée sur une personne, et qu'elle est accompagnée de circonstances qui se trouvent vérifiées dans la suite du procès.

ART. 266.

Dénonciation d'une personne connue.

Pour qu'une dénonciation faite de vive voix ou par écrit, par une personne qui se nomme, puisse former un indice légal, il est nécessaire qu'elle soit accompagnée de circonstances qui se rapportent à l'auteur du fait.

ART. 267.

De la dénonciation anonyme.

On ne peut procéder contre personne sur une

dénonciation anonyme, ou souscrite d'un inconnu qu'on ne peut trouver. Mais si la dénonciation contient des données qui déjà en elles-mêmes constituent un indice légal, et qui se trouvent vérifiées par l'enquête, on peut procéder en vertu de cette dénonciation contre la personne dénoncée dans l'avis anonyme.

Art. 268.

Le langage confus et entrecoupé, le changement de couleur, le tremblement ou la crainte de quelque manière qu'elle se manifeste ; des sentiments grossiers, la parenté ou la familiarité avec des criminels et autres circonstances semblables, soumises à une interprétation ambiguë, ainsi que les conjectures vagues, ne constituent pas, par eux-mêmes, des indices légaux, bien que réunis à d'autres circonstances portant sur le fait en lui-même; mais ils accroissent la vraisemblance de l'imputation.

Art. 269.

Les indices directs énumérés ci-dessus et les autres indices semblables suffisent, par eux-mêmes, pour constituer une imputation légale. Mais les indices indirects peuvent aussi suffire, si plusieurs se réunissent contre une personne avec un tel accord qu'ils se prêtent mutuellement appui, ou s'il n'existe aucune circonstance contraire qui vienne affaiblir leur connexité.

Indices indirects et leur force.

Art. 270.

En général, tout indice prend de la gravité, et une

conjecture faible par elle-même prend de la force, lorsque l'inculpé est une personne de réputation douteuse, capable d'avoir commis le délit.

ART. 271.

Preuve des indices par témoins.

Lorsque des indices existent contre une personne déterminée, on doit rechercher, avec la plus grande exactitude, la vérité de toutes les circonstances d'où ces indices surgissent ; éclaircir et mettre hors de doute tout ce qui forme la base de l'imputation. A cette fin, on procédera, pour tout ce qui peut servir à la preuve de ces circonstances, au moyen de l'interrogatoire des personnes qui en ont connaissance, et de toute autre recherche opportune, le tout de la manière qui est prescrite au chapitre précédent pour la découverte du délit.

ART. 272.

Par visite domiciliaire.

Lorsque des informations résulte le soupçon fondé qu'on peut trouver, dans le domicile de l'inculpé, des choses ayant rapport au délit, ou lorsqu'on peut trouver sur sa personne même des indices de ce genre, on doit faire une visite dans son habitation, dans ses effets, ou dans ses meubles, en sa présence ou celle du chef de famille, et même, si les circonstances l'exigent, visiter ses vêtements ou sa propre personne. Néanmoins, dans de semblables actes, le juge doit user de prudence, de décence et de modération afin que l'inculpé en souffre le moins possible dans sa réputation et que sa tranquillité ne soit troublée qu'autant qu'il est indispensable pour maintenir la sûreté publique et pour remplir les devoirs imposés aux magistrats dans ce but.

ART. 273.

Si des indices d'imputation légale s'élèvent contre quelqu'un, mais s'il existe, en même temps, des circonstances qui viennent en diminuer la force, on doit instruire sur celles-ci avec le même soin. Si donc des soupçons s'élèvent contre quelqu'un, et si l'enquête relative aux charges qui pèsent sur lui a démontré que le soupçon est sans fondement, toute poursuite ultérieure contre lui cessera immédiatement.

Recherche des preuves contraires.

ART. 274.

Pour qu'un indice ait force légale, il n'est pas nécessaire qu'il soit prouvé par deux témoins irrécusables ou par instruction judiciaire : un seul témoignage digne de foi émané de la partie lésée ou de quelque autre personne suffit quand la déposition porte sur l'exécution du fait lui-même, ou sur des actions ou circonstances de l'inculpé ayant avec le fait une connexité nécessaire.

Force de la preuve de la déposition des témoins.

ART. 275.

Lorsque l'éloignement du tribunal criminel sera gênant pour les témoins à examiner ou de nature à

Coopération du magistrat de police.

retarder la prompte expédition de l'affaire, il appartient au magistrat de police chargé de veiller à la tranquillité, à l'ordre et à la sûreté publique, de faire l'investigation des indices qui lui sont signalés.

ART. 276.

Comme il importe beaucoup au maintien de la sécurité publique, que les délinquants soient promptement recherchés, les magistrats de police sont obligés de coopérer à leur découverte. En conséquence, chaque autorité, chaque tribunal, chaque administration doit communiquer immédiatement au tribunal criminel ou au magistrat de police de son district, tout ce qui vient à sa connaissance sur les indices qui peuvent conduire à la découverte d'un délinquant, ou des circonstances qui peuvent produire ces indices.

ART. 277.

Dans ces cas, et généralement toutes les fois qu'il parvient au magistrat de police quelques traces d'un délit, il est obligé, sans attendre la requête du tribunal criminel, d'instruire sur ces indices d'après le mode prescrit, et de lui transmettre ses actes, sauf au tribunal criminel à rectifier les vices qui pourraient s'y trouver.

ART. 278.

Moyens illégitimes pour fortifier l'imputation.

Il n'est permis à aucun tribunal criminel ou à aucun magistrat, soit par lui-même, soit par une personne secrètement interposée, de pousser d'une manière quelconque, une personne déjà suspecte, à mettre à exécution ses projets criminels, à poursuivre le délit, ou à le répéter, afin d'obtenir des indices plus directs ou des moyens de preuve contre elle. Le tribunal criminel ou le magistrat, dans une telle hypothèse, aurait à rendre un compte sévère de tout ce qui se serait fait par suite de cette investigation ou en aurait été la conséquence, et serait puni en conséquence.

ART. 279.

S'il est important pour la sécurité publique de découvrir les coupables par la recherche des indices, il n'est pas moins important pour elle de protéger la réputation de ceux qui, par une fâcheuse combinaison de circonstances, ont été suspectés d'avoir commis un délit. Ainsi, lorsque des indices apparents ont motivé des poursuites contre quelqu'un, si les poursuites ne les confirment pas, on doit, à sa requête, lui délivrer un certificat officiel pour sa tranquillité et sa justification.

Effet d'une imputation non fondée.

ART. 280.

Celui qui a intérêt à démontrer que le bruit public qui s'élève contre lui, qu'une dénonciation faite à l'autorité ou le soupçon donné à celle-ci qu'il a commis un délit, sont mal fondés, est autorisé à réclamer sur cette imputation une procédure régulière, soit pour empêcher les preuves de son innocence de péricliter,

Faculté de prouver son innocence.

soit pour éloigner le soupçon qui pèse sur lui : dans cette hypothèse, le tribunal criminel est obligé, lors même qu'il pense qu'il n'y a pas d'indices suffisants, d'instruire conformément aux règles ordinaires, et, l'instruction terminée, il doit, à ce sujet, délivrer à l'inculpé un certificat authentique.

CHAPITRE IV.

DE L'ARRESTATION ET DE L'INTERROGATOIRE-SOMMAIRE DE L'ACCUSÉ.

ART. 281.

Cause de l'arrestation

Celui qui est surpris en flagrant délit ou contre lequel s'élèvent des indices légaux de délit doit, en général, être mis en état d'arrestation criminelle.

ART. 282.

A qui appartient l'arrestation

Toute autorité qui surprend un délinquant en flagrant délit, ou à laquelle un tel délinquant est remis, doit le mettre en état d'arrestation et le livrer ou directement au tribunal criminel, ou à l'autorité chargée, dans le lieu, de veiller à la tranquillité, au bon ordre et à la sûreté, afin que celle-ci en fasse la remise ultérieure au tribunal criminel.

ART. 283.

Si l'imputation est fondée sur des indices légaux, l'autorité qui a la surveillance du bon ordre, de la tranquillité et de la sûreté du lieu où les soupçons se sont élevés, doit arrêter l'inculpé, s'il se trouve dans son district, ou, à cet effet, donner avis au magistrat du lieu qu'il habite, ou enfin poursuivre le fugitif, si l'on est sur ses traces ou si l'on a espérance de le saisir. Que l'arrestation ait lieu de l'une ou de l'autre manière, l'inculpé doit être immédiatement remis au tribunal criminel avec tout ce qui a été recueilli ou fait à son égard.

ART. 284.

L'arrestation et la garde de l'inculpé doivent avoir lieu avec toutes les précautions nécessaires pour empêcher sa fuite, mais, en même temps, avec tous les égards possibles pour ménager son honneur et sa personne ; il n'est permis d'user de la force qu'autant que l'inculpé fait résistance, ou tente de fuir.

Précautions à prendre :
1° Lors de l'arrestation

ART. 285.

Aussitôt que l'inculpé est mis en arrestation par le tribunal criminel, ou dès qu'il lui est livré, le tribunal doit :

2° Après l'arrestation.

1° Porter sur le procès-verbal la cause de l'arrestation, et rapporter les indices qui en sont le fondement ;

2° Décrire exactement le signalement et les vêtements de l'inculpé ;

3° Visiter ses vêtements et tout ce qu'il a avec lui, de manière à ce que rien ne puisse rester caché.

ART. 286.

Si, par suite de la visite, on trouve des documents,

deniers, ou autres métaux, des armes ou des instruments propres à faciliter la fuite de l'inculpé, ou à
attenter à sa propre vie, ou des objets ou traces du
délit, ils lui seront enlevés et demeureront sous la
garde du tribunal criminel.

ART. 287.

Interrogatoire
sommaire.

Immédiatement après cette visite et sans le moindre
retard, l'inculpé doit être soumis à un interrogatoire
sommaire.

ART. 288.

Des assesseurs.

A l'interrogatoire doivent être présents comme
assistants, outre le greffier juré, deux hommes dignes
de foi et impartiaux; s'ils ne sont déjà assermentés, ils doivent prêter serment qu'ils veilleront à
ce que le procès-verbal, dont ils doivent attester la
sincérité, contienne fidèlement les demandes et les
réponses telles qu'elles ont été faites, et que, jusqu'à la
sentence, ils garderont le secret de tout ce qu'ils auront ainsi appris.

ART. 289.

Avertissement
préalable à l'in-
culpé.

On commencera l'interrogatoire par un avertissement sérieux fait à l'inculpé, qu'il doit dire la pure
vérité, attendu qu'il y est obligé, et que ses déclarations mensongères l'exposeraient à un châtiment
et même aggraveraient, selon la perversité qu'elles
dénoteraient, la peine du délit.

ART. 290.

Ensuite, l'inculpé sera interrogé sur ses nom et prénoms, âge, lieu de naissance, religion; sur ses parents. On lui demandera s'il est marié et, dans l'affirmative, le nom de son conjoint; s'il a des enfants, quels sont ses moyens d'existence, sa fortune, le lieu de sa dernière demeure; si déjà il a été incarcéré, et enfin la cause de son arrestation actuelle.

Questions générales.

ART. 291.

S'il refuse de répondre aux questions, ou répond sur toute autre chose que sur celles concernant la cause, on lui fera observer que son silence obstiné, ou sa conduite rebelle, ne peut que rendre sa cause pire; s'il persiste néanmoins, il sera conduit en prison.

Suite de l'interrogatoire : 1° Refus de répondre.

ART. 292.

S'il soutient ignorer la cause de son arrestation, on lui indiquera le délit dont il est inculpé, ainsi que les indices qui s'élèvent contre lui; mais seulement en ce qui est strictement nécessaire pour qu'il ait connaissance de l'imputation.

2° Ignorance des causes de l'arrestation.

ART. 293.

S'il nie être coupable du délit qui lui est imputé, on l'interrogera sur les preuves qu'il a à fournir de son innocence; on lui demandera spécialement s'il peut prouver, qu'eu égard au temps et au lieu dans lequel

3° Dénégation de la culpabilité.

s'est passé le fait, il n'est pas possible qu'il l'ait com
mis.

Art. 294.

S'il avoue le délit, on recevra, sans l'interrompre, s;
déposition dans l'interrogatoire, de manière qu'il con
tienne un récit détaillé sur la cause, la conception
la mise à exécution et la consommation du délit.

Art. 295.

Lorsque l'inculpé avoue des délits dont on n'avai
pas d'indices, son aveu sera également reçu entière
ment comme il l'aura fait.

Art. 296.

S'il résulte des circonstances du fait, que plusieur;
personnes ont pu y prendre part, l'inculpé sera auss
interrogé sur ses complices.

Art. 297.

Mode de trans-
mettre les répon-
ses

Chaque question sera transcrite avec la réponse
qui y correspond sur le procès-verbal dans l'ordre
successif de leurs numéros.

Art. 298.

L'inculpé a la faculté de dicter lui-même ses réponses au greffier. S'il ne se prévaut pas de cette
faculté, les réponses faites à chaque demande sont
dictées au greffier par le juge, de manière à ce que
chaque parole puisse être bien comprise par l'inculpé,
et en conservant les expressions mêmes de ce dernier.

Lorsqu'une réponse est transcrite sur le procès-verbal, il en est donné lecture à l'inculpé, ou, sur sa requête, elle lui est communiquée pour qu'il la lise, en lui demandant si elle est bien exactement rendue. S'il requiert quelque changement, il est porté sur le procès-verbal sans cependant que l'on touche à ce qui est déjà écrit.

ART. 299.

L'inculpé signera chaque feuille du procès-verbal, ou, s'il ne sait pas écrire, il apposera en place un signe de sa main : ce seing ou cette signature sera affirmé à la fin du procès-verbal par la signature du juge et par celles des assesseurs qui ont assisté à l'interrogatoire.

Forme du procès-verbal

ART. 300.

Dans l'interrogatoire sommaire, le juge n'a pas besoin de peser la force des réponses faites aux demandes, ni de vérifier si elles sont conformes aux indices qui existent; il ne lui est pas permis de suggérer les réponses à l'inculpé, ni de chercher, par des châtiments, des menaces ou des promesses, ou par quelqu'autre artifice, bien qu'employé dans une bonne intention, à porter l'inculpé à d'autres réponses qu'à celles qu'il est disposé à faire spontanément.

Règles générales a suivie par le juge dans les interrogatoires sommaires

ART. 301.

Si le lieu où s'est effectuée l'arrestation est trop éloigné de la résidence du tribunal criminel pour

Cas dans lesquels l'interrogatoire sommaire

que l'on puisse conduire devant lui la personne arrêtée dans l'espace de douze heures, l'autorité qui est chargée dans le lieu de veiller à la tranquillité, à l'ordre et à la sécurité, procédera à l'interrogatoire sommaire d'après les règles prescrites, et il transmettra au tribunal criminel, lors de la remise du prévenu, le procès-verbal ainsi que toutes les choses qui pourraient avoir été mises en dépôt; dans ce cas, le tribunal criminel lira sur-le-champ à l'inculpé la partie du procès-verbal renfermant son interrogatoire, lui demandera s'il a quelque chose à y ajouter ou à changer, et ajoutera sa réponse au bas de ce procès-verbal, en observant les formalités indiquées dans les articles 298 et 299.

ART. 302.

Si l'inculpé a un domicile fixe, et qu'il ne résulte pas des actes, que l'autorité civile à laquelle il ressortit soit instruite de son arrestation, le tribunal criminel devra lui en donner connaissance, afin qu'elle puisse agir suivant les obligations qui peuvent peser sur elle.

ART. 303.

Dans les cas où, d'après la règle portée en l'article 221, l'inculpé arrêté doit être transféré près d'un autre tribunal criminel, on devra préalablement procéder à un interrogatoire sommaire dont le procès-verbal sera adressé audit tribunal lors de la remise de l'inculpé.

ART. 304.

Si la personne arrêtée a un emploi public ou est un ecclésiastique de la religion chrétienne, un membre des états provinciaux, un membre immatriculé d'une université ou d'un lycée de l'état, le tribunal criminel, aussitôt après l'interrogatoire sommaire, en fera le rapport au tribunal supérieur, afin que celui-ci en donne avis à l'administration dans laquelle sert l'inculpé, à l'évêque ou chef ecclésiastique de la province, aux états, à l'université ou au lycée, dont il dépend ou fait partie.

(Voir appendice, article 14.)

ART. 305.

Si l'individu arrêté est inculpé de haute trahison, de falsification de billets de crédit public ou de monnaie, ou d'un autre délit qui soit dangereux pour la sûreté générale par le grand nombre de complices, le tribunal criminel en fera un rapport immédiat à l'administration du cercle, afin qu'elle puisse prendre les mesures nécessaires dans l'intérêt de l'état et même, suivant la gravité des circonstances, en faire rapport au gouvernement de la province.

(Voir appendice, articles 1, 2 et 15.)

ART. 306.

1° Si l'imputation concerne un délit dont la peine n'excède pas une année de prison, et en outre,

2° Si l'inculpé est une personne connue, dont on ne craint pas la fuite, et qui ait d'ailleurs une bonne réputation

En quel cas l'inculpé peut être laissé en liberté provisoire. (Voir l'appendice, article 16.)

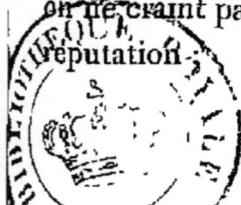

3° Et s'il n'y a pas à craindre qu'en le laissant en liberté on rende l'instruction plus difficile, on n'arrêtera pas l'inculpé, et on procédera contre lui en le laissant en liberté; il devra néanmoins promettre au tribunal criminel de ne pas s'éloigner du lieu de son domicile jusqu'à l'issue de l'affaire, et de ne pas se tenir caché.

CHAPITRE V.

DE LA PRISON D'INSTRUCTION.

ART. 307.

Règles :
1° Séparation des prisonniers.

Les prisonniers doivent non-seulement être séparés selon leur sexe, mais, en général, ils doivent être, autant que possible, chacun dans un cachot séparé. On doit principalement veiller à ce que ceux qui sont soupçonnés de complicité soient placés dans des lieux suffisamment éloignés les uns des autres. Pour ce, chaque tribunal criminel doit avoir un nombre de cachots proportionnés à son district et à la séparation prescrite.

ART. 308.

2° La construction intérieure de la prison doit, le moins possible, faire souffrir le prisonnier.

Chaque cachot doit être suffisamment éclairé, aéré, et avoir, au moins, assez d'espace pour que le prisonnier puisse marcher; il doit être propre et généralement construit de manière à ce que la santé du prisonnier ne soit exposée à aucun danger, et à ce qu'il ne soit soumis à d'autre gêne que celle qui résulte de la nécessité de s'assurer de sa personne et d'empêcher sa fuite.

Art. 309.

En général, on doit prendre pour les cachots, en
tant que cela est possible, d'après la situation du
bâtiment, et d'après les autres circonstances, les précautions suivantes :

3° Précautions à
prendre contre l'é-
vasion.

1° La fenêtre par laquelle entrent l'air et la lumière
ne doit donner sur aucune rue publique, mais sur
une cour ou une allée. Elle doit être placée à une
telle hauteur que personne ne puisse voir du dehors,
ni le prisonnier voir au dehors ou parler avec quelqu'un ; elle doit être munie de forts et étroits grillages
en fer, de manière à ce que le prisonnier ne puisse
s'évader, et que rien ne puisse lui être jeté du dehors.

2° Les murs, s'ils ne sont pas suffisamment gros
ou secs, doivent être doublés. intérieurement avec
de fortes planches.

3° La porte doit être formée de doubles et fortes
planches, et maintenue extérieurement par deux verrous
de fer posés en bas et en haut, et garnis de deux forts
cadenas : au milieu de la porte doit se trouver une
petite ouverture fermant également à verrous et
s'ouvrant à l'extérieur, qui servira à procurer au
cachot un courant d'air, et à permettre au geôlier
d'observer le prisonnier à tous moments sans ouvrir
la porte.

4° Les cachots doivent être pourvus de poêles selon
le besoin, mais ceux-ci doivent être fixés au moyen

de barres de fer, afin d'empêcher l'évasion du prisonnier. Les cheminées doivent être garanties de la
même manière, et les ouvertures pour le chauffage
tenues fermées avec soin.

5° Il devra y avoir, pour le coucher, un lit de
planches préparé de manière que le prisonnier puisse
au besoin y être attaché.

6° Dans les cachots destinés aux prisonniers très-
dangereux, il devra y avoir soit des pierres pesant
au moins un quintal, soit de gros anneaux en fer
scellés dans le mur ou le plancher pour pouvoir, en
tout cas, enchaîner le prisonnier.

7° Chaque cachot doit être numéroté afin de faciliter l'observation de l'ordre dans les visites et dans
les autres services qu'ils réclament.

ART. 310.

Le tribunal criminel déterminera, selon la nature
des circonstances, le mode de détention, c'est-à-dire
si le prisonnier doit être laissé jour et nuit sans fers,
ou s'il doit être attaché, seulement la nuit, à son lit, ou
tenu toujours avec les fers au pied et même aux mains,
ou enchaîné à la pierre ou à l'anneau placé dans sa
prison. Le tribunal criminel doit prendre pour règle
générale, que les inculpés de délits graves que la loi
punit de mort ou de la prison à vie, ou ceux qui
déjà ont été souvent enfermés dans une prison criminelle ou ont tenté de s'évader, doivent être tenus aux

fers et, dans tous les cas, mis à la chaîne. A l'égard des autres, le tribunal criminel se règlera d'après la gravité du délit, la force des indices qui s'élèvent contre le prisonnier, sa force physique ou morale, ou sa conduite lors de l'arrestation. La règle, néanmoins, qui devra être constamment suivie, sera de n'omettre aucune des précautions nécessaires pour empêcher la fuite du prisonnier, mais, en même temps, de le traiter avec tous les ménagements compatibles avec le besoin de s'assurer de sa personne.

ART. 311.

Pendant l'instruction, le tribunal criminel aura la faculté de changer, de temps en temps, le cachot ou les moyens de précaution, soit d'après les circonstances résultant du procès, soit d'après les rapports vérifiés et reconnus des gardiens sur la conduite du prisonnier. Le changement de cachot devra être particulièrement ordonné lorsqu'on s'apercevra que deux prisonniers voisins tiennent entre eux des discours ou ont des intelligences contraires aux opérations de leur instruction, ou que l'on découvrira que le prisonnier a commencé des préparatifs d'évasion.

ART. 312.

Il est permis au prisonnier, pendant la durée de l'instruction, de se procurer sa subsistance de ses propres deniers; il peut même recevoir des secours

4° Facilités accordées au prisonnier.

d'autres personnes ou se procurer de l'argent par son travail, afin d'améliorer sa nourriture; seulement :

1° Il ne peut faire aucune intempérance de boire ni de manger;

2° On ne peut lui accorder d'autre nourriture que celle préparée dans la maison d'arrêt;

3° On ne doit lui laisser en main aucun argent comptant, mais aussitôt qu'il lui en parviendra du dehors, ou qu'il le gagnera par son travail, il sera remis immédiatement au tribunal criminel qui l'emploiera pour sa nourriture.

ART. 313.

5° Nourriture du prisonnier

Si le prisonnier manque des secours indiqués dans l'article précédent, le tribunal criminel lui fera donner chaque jour, du pain, de l'eau et un mets chaud.

ART. 314.

6° Des vêtements

Il est également permis au prisonnier de se servir de ses propres habits et de s'en procurer avec le produit de son travail, ou par des secours du dehors, autant que le comporte sa position. On doit, néanmoins, observer non-seulement les précautions prescrites par l'article 312 pour l'argent comptant, mais encore celle de ne lui laisser parvenir aucun vêtement sans l'avoir exactement visité devant le tribunal criminel, afin qu'on ne lui remette rien de caché.

ART. 315.

Le tribunal criminel doit remettre au prisonnier

pauvre les vêtements absolument nécessaires. En
général, il a soin, en ce qui concerne les prisonniers
pauvres, que les vêtements qu'ils ont avec eux ne
soient pas entièrement usés pendant leur arrestation,
afin que, le procès fini, ils ne soient pas sans les vêtements les plus indispensables. A cette fin, on leur
ôte ceux dont ils peuvent se passer, et ils sont gardés
au tribunal criminel, après en avoir fait une description exacte, afin qu'il n'y en ait aucun de perdu ou de
changé.

ART. 316.

Si le prisonnier n'a pas un lit, en propre, dont il
puisse se servir en prison, le tribunal criminel lui
fournira une paillasse et une grosse couverture de
prison.

7° Du lit.

ART. 317.

Tout travail manuel ou autre occupation sera permis au prisonnier en tant qu'il pourra se concilier avec
sa garde, et qu'il n'y aura pas à craindre qu'il lui four-
nisse l'occasion de fuir ou d'attenter à sa vie.

8° Du travail

ART. 318.

Il n'est pas permis au prisonnier de fumer du tabac,
ou d'avoir de la lumière, ou toute autre chose pouvant mettre le feu, mais on lui procurera ce qui est
nécessaire à la propreté du corps.

ART. 319.

9° Soins en cas de maladie.

Si un prisonnier tombe malade, ou si une femme enceinte est prête d'accoucher, le gardien en fera immédiatement rapport au tribunal criminel, pour qu'on lui procure sans délai tous les secours que réclame l'humanité. On ne devra, néanmoins, appeler que le médecin ou la sage-femme qui sont spécialement désignés pour ce, et on ne devra pas perdre de vue les précautions nécessaires pour empêcher l'évasion du détenu.

ART. 320.

10° En cas de danger de mort.

Si le médecin déclare que le prisonnier est en danger de mort, on appellera le prêtre spécialement préposé afin de lui administrer les secours spirituels.

ART. 321.

11° Communication avec les personnes du dehors.

Il n'est permis à personne de visiter un prisonnier ou d'avoir un entretien avec lui, sans permission particulière du tribunal criminel, et si ce n'est en présence d'un officier de ce tribunal qui entendra la langue dans laquelle l'entretien devra avoir lieu. Le prisonnier ne peut non plus donner ou recevoir des avis si ce n'est *verbalement* et par l'intermédiaire du tribunal criminel.

ART. 322.

12° Obligations du geôlier.

Le gardien désigné par le tribunal criminel ne laissera jamais sortir de ses mains les clefs des cachots

qui lui sont confiées. Si, par suite d'une autre occupation officielle ou de maladie, il est empêché momen-
tanément de veiller à la garde des prisonniers, il ne
pourra remettre ses clefs qu'à la personne que le tribunal criminel aura spécialement désignée à cet effet
sous la même obligation.

ART. 323.

Lorsqu'on ordonnera de mettre un prisonnier aux
fers ou de l'attacher à la chaîne, ces opérations auront
lieu avec toute la précaution possible en présence du
geôlier; on ne pourra se servir d'autres fers que de
ceux qui seront marqués du nom du serrurier qui les
aura fabriqués.

ART. 324.

Le geôlier devra visiter chaque jour, avec soin, les
murs, les poêles, les portes, les fenêtres et les lits
des cachots dans lesquels se trouveront des détenus ;
examiner s'il s'y trouve les traces de quelque tentative
d'évasion ; il devra visiter aussi journellement les fers
pour s'assurer qu'ils ne portent aucune marque de
forcement. Dans le cas où il trouverait des indices de
cette nature, il en fera immédiatement son rapport au
tribunal criminel.

ART. 325.

Le geôlier devra être présent lorsque l'on apportera
la nourriture au prisonnier, et veiller avec soin à ce
que, par ce moyen, on ne lui remette rien en secret.

Art. 326.

Quand le gardien entrera dans un cachot, et spécialement dans ceux où se trouve un prisonnier dangereux, ou dans ceux où la nécessité a forcé d'en réunir plusieurs, il devra toujours être accompagné d'un aide au moins; il doit user d'une égale circonspection en conduisant le prisonnier devant le tribunal. S'il a besoin d'entrer de nuit dans un cachot, il devra être muni d'une lanterne et non d'une simple lumière.

Art. 327.

Il est défendu au geôlier, sous peine de punition sévère, d'engager une conversation avec le prisonnier relative à sa position ou à son délit, comme aussi d'en recevoir le don le plus minime sous quelque prétexte que ce soit. Il ne lui est pas permis davantage de mettre la main, de son propre mouvement, sur un prisonnier, à moins qu'il ne vienne à être attaqué; mais s'il aperçoit dans le maintien, ou s'il entend dans les discours du prisonnier quelque chose digne de remarque, il en donnera sur-le-champ avis au tribunal criminel.

Art. 328.

De même que le prisonnier doit généralement être traité avec toute la modération, toute la douceur et toute la décence possibles, tant par le tribunal criminel que par le geôlier, de même le prisonnier doit, de son côté, se conduire avec douceur et se soumettre à tout ce qu'exige le bon ordre dans la maison d'arrêt.

ART. 329.

Si la conduite du prisonnier est indécente ou rebelle, le tribunal criminel le punira en proportion de sa faute, soit en lui faisant donner des coups de bâton, dont, dans ce cas, le nombre ne pourra excéder vingt, soit en le mettant au pain et à l'eau pour un jour, ou en lui donnant des fers plus pesants, ou en l'enchaînant plus étroitement. La punition des coups de bâton ne peut avoir lieu sans une visite préalable et l'avis d'un médecin ou d'un chirurgien.

13° Châtiment du prisonnier.

ART. 330.

Si le prisonnier tente de s'évader, le tribunal procédera sans retard à l'inspection des traces de l'évasion, et infligera, selon les circonstances, l'un des châtiments spécifiés dans l'article précédent, après avoir interrogé le prisonnier. Dans ce cas, les coups de bâton pourront être portés au nombre de cinquante, et le jeûne ordonné pour plusieurs jours, mais avec intervalle. En même temps on prendra les mesures nécessaires pour prévenir d'une manière certaine les intentions du prisonnier. Du reste, le chapitre XXVII de la section Ire spécifie les cas dans lesquels les prisonniers se rendent coupables d'un délit, en se facilitant mutuellement leur évasion par ruse ou par force.

14° Tentative d'évasion.

Art. 331.

On dressera procès-verbal des opérations mentionnées aux deux articles précédents, lequel sera joint à l'instruction concernant le prisonnier.

Art. 332.

15° Registre du geôlier.

Le geôlier tiendra un registre exact pour tous les prisonniers soumis à sa garde. Ce registre doit contenir :

1° Le numéro sous lequel a été inscrit le prisonnier confié à sa garde; ces numéros se suivront par série depuis le commencement jusqu'à la fin de chaque année. A cette époque, les prisonniers qui resteront en prison seront reportés sur le registre de l'année suivante dans l'ordre où ils sont enregistrés sur le précédent, en commençant de nouveau la série des numéros;

2° Le jour de l'écrou du prisonnier;

3° Le nom de l'autorité par laquelle l'arrestation aura été opérée ;

4° Les nom et prénoms du prisonnier ;

5° Le numéro de son cachot et les précautions particulières prises pour sa garde ;

6° La conduite du prisonnier pendant sa détention ;

7° Le jour et le motif de la sortie des prisonniers, par mort, évasion, libération ou autre sentence.

Art. 333.

16° Visite des prisons.

Le tribunal criminel, avec le concours d'un assesseur assermenté, visitera à l'improviste les prisons, de temps en temps, et au moins une fois le mois. Dans cette visite, il examinera si les règles de surveillance sont exactement observées; il corrigera les abus découverts et prescrira tout ce qui peut contribuer à introduire et à conserver la sécurité, la discipline, le bon ordre et la propreté dans les cachots, et procurer en même temps autant d'adoucissements que possible au sort des prisonniers. Il devra surtout, à chaque visite, interroger séparément les prisonniers sur la manière dont ils sont traités par le geôlier, et, en cas de plainte fondée, punir celui-ci sévèrement. Il rédigera procès-verbal de la visite, lequel sera signé du président ainsi que de l'assesseur, et sera conservé parmi les actes du tribunal.

CHAPITRE VI.

DE LA PROCÉDURE ORDINAIRE DE L'INSTRUCTION.

ART. 334.

Le principal but de la procédure judiciaire contre un inculpé est de mettre si bien au jour sa culpabilité ou son innocence, qu'on puisse en juger avec la plus grande certitude possible.

But de la procédure.

ART. 335.

En conséquence, le tribunal criminel devra, dans la procédure, s'efforcer d'instruire avec le même soin et la même impartialité, et rassembler les preuves les

Moyens légaux pour arriver à ce but

plus complètes sur chacune des circonstances qui ont rapport au délit imputé à l'inculpé, sur tout ce qui peut aider à sa justification, ainsi que sur toutes les circonstances qui peuvent rendre le délit plus grave, ou diminuer la culpabilité. Il doit également faire porter l'instruction sur les délits dont il a connaissance pendant le procès, comme sur ceux qui étaient déjà dénoncés au temps de l'arrestation de l'inculpé.

ART. 336.

Si le délit et la culpabilité de l'inculpé, ou bien, si ce qui peut contribuer à sa justification n'est pas porté au degré de certitude à l'aide des actes prescrits dans les chapitres précédents, le tribunal criminel devra compléter l'instruction régulière par l'audition de l'inculpé et des témoins, par la visite judiciaire, ou par la réunion des documents, ou par tout autre éclaircissement possible.

ART. 337.

Défense de l'inculpé

Comme la défense de l'innocence est déjà un des devoirs officiels du tribunal criminel, l'inculpé ne peut exiger qu'il lui soit donné un avocat ou un défenseur, ni qu'on lui communique les indices qui s'élèvent contre lui; mais de même que, conformément à l'article 292, l'inculpé doit avoir, aussitôt après son arrestation, connaissance de la prévention, de même il a le droit illimité, pendant tout le cours de la procédure, d'administrer tous les moyens de défense qu'il croira opportuns.

ART. 338.

Le but ultérieur de l'instruction est,

1° De découvrir les complices et co-auteurs du délit ;

2° De procurer à la partie lésée la réparation du dommage causé par le délit. En conséquence, les devoirs imposés au tribunal criminel par l'article 336 s'étendent également à ces objets.

Autre but de l'instruction

ART. 339.

Autant que le permet le but de toute instruction, le tribunal criminel est obligé d'accélérer l'instruction, notamment pour les délits d'où il est résulté un grand scandale pour le peuple.

Marche de la procédure
1° Pour les délits ayant occasionné un scandale public

ART. 340.

Le tribunal criminel est également obligé d'accélérer l'instruction lorsqu'il s'agit de délits légers, et lorsque le retard aurait pour effet de rendre l'emprisonnement, pendant l'instruction, plus grave que la peine méritée.

2° Pour les délits légers

ART. 341.

S'il ne résulte pas contre l'inculpé d'indices d'autres délits que celui pour lequel il a été conduit devant le tribunal criminel, ou s'il n'en avoue pas d'autres

3° En cas de simples soupçons pour d'autres délits.

que ceux qui lui sont imputés, on ne peut retarder la clôture de l'instruction pour le seul soupçon qu'il en aurait commis d'autres non encore découverts.

ART. 342.

4° Lorsqu'il y a réunion de délits graves et déclarations légères - Lorsque le prisonnier avoue un délit grave, emportant la peine de mort ou au moins dix ans de prison, on ne peut retarder la procédure pour instruire sur des délits moins graves, lorsque cette instruction exigerait de longs débats, et lorsque, soit par la nature du crime, soit par l'impuissance du délinquant, le dommage ne pourrait être réparé.

ART. 343.

5° En cas de complicité. Quoiqu'on doive faire toutes les diligences propres à découvrir les co-auteurs, spécialement lorsqu'il résulte des circonstances que le délit n'a pu être commis sans coopération, ou que le prisonnier fait partie d'une bande de malfaiteurs, néanmoins la procédure ne peut être suspendue, à cause des co-auteurs, qu'autant qu'ils sont déjà arrêtés, et seulement quand la preuve contre l'inculpé prisonnier ne peut être faite que par les co-auteurs.

ART. 344.

6° Dans les délits graves Dans les seuls délits que la loi punit de mort ou de la prison à vie, et où l'intérêt de l'état exigerait qu'on mît tout en œuvre pour découvrir des faits cachés ou des co-auteurs, on peut retarder la clôture de l'instruction aussi longtemps que les circonstances permettent d'espérer avec fondement de parvenir à la découverte de délits analogues ou des co-auteurs.

ART. 345.

Le tribunal, pour tout ce qui concerne l'exercice de sa juridiction, est autorisé à correspondre directement, par lettres rogatoires, avec les autorités de police ou judiciaires; celles-ci sont obligées de prêter assistance aux tribunaux criminels et d'exécuter d'office, autant qu'il est en leur compétence, les réquisitions qui leur parviennent. Ils doivent rendre compte, avec la plus grande diligence, de leurs opérations, et donner avis des obstacles qu'ils peuvent avoir rencontrés. Si le tribunal criminel trouve qu'il y a de la négligence ou du retard de leur part, il est tenu d'en faire un rapport au tribunal supérieur, afin que le pouvoir supérieur contraigne l'autorité en retard et qui lui est subordonnée à l'accomplissement de ses devoirs, la force à rendre compte de son retard et la punisse selon la gravité des circonstances. Si le tribunal manque à cette obligation, il ne pourra se prévaloir de la négligence d'autrui, pour s'excuser ou se disculper.

Obligation de toute autorité d'aider à l'accomplissement de la procédure

ART. 346.

Pour chaque prisonnier, le tribunal criminel tiendra un livre-journal séparé, portant le numéro sous lequel il se trouve inscrit sur le registre du geôlier,

Journal de l'instruction.

tenu conformément à l'article 332. Sur ce journal, on reportera, chaque jour, à compter de celui où l'arrestation a eu lieu, tout ce qui surviendra pendant le procès, ce que l'on recevra, prescrira ou fera à l'égard de l'inculpé. Suivant l'indication de ce journal, on conservera avec soin, dans la chambre du greffe, toutes les réquisitions, réponses, documents, procès-verbaux, et autres actes de la procédure, dans l'ordre de leur date.

ART. 347.

On devra tenir, de la même manière, un journal pour les instructions lorsqu'il n'y aura aucune personne déterminée inculpée du délit, ou lorsque le prévenu sera en fuite ou laissé en liberté. On donnera à ce journal le numéro sous lequel a été commencée l'instruction dans l'année, et les actes seront également conservés.

CHAPITRE VII.

DE L'INTERROGATOIRE RÉGULIER DE L'INCULPÉ.

ART. 348.

Objet de l'interrogatoire.

Tout ce que l'inculpé a dit dans son interrogatoire sommaire, soit en sa faveur, soit contre lui, de relatif à un délit, et qui n'aura pas été antérieurement vérifié, devra être éclairci sans retard et de la manière prescrite dans les chapitres précédents, à l'égard de la recherche du délit et des indices.

Art. 349.

Si, dans son interrogatoire sommaire, l'inculpé a démontré son innocence, ou s'il a avoué le délit avec ses circonstances, et que la justification ou l'aveu soit tellement d'accord avec les renseignements recueillis, qu'il ne puisse y avoir de doute sur le fait, l'imputation, les complices, et la valeur du dommage, on ne doit pas prolonger l'affaire par une inutile répétition d'interrogatoire, mais bien clore aussitôt la procédure.

Dans le premier cas, l'innocent sera relâché, sous la promesse de ne pas s'éloigner de son domicile jusqu'à la sentence; dans le second cas, le coupable qui a avoué son délit, sera averti, de la même manière qu'il est prescrit plus bas pour la clôture de l'interrogatoire régulier, de réfléchir mûrement et de proposer les moyens qui peuvent tendre à sa justification.

Cas dans lesquels l'interrogatoire sommaire sert pour l'ordinaire.

Art. 350.

Si, au contraire, l'affaire n'est pas épuisée par l'interrogatoire sommaire, soit parce que l'inculpé l'a rendu sans effet, ainsi qu'il est prévu par l'article 291, soit parce que sa déclaration confrontée avec les autres circonstances est obscure, incomplète et insuffisante pour réfuter les indices existants, ou ne se trouve pas entièrement confirmée par les informations ultérieurement recueillies; soit parce que, du rapprochement des circonstances, naît le soupçon grave que l'inculpé se trouve impliqué dans des délits encore inconnus, ou affilié à d'autres criminels, le tribunal criminel procédera à l'interrogatoire régulier du prévenu.

ART. 351.

Préparation à l'interrogatoire régulier.

Pour procéder à l'interrogatoire, le fonctionnaire chargé de l'instruction devra prendre en considération toutes les circonstances résultant des actes précédents, examiner attentivement les points qui ont besoin d'éclaircissement, et bien réfléchir sur le meilleur moyen d'obtenir la vérité du prévenu. Il devra ensuite rédiger les questions par écrit, afin de pouvoir procéder à l'interrogatoire en parfaite connaissance de cause.

ART. 352.

Questions générales.

Les questions générales sont les mêmes que celles prescrites par l'article 290; néanmoins on peut se dispenser de les répéter dans l'interrogatoire régulier, lorsqu'elles se trouvent éclaircies, au-delà de tout doute, par l'interrogatoire sommaire. Mais si les réponses qui ont été faites à cette époque paraissent suspectes, ou si, à raison du délit ou des indices, il importe d'avoir des explications plus précises sur la position personnelle de l'inculpé, sur ses parents, sa conduite, ses relations, sur son domicile à diverses époques, sur les moyens tentés par lui de pourvoir à son existence et sur la fortune qui a pu lui échoir, les questions doivent porter sur tous ces points, de manière à pouvoir par la suite former un jugement sur son compte avec la plus grande certitude possible, ou à obtenir les moyens, dans le cas où l'inculpé aurait recours à des dénégations ou chercherait à se disculper par de fausses excuses, de le presser de plus près et de le convaincre par ses propres aveux.

ART. 353.

Les questions particulières doivent être posées d'après les circonstances particulières de chaque affaire soumise à l'instruction. Leur but est de conduire l'interrogé à déclarer le fait avec ses circonstances réelles ou à le disculper de l'imputation mise à sa charge. Les points les plus importants dont il importe de se pénétrer, lors de la préparation des questions spéciales, sont les suivants :

Questions spéciales

1° Que chaque question soit pertinente, soit par elle-même, soit relativement à l'ensemble de l'affaire; qu'il n'y soit rien mêlé d'inutile ou d'inconvenant;

2° Que les questions prises dans leur ensemble embrassent entièrement toutes les circonstances du fait, l'intention, la cause qui a poussé au délit, le lieu, le temps, le mode, les moyens employés, la récidive et l'assistance prêtée;

3° Que les demandes ne tendent pas à surprendre l'inculpé par des équivoques et des détours; mais qu'elles soient brèves et claires, que chacune comprenne une seule circonstance facile à saisir par l'interrogé, et à laquelle il puisse faire une réponse précise;

4° Que les demandes se suivent dans l'ordre des idées et des circonstances;

5° Qu'aucune demande n'indique ou ne suggère des circonstances que l'interrogé, s'il voulait être sincère, aurait déclarées lui-même;

6° Que les questions faites à un inculpé, qui montre de la ruse dans ses réponses, fassent ressortir successivement avec plus de force les indices à sa charge, ainsi que les moyens de preuve, afin qu'il puisse être convaincu que ses dénégations sont inutiles contre les preuves qui lui sont opposées. On ne doit faire connaître expressément, à l'inculpé, dans les questions, les preuves qui existent contre lui qu'autant que l'interrogé les nierait dans ses réponses. En cas d'une telle dénégation, on lui mettra sous les yeux les preuves qui militent contre lui, on lui nommera les témoins, et on lui lira les passages les plus essentiels de leur déposition;

7° Que dans les questions tendantes à découvrir les complices, elles soient faites de manière à obtenir leur signalement le plus exact.

Quant aux règles posées aux articles 335 et 336, il faut encore:

8° Que les demandes tendent à éclaircir tout ce

qui concerne la défense, ou pour prouver l'innocence de l'inculpé ou au moins pour diminuer sa culpabilité ;

Enfin, d'après ce qui est dit à l'article 338 :

9° Que les questions aient pour objet ce qui peut procurer ou faciliter les moyens à la partie lésée d'obtenir satisfaction et réparation du délit.

ART. 354.

L'interrogatoire ordinaire a lieu devant les mêmes personnes qui, d'après l'article 288, sont intervenues à l'interrogatoire sommaire. Seulement on peut changer les assesseurs pour motifs légitimes.

Assesseurs.

ART. 355.

Le tribunal criminel commencera l'interrogatoire ordinaire quand il se trouvera en état d'y procéder ; mais, une fois commencé, il ne pourra l'interrompre pour longtemps sans de graves motifs d'empêchement. Les motifs pour lesquels on a tardé à y procéder, ou pour lesquels on l'a interrompu pendant un long temps, devront être énoncés exactement dans le procès-verbal ; mais le tribunal criminel aura la faculté de continuer l'interrogatoire au jour, à l'heure, autant de fois et aussi longtemps qu'il le croira convenable. Néanmoins il ne devra pas interrompre l'interrogatoire, spécialement lorsque l'inculpé confessera sincèrement son délit, ou démontrera son innocence, ou quand le tribunal criminel observera que, par les questions

Conduite de l'interrogatoire

qui lui sont faites, il est conduit à ne pouvoir plus nier la vérité, ou quand il trouvera que l'occasion se présente d'obtenir des moyens plus directs d'arriver à la découverte de la vérité.

Art. 356.

Mesures à prendre lorsque l'inculpé parle une langue étrangère

Si l'inculpé ne parle qu'une langue non comprise par le fonctionnaire chargé de l'instruction, on appellera à l'interrogatoire un interprète sachant bien lire et bien écrire cette langue, et on fera, en outre, intervenir au moins un assesseur connaissant cette même langue. L'interprète devra, par un serment préalable, promettre de traduire exactement et fidèlement, sans le moindre changement, tant toutes les questions faites par l'instructeur que les réponses sorties de la bouche de l'inculpé, sans omettre ni ajouter la moindre chose, et de mettre par écrit le tout comme il l'a compris. S'il n'y a pas d'interprète ni au moins un assesseur connaissant cette langue dans le district du tribunal, celui-ci en fera son rapport au tribunal supérieur, afin qu'on lui donne un interprète ou un assesseur, ou qu'on décide que l'inculpé sera traduit devant un autre tribunal criminel, dans le district duquel se trouveront des fonctionnaires possédant sa langue.

Art. 357.

Si l'inculpé est sourd-muet

Si l'inculpé est muet, mais sait écrire, chaque question lui sera faite de vive voix ou par écrit, et il

y répondra par écrit; s'il est sourd, mais sait lire et
parler, on lui fera les questions par écrit pour qu'il
les lise lui-même et puisse y répondre; si le muet ne
sait pas écrire, ni le sourd lire, ou si l'inculpé est
sourd et muet, on en référera au tribunal supérieur,
et on attendra sa décision.

ART. 358.

L'interrogatoire doit être fait avec sang-froid et Règles générales.
décence.

ART. 359.

On dressera procès-verbal de l'interrogatoire; il Du procès-verbal.
sera écrit sur feuilles partagées en deux colonnes, et
se continuant alors même qu'on y aurait employé
plusieurs séances. Au commencement de l'interrogatoire comme à chaque séance, on inscrira le jour
et l'heure où il a commencé, ainsi que les personnes
qui y ont été présentes, et à la fin l'heure à laquelle
la séance aura été levée. Dans la colonne gauche de
la feuille, s'écrira mot à mot la question faite, et
dans la colonne droite, aussi mot à mot, la réponse.
Lorsque, conformément à l'article 356, on se sert
d'un interprète, on écrira d'abord la question dans la
langue du tribunal, et, immédiatement au-dessous, on
en fera la traduction, et de la même manière s'écrira
d'abord la réponse de l'inculpé dans sa propre langue,
et ensuite sa traduction textuelle. Chaque question
portera un numéro de série continue pendant tout

l'interrogatoire, et chaque réponse portera le même numéro que la question à laquelle elle appartient.

ART. 360.

Tout ce qui est répondu par l'inculpé, soit à sa charge, soit à sa décharge, devra être consigné sur le procès-verbal; quant au mode de mettre par écrit les réponses, on observera les règles indiquées pour l'interrogatoire sommaire dans l'article 298.

ART. 361.

Règles spéciales. 1° Temps à accorder à l'inculpé pour ses réponses.

L'inculpé ne devra pas être pressé pour répondre. S'il paraît ne pas avoir complétement compris la question, elle lui sera répétée. Cette répétition aura lieu principalement quand la réponse n'est pas concordante avec la question, et dans ce cas on ne consignera sur le procès-verbal que la réponse répétée, bien que non concordante. Dans les questions relatives à des circonstances particulières ou à un temps éloigné, on accordera à l'inculpé quelques moments de réflexion, afin qu'il puisse se rappeler les faits précis; si, pour ce motif, l'interrogatoire devait être interrompu pour un plus long délai que d'ordinaire, cette circonstance serait portée au procès-verbal.

ART. 362.

Si l'inculpé, par crainte ou abattement d'esprit, vient à se troubler, et qu'il soit visible que cette inquiétude provient principalement de l'intime conscience de sa faute, le tribunal le pressera avec une gravité convenable de découvrir la vérité; dans ce cas, et généralement, lorsqu'à l'occasion d'une question ou d'une réponse l'inculpé laisse apercevoir une agitation d'esprit particulière ou des sensations extraordinaires, il en sera fait une mention conforme aux circonstances dans le procès-verbal.

ART. 363.

Si la réponse est faite avec une notable altération d'esprit, le tribunal criminel devra faire visiter le prisonnier par deux médecins et deux chirurgiens, et leur faire donner leur avis par écrit, sur la question de savoir si l'altération apparente provient d'un véritable accès de folie, ou si elle est feinte. Si leur avis est qu'elle est feinte, le prisonnier, après un avertissement préalable, sera mis au pain et à l'eau, pendant trois jours consécutifs; ensuite, après un nouvel avertissement, il sera puni de coups de bâton, de trois jours en trois jours; on commencera par dix coups, et on augmentera le nombre, chaque fois de cinq, jusqu'à trente. Si, malgré cela, le prisonnier persiste dans sa feinte, il en sera référé au tribunal supérieur, avec communication de tous les actes, et on attendra sa décision. Si des hommes de l'art déclarent au contraire que le dérangement d'esprit est réel, ou si, d'après leurs devoirs et leur conscience, ils ne peuvent adopter une conclusion certaine, ou

2° Cas d'apparente folie.

s'ils sont divisés d'opinions, il en sera également
fait un rapport circonstancié au tribunal supérieur
dont on attendra les instructions. Dans ce rapport,
on inscrira aussi les remarques que l'observation du
prisonnier aura suggérées au tribunal criminel lui-
même et au gardien.

ART. 364.

3° Silence obs-
tiné

Si l'obstination du prisonnier est telle qu'il ne
veuille faire aucune réponse aux questions proposées,
on l'avertira sérieusement de l'obligation où il est de
répondre au tribunal, et on lui représentera que son
silence obstiné peut lui attirer un châtiment; s'il n'y
a aucun égard, il sera traité, à raison de son obstination, de la manière prescrite en l'article précédent,
pour le cas de folie feinte.

ART. 365.

4° Réponses évi-
demment menson-
gères.

La peine proportionnée des coups de bâton et du
jeûne sera également appliquée lorsque l'inculpé se
conduira, à dessein, d'une manière indécente ou offen-
sante pendant l'interrogatoire, ou lorsqu'il cherchera,
en alléguant une circonstance reconnue manifestement
fausse, à prolonger l'instruction, ou à induire le tribunal en erreur, et lorsqu'il persistera dans son mensonge après qu'on lui aura mis sous les yeux la preuve
évidente du contraire; dans ce cas, le châtiment ne
pourra excéder le nombre de vingt coups de bâton,
ou de trois jours de jeûne en une semaine.

ART. 366.

Toute punition infligée en vertu des trois articles précédents doit être mentionnée au procès-verbal de l'interrogatoire avec le motif qui y a donné lieu.

ART. 367.

Le tribunal ne suivra dans l'interrogatoire les questions préparées d'avance, qu'autant qu'elles s'accorderont avec les réponses obtenues : si donc une réponse suggère de nouvelles questions, elles doivent être aussitôt préparées de manière à atteindre leur but, être mises en ordre et proposées à l'interrogé.

Questions résultant d'une réponse de l'inculpé.

ART. 368.

Il est expressément défendu de tromper l'inculpé par de faux indices ou des moyens de preuve inventés, ou de lui promettre une diminution de peine, ou sa grâce, ou d'user à son égard de menaces ou de toute autre violence. Il n'est pas non plus permis, en transcrivant les réponses sur le procès-verbal, d'en interpréter arbitrairement le sens contre l'intention de l'inculpé et contre la signification naturelle de ses paroles. Toute infraction de cette espèce donne lieu à la plus sévère responsabilité.

Moyens illégitimes d'instruction.

ART. 369.

Il n'est pas non plus permis dans les questions de suggérer le nom de quelqu'un comme complice,

9

lorsqu'il n'existe contre lui aucun indice légal de complicité. Si néanmoins l'inculpé est depuis longtemps adonné au crime, on peut lui demander en général, sans qu'il existe d'indice particulier d'association, s'il connaît quelque bande de criminels ou de recéleurs ou d'autres personnes dangereuses pour l'intérêt public, afin de pouvoir rechercher de plus près des individus dangereux de cette espèce.

ART. 370.

Forme du procès-verbal.

A la fin de chaque séance de l'interrogatoire, le procès-verbal sera signé de toutes les personnes qui y ont été présentes. Si le procès-verbal contient plusieurs feuilles, on les réunit toutes ensemble avec un fil ou lacet dont on assurera les extrémités avec de la cire dure, sur laquelle on imprimera le cachet des personnes qui y ont assisté, afin qu'aucune feuille ne se perde ou ne puisse être supprimée; en ce qui concerne la signature de l'interrogé, on observera ce qui est prescrit par l'article 299 pour l'interrogatoire sommaire.

ART. 371.

Clôture de l'interrogatoire.

Quand toutes les informations que le tribunal est obligé de faire aux termes des articles 335 et 336, auront été prises, ou lorsqu'il ne restera aucun espoir de suppléer à ce qui peut manquer, l'interrogatoire sera clos.

ART. 372.

L'interrogatoire clos, on déclarera à l'inculpé qu'il a trois jours pour réfléchir à tout ce qu'il peut encore avoir à alléguer pour sa justification et sa défense. Après ces trois jours, il devra être entendu encore une fois, et toutes les observations ou allégations qu'il proposera pour sa défense ou pour obtenir l'adoucissement de la sentence, seront ajoutées fidèlement au procès-verbal de l'interrogatoire, avec les précautions ci-dessus prescrites à l'égard de la réunion des feuilles et des signatures.

Délai accordé à l'inculpé avant le dernier interrogatoire.

Cette disposition sera également observée dans le cas où, conformément à l'article 349, la procédure serait close après l'interrogatoire sommaire, et après l'aveu que l'inculpé y aurait fait de son crime.

ART. 373.

Le tribunal criminel joindra au procès-verbal d'interrogatoire tout ce que, durant l'instruction, il aura observé sur la constitution physique et morale du prisonnier, en tant que cela peut avoir quelque influence sur la formation et l'exécution de la sentence. En outre, le prisonnier devra être visité par un médecin et un chirurgien, ou, si c'est une femme, par une sage-femme, et l'exacte description de la constitution corporelle, de la force et des infirmités de la personne visitée, sera insérée dans les actes.

Observations sur le physique et le moral de l'inculpé

9.

CHAPITRE VIII.

DE L'AUDITION DES TÉMOINS.

ART. 374.

Quelles personnes doivent être entendues comme témoins.

Il est essentiel dans l'instruction de recueillir tous les témoignages qui peuvent éclairer les caractères intérieurs ou extérieurs du délit et les moyens employés pour le commettre, démentir les assertions de l'inculpé, ou mettre au jour son innocence ou sa culpabilité ainsi que le degré plus ou moins élevé de cette culpabilité. En conséquence, il est nécessaire de prendre le témoignage de toutes les personnes desquelles on présume pouvoir recueillir des éclaircissements de cette nature, soit d'après les dépositions des témoins déjà entendus ou de l'inculpé, soit d'après la nature même des choses, soit enfin d'après les indications obtenues pendant la procédure. Il est également nécessaire d'entendre de nouveau les témoins déjà entendus, lorsque leur déposition n'est point suffisamment claire ou lorsqu'elle est, par la suite, trouvée imparfaite, afin d'éclairer ce qui est douteux ou de suppléer à ce qui manque.

ART. 375.

Obligation du témoin de comparaître en justice.

Chaque témoin est obligé de faire de vive voix sa déposition devant le tribunal; si quelqu'un refuse de le faire, il sera amené devant lui par la force judiciaire, et contraint de déposer sous peine pécuniaire

ou corporelle. Dans le cas seulement où un témoin
ne peut comparaître devant le tribunal pour cause de
maladie ou pour tout autre motif très-grave, le tribunal procédera à son interrogatoire dans son domicile. Si le témoin est sourd-muet ou ne parle qu'une
langue inconnue au tribunal, celui-ci observera les
règles prescrites aux articles 356 et 357.

ART. 376.

Ne doivent pas néanmoins être entendues comme
témoins les personnes qui, par suite de leur état
corporel ou de leur situation mentale, ne sont pas
en état de dire la vérité au temps où elles sont appelées
à témoigner.

Personnes exemptes de témoigner.

ART. 377.

Les parents de l'inculpé en ligne ascendante ou
descendante, ses frères et sœurs, ses cousins germains
et parents encore plus proches, son conjoint ou ses
alliés au premier degré, sont absolument libres de déposer ou de s'y refuser. Ils peuvent bien être cités afin
que leurs dépositions puissent, s'il y a lieu, être recueillies, mais ils devront être expressément avertis
de la faculté qu'ils ont de s'y refuser, et cet avertissement devra être mentionné au procès-verbal. Néanmoins ils ne pourront se refuser à déposer lorsqu'il
s'agira du crime de haute trahison, et lorsqu'en outre
on aura l'espérance fondée que leur déposition donnera

*Parents de l'in-
culpé*

des indices pour arriver à la connaissance des circonstances encore cachées.

Art. 378.

Par quel tribunal criminel doivent être entendus les témoins.

En général, les témoins doivent être entendus par le tribunal criminel dans le district duquel ils se trouvent. Si le témoin se trouve dans le district d'un autre tribunal criminel que celui chargé de l'instruction, le premier devra être requis par le second de procéder à l'interrogatoire; les questions à proposer devront lui être transmises en même temps, et on devra lui donner connaissance de l'affaire, autant qu'il est nécessaire pour qu'il puisse, d'après les réponses du témoin, éclaircir le fait par les questions nouvelles qu'il jugera convenables.

Art. 379.

Si néanmoins la demeure du témoin est éloignée de plus de deux lieues de la résidence d'un tribunal criminel, l'audition aura lieu devant le tribunal local sous la juridiction duquel se trouve le témoin. Ce tribunal sera requis, en conséquence, de procéder à cette audition de la manière prescrite en l'article précédent, soit directement par le tribunal criminel chargé de l'instruction, s'il fait partie de son district, soit par l'intermédiaire du tribunal criminel à qui celui-ci aura adressé sa réquisition.

Art. 380.

S'il s'élève quelque doute à l'égard de la personne

de l'inculpé, et qu'il devienne nécessaire de le confronter avec les témoins, ceux-ci sont obligés de comparaître devant le tribunal criminel près duquel l'inculpé se trouve détenu, si leur habitation n'en est pas éloignée de plus de six lieues. Si la distance est plus grande, le tribunal criminel en fera son rapport au tribunal supérieur, afin qu'il détermine, pour la confrontation de l'inculpé, un mode moins incommode pour les témoins, et non préjudiciable à l'instruction.

ART. 381.

Si les témoins ne sont pas d'accord entre eux sur des circonstances importantes, ils seront confrontés les uns avec les autres, et leurs dépositions seront inscrites sur le procès-verbal, l'une à côté de l'autre.

Confrontation des témoins.

ART. 382.

Quant à l'examen des témoins, aux questions à leur faire et à la tenue du procès-verbal, on suivra les règles prescrites par les articles, 249, 250, 251, 254, 255, 298, 299, 356, 357, 359 et 370.

Manière d'entendre les témoins.

ART. 383.

Les témoins entendus dans la procédure d'instruction doivent prêter serment sur leurs dépositions de la même manière qu'il est prescrit pour la première enquête aux articles 254 et 256.

Art. 384.

Les personnes qui suivent ne peuvent néanmoins être soumises au serment :

1° Celles qui sont elles-mêmes soupçonnées d'avoir commis le délit sur lequel elles déposent;

2° Celles qui sont suspectes d'être co-auteurs ou complices de ce délit;

3° Celles qui se trouvent sous la prévention de quelques délits, ou qui en subissent la peine;

4° Celles qui n'ont pas encore atteint leur quatorzième année;

5° Celles qui vivent en inimitié avec l'inculpé, si leur déposition lui est contraire;

6° Celles qui, dans leur déposition, ont allégué des circonstances essentielles dont la fausseté est démontrée sans qu'elles puissent attribuer cette circonstance à quelque erreur innocente.

Art. 385.

Les extraits des registres de naissance, de mariage, de mort, ou les attestations délivrées par des administrations publiques ou même par un seul fonctionnaire à ce autorisé, et qui aura mentionné sa qualité et son serment, n'ont pas besoin d'être confirmés par un serment. Quant aux attestations données par des fonctionnaires isolés, même relativement à des faits de leur charge, ces fonctionnaires seront assimilés aux autres témoins. Pour ce qui concerne

les experts, on observera en général ce qui est dit
à l'article 241.

ART. 386.

Si l'audition des témoins est faite par suite de
lettres rogatoires, le tribunal criminel ou local qui
a été requis conservera une copie du procès-verbal
de l'interrogatoire, afin de pouvoir au besoin se justifier; mais il enverra sans délai l'original au tribunal
criminel de qui est émanée la lettre rogatoire.

Précaution dans l'envoi de la minute du procès-verbal d'audition de témoins.

CHAPITRE IX.
DE LA CONFRONTATION DE L'INCULPÉ AVEC LES TÉMOINS.

ART. 387.

Si un témoin a déposé contre l'inculpé de quelques
circonstances essentielles que celui-ci nie; si l'inculpé,
après avoir reçu les avertissements prescrits par le
n° 6 de l'article 353, persiste dans la dénégation,
sans pouvoir cependant rien alléguer de fondé contre
le témoin ou contre sa déposition, le témoin devra
être personnellement confronté avec l'inculpé.

Quand il y a lieu à confrontation.

ART. 388.

Mais si les dépositions opposées à l'inculpé avec
l'indication des noms des témoins constituent par
elles-mêmes une preuve légale, et s'il ne demande
pas expressément la confrontation, il est laissé à la
sagesse du tribunal de décider si la confrontation
doit, ou non, avoir lieu.

Art. 389.

Dans quel lieu elle doit se faire

La confrontation doit en général avoir lieu devant le tribunal criminel chargé de l'instruction ; mais si l'éloignement du témoin rendait sa comparution devant le tribunal criminel trop difficile, il en sera fait rapport au tribunal supérieur, qui prendra des mesures soit pour indemniser le témoin, soit pour faire transporter l'inculpé, avec toutes les précautions convenables, dans un lieu opportun pour la confrontation.

Art. 390.

Si le témoin se trouve emprisonné près d'un autre tribunal criminel comme complice du délit ou comme inculpé de quelque autre délit, on s'entendra avec ce tribunal, afin qu'il soit amené sous bonne garde.

Art. 391.

Demandes préalables à faire :

1° Au complice confronté.

En général lorsqu'il s'agira de la confrontation d'un complice, on devra, avant de la provoquer, s'assurer d'une manière expresse par son interrogatoire qu'il veut et peut soutenir sa déposition en face de l'inculpé.

Art. 392.

2° A l'inculpé.

Avant de procéder à la confrontation, on devra encore engager l'inculpé à se désister de ses dénégations, et à ne pas s'exposer à être confronté avec des témoins qui peuvent lui dire la vérité en face.

Art. 393.

Si cependant l'inculpé persiste dans ses dénéga- Mode de confrontation.
tions, on introduira le témoin auquel on rappellera
son serment, s'il en a prêté. Il ne sera pas nécessaire de
lui faire répéter sa déposition tout entière; on prendra seulement pour objet de la confrontation, point
par point, les circonstances principales qui chargent
directement l'inculpé. Immédiatement après que le
premier point aura été confirmé par le témoin, on
demandera à l'inculpé s'il a quelque reproche à faire
contre sa personne ou sa déposition ; et après les
autres points, on lui demandera seulement s'il a quelque chose à répondre à ce qui vient d'être déposé. S'il
n'y oppose absolument aucune réponse, ou du moins
aucune réponse fondée, on continuera la confrontation tant qu'il restera quelque circonstance à charge à
éclaircir.

Art. 394.

La confrontation en entier sera insérée au procès- Formule du procès-verbal de confrontation.
verbal de l'interrogatoire de l'inculpé pour y faire suite.

Tout ce que le témoin déposera en présence de
l'inculpé et tout ce que l'inculpé y répondra, sera
consigné au procès-verbal, l'un à côté de l'autre; on y
notera, en outre, comment à chaque question se sont
comportés le témoin et l'inculpé.

Art. 395.

Si plusieurs témoins doivent être confrontés avec

l'inculpé, la confrontation aura lieu séparément avec chacun.

CHAPITRE X.

DE LA FORCE LÉGALE DES PREUVES.

ART. 396.

Base de la sentence. L'instruction terminée le juge doit balancer exactement les preuves qui en résultent, afin de pouvoir passer à la sentence. Il ne pourra considérer comme vrai, dans la formation de son jugement, que ce qui aura été légalement prouvé.

ART. 397.

Preuve légale de l'innocence. L'innocence de l'inculpé doit être considérée comme légalement prouvée, quand les indices qui s'élevaient contre lui ont été entièrement détruits.

ART. 398.

Preuve légale de la culpabilité. *1° Aveu.* L'aveu de l'inculpé est une preuve légale du délit qui est à sa charge.

ART. 399.

(Voir Appendice: article 17.) Néanmoins l'aveu doit remplir les conditions suivantes :

1° Que l'inculpé l'ait fait ou du moins confirmé dans son interrogatoire devant le tribunal criminel ;

2° Qu'il l'ait fait étant parfaitement sain d'esprit ;

3° Qu'il l'ait fait d'une manière claire et précise et non par des expressions ou des gestes douteux ;

, 4° Que l'aveu ne consiste pas en la simple affirmation d'une question posée, mais dans un narré
de l'inculpé lui-même;

5° Qu'il s'accorde avec les informations déjà obtenues sur les circonstances du délit.

Art. 400.

Un aveu qui remplirait ces conditions ne perd pas
de sa force parce qu'il ne serait plus possible de justifier pleinement le fait dans toutes ses circonstances.
Il suffit que quelques circonstances tendantes à confirmer le délit soient prouvées et qu'il ne s'élève
aucun doute sur la sincérité de l'aveu. Néanmoins,
si, outre l'aveu, il est impossible d'obtenir aucune
autre trace du délit, l'aveu par lui-même n'a pas
force de preuve légale.

Art. 401.

Un aveu qui, malgré la défense de la loi, a été
obtenu par suite de promesse, menaces, actes de
violences ou à l'aide de quelque autre moyen illicite,
ne peut être considéré comme une preuve légale.
Mais si l'inculpé réitère ultérieurement cet aveu dans
un état où son esprit était libre de toute influence illicite, et où il pouvait en sécurité le faire sans être do-
miné par la crainte, cet aveu aura force de preuve
légale, s'il renferme en outre des circonstances sur le
fait, s'accordant avec les renseignements recueillis sur

la nature du délit, et qui ne pourraient être connus de l'inculpé, à moins qu'il n'en fût réellement l'auteur.

ART. 402.

La preuve résultant de l'aveu ne s'affaiblit pas par la dénégation ou la rétractation postérieure de l'inculpé, à moins qu'il n'indique un motif digne de créance, de son faux aveu, ou à moins qu'il n'indique des circonstances qui donnent lieu, d'après l'instruction, de douter de l'aveu précédent.

ART. 403.

Déposition des témoins.

La déposition des témoins peut constituer une preuve légale lorsqu'elle remplit les conditions suivantes :

1° Elle doit être volontaire, non suggérée au témoin par suite d'intelligence, d'instigation, de paroles détournées, de corruption, de récompense, ou par menace ou violence.

2° Elle doit indiquer, d'une manière claire et précise le fait ou la circonstance dont elle doit confirmer la vérité.

3° Elle doit reposer sur la connaissance personnelle du témoin et non sur des ouï-dire, des conjectures, des vraisemblances ou des argumentations.

4° Elle doit être affirmée par serment.

5°. Les relations personnelles du témoin ou le contenu de sa déposition ne doivent pas donner lieu à

un doute qui en affaiblisse la véracité d'après un jugement impartial.

6° La déposition doit être concordante avec les
autres informations obtenues, au moins de manière
à ce qu'aucune contradiction n'apparaisse dans les
circonstances essentielles.

ART. 404.

En général, pour former la preuve légale, il faut
la déposition de deux témoins; néanmoins,

Déposition d'un
seul témoin.
(Voir Appendice,
articles 18 et 19.)

1° Le témoignage de celui au préjudice duquel le
délit a été commis peut suffire pour prouver la
nature du délit, lorsque la preuve n'en peut être obtenue d'une autre manière.

2° La valeur du dommage causé par le délit, en
tant qu'il s'agit de sa réparation, est légalement
prouvée par le témoignage de la partie lésée ou de
celle qui avait la garde de la chose endommagée,
bien qu'elle poursuive la réparation ou la satisfaction.

3° Lorsqu'il est nécessaire, pour donner force de
preuve légale à l'aveu de l'inculpé, de vérifier les circonstances du délit, il suffit qu'il soit appuyé par la
déposition d'un seul témoin.

ART. 405.

Toutes mentions dans les procès-verbaux, des opérations faites d'office par le tribunal criminel ou par
une autre autorité, doivent être considérées comme

légalement prouvées. Cependant l'attestation d'un simple fonctionnaire du tribunal criminel sur les circonstances survenues pendant l'instruction est considérée comme tout autre témoignage, hors le cas prévu par l'article 385.

ART. 406.

Les documents authentiques dont il est fait mention dans l'article 385 doivent en général faire preuve légale du fait qui y est consigné, à l'exception du cas où le rédacteur de ce document devrait tirer profit de l'attestation, ou s'éviterait, par la délivrance du document, une responsabilité ou un dommage, et que par suite il se trouverait impliqué dans la cause sur laquelle se fait l'instruction.

ART. 407.

Lorsqu'en exécution du présent code on requiert un expert, tout ce qu'il rapporte, d'après le mode prescrit, doit avoir force de preuve légale.

ART. 408.

Mode de conviction. Si l'inculpé nie le délit, il peut être légalement convaincu ou directement par les témoins ou par le concours des circonstances.

ART. 409.

Par les témoins. (Voir Appendice, article 19.) Pour convaincre au moyen de témoins, il faut que deux témoins assermentés, chacun ayant, au temps où le délit a été commis, accompli leur dix-huitième année, déposent sur le délit commis par l'inculpé, d'une manière concordante, des faits à leur propre et certaine connaissance, et d'après les règles fixées par l'article 403, et, si la confrontation a été ordonnée, qu'ils l'aient confirmée en présence de l'inculpé, sans que la justification de ce dernier, ou toute autre circonstance de l'instruction fasse naître le moindre doute sur leur véracité.

ART. 410.

Les dépositions des co-auteurs peuvent, comme témoignage, être valables pour convaincre légalement l'inculpé, lorsque deux co-auteurs ont déclaré d'une manière concordante qu'il a commis le délit avec eux, et ont non-seulement répété leur déposition dans la confrontation judiciaire en face de l'inculpé, mais même l'ont confirmée depuis la signification à eux faite de la sentence de condamnation, après laquelle ils ont dû être de nouveau spécialement interrogés.

Par les co-auteurs.

Leurs dépositions doivent en outre,

1° Remplir les conditions exigées par l'article 403, numéros 1, 2, 3, 5 et 6;

2° Être entièrement concordantes entre elles dans les réponses faites aux questions qui leur ont été proposées sur les circonstances particulières ayant rapport au délit commun, et qui ne pouvaient être prévues par eux au moment de leur arrestation;

3° Être clairement appuyées de preuves précises sur toutes les circonstances importantes qui sont à la charge de ces mêmes co-auteurs, de manière qu'il soit impossible à un juge impartial de soupçonner une intelligence antérieure ou de douter autrement de la vérité de ces dépositions.

ART. 411.

La conviction légale peut sous les mêmes conditions résulter de la déposition d'un témoin ayant prêté serment, si elle réunit les conditions voulues par les articles 403 et 409, et lorsqu'elle est d'accord avec celle d'un co-auteur, faite ainsi qu'il est dit en l'article 410.

ART. 412.

Preu. e résultant du concours des circonstances.

Pour convaincre un délinquant qui nie le fait par le concours des circonstances, on requiert la réunion des conditions suivantes :

1° Il faut qu'il soit légalement constaté que le délit a été commis et qu'il a été accompagné de circonstances déterminées; alors la conviction légale peut avoir lieu par le concours de circonstances, quoique le fait ne soit pas pleinement prouvé dans toutes les circonstances;

2° Il doit résulter de l'accomplissement des faits éclaircis par l'instruction une connexité si claire et si directe entre le délit et la personne inculpée, que du moins, d'après le cours naturel et ordinaire des actions humaines, il soit impossible de supposer qu'aucune autre personne que l'inculpé se soit trouvée dans une occasion aussi favorable, dans une opportunité aussi grande, et dans une détermination aussi caractérisée pour le commettre ;

3° Dans les délits de meurtre ou concernant d'autres lésions corporelles, il faut qu'il résulte clairement de l'instruction que l'inculpé a nourri contre la personne morte ou lésée, de la haine, de l'inimitié, de la rivalité, de la colère et de la malveillance, ou d'autres passions violentes de ce genre ; qu'il l'a menacée de la mort ou de lésions corporelles, ou au moins qu'il a désiré sa mort ou la lésion par cupidité, pour réussir dans un dessein auquel il avait intérêt, ou pour éloigner quelque obstacle.

En outre, il faut pour que l'inculpé soit légalement convaincu, que deux des circonstances suivantes concourent et soient prouvées :

a Que la mort ou la lésion ait été donnée ou faite avec un instrument dont l'inculpé était seul en possession à cette époque ;

b Que l'inculpé ait été dans le lieu du délit au temps où il a été commis, et qu'on ne puisse penser avec vraisemblance qu'il s'y soit trouvé pour autre affaire ou motif ;

c Que, depuis la découverte du délit, il ait pris la fuite ou se soit tenu caché sans autre raison apparente ;

d Qu'il ait été trouvé porteur d'instruments propres à commettre le délit et dont il n'était pas dans l'usage de se servir ;

e Qu'avant le délit il ait été ou caché ou aux aguets dans un lieu ordinairement fréquenté par la personne qui a été tuée ou blessée.

f Qu'on ait découvert sur sa personne ou dans ses vêtements des traces du délit ou de la résistance qu'il a éprouvée à le commettre ;

g Qu'on ait trouvé sur lui, ou qu'étant poursuivi il ait jeté quelque chose qui, au temps du délit se trouvait en la possession de la personne tuée ou blessée.

Si on prouve le contraire de ce que l'inculpé a avancé pour se disculper des indices qui s'élèvent contre lui, et en conséquence si sa justification est évidemment fausse, il suffit de l'une des circonstances qui viennent d'être énumérées pour opérer la conviction légale ;

4° Dans les autres délits, il doit résulter clairement de l'instruction que l'inculpé est une personne qu'on peut vraiment croire capable du délit qui est à sa charge, soit parce qu'il a été déjà une première fois soumis pour quelque délit à une instruction judiciaire, et non déclaré innocent, soit parce qu'il ne peut prouver aucun moyen honnête d'existence, ou qu'il a été vu en compagnie et en rapport intime avec des délinquants notoires.

Il est en outre nécessaire pour que l'inculpé soit légalement convaincu, que deux des circonstances suivantes concourent et soient légalement prouvées :

a Que sur lui, ou dans son habitation, ou dans un lieu de dépôt à lui accessible, se trouvent des instruments propres à commettre le délit qui, eu égard à son état ou à sa profession, lui sont inutiles.

b Que sur lui, ou dans son habitation, ou dans un lieu de dépôt par lui choisi, se trouvent des traces du délit ou des objets y ayant rapport, de quelque espèce qu'ils soient;

c Qu'avant le fait, ou pendant ou après son exécution, il se soit introduit secrètement ou caché dans un lieu où le délit a été commis, ou qu'il en soit sorti de la même manière;

d Que, depuis le délit découvert, il se soit tenu caché ou ait pris la fuite, sans autre motif apparent;

e Qu'il se soit adressé à un fabricant ou à un ouvrier pour se procurer quelque chose ne pouvant servir à rien de licite ou n'étant pas de sa profession, mais bien propre à commettre ce délit;

f Qu'on ait trouvé des essais ou des *œuvres* du délit commis, faits de sa propre main;

g Que sa figure, ses armes ou ses vêtements ressemblent exactement au signalement de l'auteur du délit, donné par celui qui en a été la victime, ou par des personnes qui y ont été présentes.

S'il est également prouvé que les moyens de justification de l'inculpé sur les indices qui s'élèvent contre lui sont faux, on peut sur tout délit faire résulter la conviction légale de l'une des circonstances qui viennent d'être énumérées comme il est dit à l'égard des délits de meurtre et de blessures corporelles.

ART. 413.

Aveu de l'inculpé niant l'intention criminelle.

Quand l'inculpé avoue le fait, mais nie l'intention criminelle, on doit rechercher si, d'après les circonstances résultant de l'instruction, le délit a été commis spontanément, ou si l'auteur a employé les moyens de le préparer ou a cherché à lever les obstacles qui s'y opposaient ; dans le premier cas, on peut admettre la justification, quand du cours ordinaire des choses ne devait pas résulter nécessairement le mal qui est survenu. Mais si s'inculpé a préparé l'occasion ou les moyens d'exécuter le fait, il doit aussi être tenu pour convaincu d'une intention criminelle, à moins que de la procédure ne résultent des circonstances particulières qui rationnellement donnent lieu de reconnaître une autre intention.

ART. 414.

Règle générale sur l'examen des preuves.

En général on doit tenir pour règle qu'aucune preuve ne doit être pesée en elle-même, mais bien dans ses rapports avec toutes les autres circonstances de l'instruction. La preuve perd de sa force à mesure que l'impartialité du témoignage par l'effet de relations personnelles devient douteuse, ou perd de sa vraisemblance par suite de quelque entreprise qui la contrarie. Une preuve ainsi affaiblie ne peut plus être considérée comme légale.

CHAPITRE XI.

DE LA SENTENCE.

ART. 415.

On doit prononcer une sentence sur chaque ins- *Quand on doit prononcer la sentence criminelle*
truction par laquelle une personne est appelée à
rendre compte d'un délit, lorsqu'elle est terminée.

ART. 416.

Le tribunal criminel auquel il appartient d'instruire *Par quel tribunal elle doit être prononcée.*
la procédure contre l'inculpé est celui qui prononce
la sentence.

ART. 417.

La sentence se prononce par le tribunal régulière- *Formation régulière du tribunal.*
ment composé et après la délibération nécessaire.

ART. 418.

Pour que le tribunal soit composé régulièrement, on *(Voir Appendice, article 20.)*
exige le concours d'au moins trois personnes déclarées
capables par le tribunal supérieur de juger les matières
criminelles, et de deux assesseurs assermentés, plus,
d'un greffier.

ART. 419.

Chaque tribunal criminel près duquel on ne peut
réunir ce nombre de personnes a la faculté d'envoyer les
actes de la procédure au tribunal de la capitale ou à
celui de la province composé conformément à l'article
précédent, qui rend la sentence au nom du tribunal
criminel qui a fait l'instruction.

Art. 420.

Celui qui se trouve parent ou dans de tels rapports avec la personne sur laquelle la sentence doit être prononcée, qu'il ne pourrait être admis en matière civile à faire une déposition irrécusable, soit contre elle, soit en sa faveur, ne peut être appelé à composer le tribunal criminel.

Art. 421.

Temps dans lequel la sentence doit être prononcée. Il doit être procédé avec la plus grande célérité à la délibération de la sentence. En règle, la sentence doit se prononcer dans les trois jours qui suivent la clôture de l'instruction, et dans les instructions plus étendues et d'une plus grande importance, du moins dans les trente jours.

Art. 422.

La délibération a toujours lieu un jour ouvrable, le matin, en tribunal régulièrement rassemblé. Le vote écrit envoyé par un absent n'est pas valable.

Art. 423.

Ordre d'examen e la cause. Le journal dont il est parlé en l'article 346 sert de guide dans la délibération du jugement. On doit lire dans tout leur contenu, et sans qu'il soit permis d'en faire un extrait, tous les procès-verbaux et autres actes, pièce par pièce, suivant l'ordre qu'ils ont dans la procédure. Les personnes formant le tribunal sont obligées de prêter une exacte et continuelle attention, afin de se trouver en état de donner sur tout l'en-

semble de l'affaire un vote réfléchi et consciencieux.
Si dans l'instruction il apparaît une lacune qui ne
permette pas de procéder avec certitude à la sentence,
on doit se hâter de la remplir.

ART. 424.

Quiconque a à donner son vote doit bien réfléchir
que les lois et non l'arbitraire fixent le droit, et que
leur application au fait, à la personne, aux preuves,
doivent former la sentence; qu'aucun innocent ne
doit souffrir, et que le coupable lui-même ne doit
pas être traité plus rigoureusement que ne le comporte
la loi; que, d'un autre côté, il est important, pour la
sécurité commune et pour le bien-être de la société
civile, que le délit soit puni; qu'enfin il blesse autant
la justice par une humanité malentendue que par une
excessive rigueur.

Règles pour donner son vote.

ART. 425.

Celui qui est chargé du rapport lit son vote déjà
préparé par écrit, ensuite celui qui préside recueille
les autres votes. Chaque vote, avec le motif qui l'appuie, est également porté sur le procès-verbal par le
greffier. La sentence se forme à la majorité des voix.
Celui qui préside n'en a qu'une, et vote le dernier;
dans le cas où les autres voix précédentes sont également partagées, son vote fait la décision; si, dans ce
cas, il propose une troisième opinion, la sentence se
forme d'après l'avis qui se rapproche le plus du vote

*Mode de recueil-
lir les votes et de
former la sentence.*

du président ; si son opinion est totalement différente des deux autres, on recueille de nouveau les voix, et si encore il n'en résulte pas une majorité de suffrages, on conclut d'après la plus douce des deux premières opinions divergentes.

ART. 426.

La sentence doit renfermer,

1° Les nom et prénoms de l'inculpé et le surnom qu'il a dans quelque bande de délinquants, ou qui lui est donné d'une autre manière dans la vie commune;

2° La qualification des délits qui font l'objet de la sentence, en distinguant s'ils consistent en simples tentatives, ou s'ils ont été commis par des co-auteurs et des complices. La qualification du délit doit s'exprimer d'après les expressions reçues par la loi, en peu de mots, sans s'étendre sur la description du fait, mais de manière que, quand les diverses espèces contenues sous l'idée générale d'un délit, sont déjà distinguées par la loi elle-même, elles soient indiquées par la qualification particulière spécifiée par la loi;

3° Le jour où l'inculpé a été pour la première fois interrogé par le tribunal criminel, le jour de la clôture de l'instruction et le jour où a été prononcée la sentence ; .

4°. La teneur précise de la décision judiciaire d'après laquelle,

a L'inculpé est déclaré innocent ou coupable, ou l'instruction suspendue ;

b On détermine ou on réserve l'indemnité à supporter par le condamné, à raison du délit;

c Et le recouvrement ou la remise des frais du tribunal criminel.

ART. 427.

Si le tribunal criminel reconnaît que l'inculpé a totalement détruit les indices et que son innocence ressort clairement de l'instruction, la sentence doit porter qu'il est déchargé du délit imputé, et qu'il est déclaré innocent.

Teneur de la sentence :
1° Portant absolution

ART. 428.

Si des actes de l'instruction ne résulte pas la preuve légale que le délit a été commis par l'inculpé, mais néanmoins s'il existe des raisons de le supposer vraisemblable, la sentence est conçue en ces termes : *on déclare l'instruction suspendue par défaut de preuves légales.*

2° Suspendant l'instruction.

ART. 429.

Lorsqu'en raison des preuves légales, l'inculpé est reconnu coupable d'un ou de plusieurs délits, la peine doit être prononcée dans les limites de la loi, d'après la gravité du délit, la position de l'auteur, les circonstances atténuantes ou aggravantes : la sentence doit exactement exprimer le degré de la peine fixée; en conséquence, si l'emprisonnement est prononcé, on en exprime le degré, la durée, et l'aggravation qui y

3° Portant condamnation.

est jointe ; on indique, en outre, si elle entraîne la perte de la noblesse ou le bannissement ; et le tout avec une telle clarté, qu'il ne puisse existe le moindre doute dans l'exécution.

Art. 430.

Sentence de mort.

On ne peut prononcer la mort que quand le délit puni de cette peine par la loi est légalement prouvé contre le coupable par son aveu ou par des témoins ayant prêté serment, et que quand en outre l'existence du fait, avec toutes ses circonstances importantes, est pleinement et légalement justifiée. Si l'existence du fait ne peut être vérifiée de cette manière, ou si l'inculpé n'est convaincu que par le moyen des co-auteurs, ou le concours des circonstances, la condamnation ne peut aller au-delà de vingt ans de prison.

Art. 431.

(Voir l'Appendice, article 21.)

Si le coupable n'avait pas accompli ses vingt ans au temps du délit commis, ou si vingt ans se sont écoulés depuis le délit commis, et si en outre se joignent les circonstances mentionnées en l'article 208, au lieu de la peine de mort, on prononce la prison dure de dix à vingt ans.

Art. 432.

Procès-verbal de la sentence.

La sentence résultant de la majorité des voix est dictée mot à mot par le président, écrite aussitôt sur le procès-verbal par le greffier et ensuite signée de toutes les personnes composant le tribunal.

ART. 433.

Si l'instruction a pour objet l'un des délits suivants : la haute trahison, la sédition, la rébellion, la violence publique, l'abus de pouvoir, la falsification des billets de crédit public, la falsification de monnaies, les troubles à la religion, le meurtre, l'assassinat, le duel, l'incendie, la rapine ou l'aide donnée aux délinquants, quelle que soit la sentence prononcée, elle doit toujours, avant la publication, être portée à la connaissance du tribunal criminel supérieur, soit qu'il s'agisse d'un délit consommé, ou d'une tentative.

Cas dans lesquels la sentence doit être transmise au tribunal supérieur.

1° Pour la gravité du délit.

ART. 434.

Dans les délits de fraude, la sentence est pareillement soumise au tribunal supérieur criminel, lorsqu'elle condamne le coupable pour une fraude commise avec les circonstances portées en l'article 178, numéros 1, 2 et 4, ou lorsque la valeur surpasse mille florins.

(Voir l'Appendice, article 22.)

ART. 435.

La sentence est encore soumise au tribunal supérieur criminel dans les autres délits;

1° Lorsque la condamnation résultant d'une conviction légale est portée contre un coupable niant le fait;

2° Pour le genre de preuve.

3° Pour la sévérité de la peine.

2° Quand la peine outrepasse la durée de cinq ans;

3° Quand à la peine légale se joint le carcan ou le bannissement;

4° Ou l'aggravation par des coups de bâton ou de verges.

ART. 436.

Mode de trans-
mission des sen-
tences.

Dans les cas déterminés par les trois articles précédents, on doit transmettre au tribunal criminel supérieur, outre la sentence entièrement complète, le livre-journal de l'instruction avec tous les actes et le procès-verbal de la délibération. Les tribunaux criminels éloignés en font l'envoi au moyen de la poste par le plus prochain ordinaire. On doit noter sur le procès-verbal le jour où on en a fait la consignation, et on conserve soigneusement le reçu rapporté de la poste.

ART. 437.

Temps et mode
de la délibération
du tribunal supé-
rieur.

Aussitôt après que les actes sont parvenus au tribunal criminel supérieur, on remplit les formalités nécessaires pour que la cause puisse recevoir une décision dans les délais portés en l'article 421. Quant à la composition du tribunal, à la préparation du rapport, à la délibération de la cause, à la formation de la décision et de la sentence, on observe ce qui est prescrit par les instructions pour les tribunaux de justice.

ART. 438.

Le tribunal criminel supérieur doit d'abord fixer son attention sur la marche de la procédure : s'il reconnaît un vice substantiel qui influe sur la formation même de la sentence, il renvoie aussitôt les actes au tribunal criminel, en lui donnant les instructions nécessaires pour réparer le vice existant, et en l'invitant à déclarer, lorsqu'il transmettra de nouveau les actes, s'il persiste néanmoins dans sa première sentence, ou en quoi il la modifie; dans ce dernier cas, le tribunal supérieur doit prendre la sentence modifiée pour objet de sa délibération.

Formalités à observer lorsqu'il existe des vices substantiels.

ART. 439.

Si le juge supérieur découvre encore des vices de moindre importance, qui ne changent nullement la substance de la cause, il procède à la décision de l'intérêt principal; mais, par une décision séparée, il doit avertir le juge des vices observés, soit qu'ils portent sur l'affaire elle-même, ou seulement sur les délais.

ART. 440.

Lorsque les actes sont transmis au tribunal supérieur pour les délits compris dans les articles 433 et 434, celui-ci a la faculté de changer la sentence portée par le tribunal criminel en une autre plus sévère, conforme à la loi.

Faculté qu'a le tribunal supérieur de changer la sentence de l'inférieur.

ART. 441.

Le tribunal supérieur a en outre la faculté de mitiger la sentence, non-seulement dans les cas qui viennent d'être indiqués, mais aussi quand les pièces lui sont transmises pour un des motifs énoncés en l'article 435. Néanmoins, dans les cas où, d'après les termes de la loi, la peine est de dix à vingt ans, elle ne peut, à raison des circonstances atténuantes, être d'une espèce différente, mais seulement allégée, quant à sa durée, qui toutefois ne peut être moindre de cinq ans; de même, lorsque la loi fixe la durée de la peine de cinq à dix ans, elle ne peut être réduite au-dessous de deux ans.

La peine de mort et de la prison perpétuelle portée par la loi ne peut être changée en une peine moindre par le tribunal supérieur.

ART. 442.

Cas dans lesquels la sentence se porte au tribunal suprême de justice.
a Pour la gravité du délit.
(Voir l'Appendice nᵒˢ 22 et 23).

Dans les délits de haute trahison, d'abus de pouvoir, de falsification de billets de crédit public, le tribunal supérieur ne peut donner immédiatement cours à sa sentence, mais doit la transmettre, avec toutes les pièces, au tribunal suprême de justice et en attendre la décision.

ART. 443.

b Pour la gravité du délit.
c Pour la différence entre ces premières sentences.

Dans les autres délits, le tribunal supérieur ne soumet la sentence portée au tribunal suprême de justice que dans les cas suivants :

1° Quand la peine prononcée est celle de mort ou de la prison à vie ;

2° Quand la peine prononcée par le tribunal supérieur excède de cinq ans celle déterminée par le tribunal criminel ;

3° Quand le tribunal criminel a prononcé l'acquittement de l'inculpé, et le tribunal supérieur sa condamnation ;

4° Quand le tribunal supérieur criminel juge le délinquant digne d'un adoucissement de peine qui excède les limites de sa compétence.

ART. 444.

Lorsque, d'après la loi, la peine de mort est prononcée, le tribunal suprême de justice doit soumettre sa sentence avec toutes les pièces et les motifs qui militent en faveur du coupable, pour l'adoucissement de la peine, au souverain, qui seul a le droit de faire grâce.

CHAPITRE XII.
DE LA PUBLICATION ET DE L'EXÉCUTION DE LA SENTENCE.

ART. 445.

La sentence qui n'est sujette à aucune décision supérieure est aussitôt publiée et exécutée. Si néanmoins au temps où la sentence doit être publiée, la personne condamnée est en état d'aliénation mentale ou de maladie grave, ou est une femme enceinte, la publication et l'exécution de la sentence sont différées jusqu'à ce que l'aliéné ou le malade soit guéri ou la femme enceinte accouchée. On peut seulement publier et mettre à exécution la sentence rendue contre une femme enceinte, lorsque la continuation de son arrestation jusqu'à son accouchement serait plus grave que la peine infligée.

ART. 446.

2° Causée par la condition.

On suspend la publication et l'exécution de la sentence lorsque le condamné est : .

1° Un noble ;

2° Un individu appartenant à l'état ecclésiastique de la religion chrétienne ;

3° Un membre des états provinciaux ;

4° Un agrégé d'une université ou d'un lycée de l'état.

Dans ces cas, la sentence, avec les pièces, est transmise au tribunal supérieur, lors même qu'il n'y a pas d'autre motif de le faire. Le tribunal supérieur, selon la classe à laquelle appartient cette personne, donne connaissance du délit et de la sentence qui s'en est suivie, soit au gouvernement de la province, soit à l'évêque ou chef ecclésiastique, aux états, à l'université du lieu, afin qu'il puisse être donné des ordres convenables relativement à la dégradation du condamné, de sa noblesse ou de sa condition. Si aucune opposition aux ordres délivrés ne parvient au tribunal supérieur dans les trente jours à compter du jour de la connaissance donnée, la sentence est publiée et exécutée.

ART. 447.

Si l'inculpé a un emploi public, quelle que soit la sentence, on doit la transmettre au tribunal supérieur avec les pièces, et celui-ci en avertit l'administration à laquelle appartient l'inculpé.

Précaution à prendre si le condamné est un employé public.

ART. 448.

La sentence qui déclare un détenu innocent lui est communiquée, par un homme de justice, le plus tôt possible, même un jour de dimanche ou de fête. Il est aussitôt mis en liberté, si déjà il ne se trouve dans le cas de l'article 306 ; il lui est remis une copie authentique de la sentence.

Mode de publication et d'exécution de la sentence. 1° En cas d'absolution.

ART. 449.

Si l'instruction est seulement déclarée suspendue faute de preuves légales, l'inculpé est amené devant le juge criminel dans la matinée du plus prochain jour ouvrable, et il lui est donné lecture de la sentence par le greffier ; on lui en donne copie, et il est relâché après un sévère avertissement.

2° Si l'instruction est suspendue.

ART. 450.

La sentence portant condamnation à la peine de mort est d'abord signifiée au coupable dans la maison

3° En cas de condamnation : 1° A la peine de mort.

11.

de justice criminelle, et ensuite publiquement dans la matinée du plus prochain jour ouvrable où cela peut se faire commodément; à cet effet, le condamné est conduit avec les fers sous l'escorte d'une garde sur un échafaud placé sur la place où se trouve la maison de justice criminelle; là, il lui est lu par le greffier, à haute et intelligible voix et en présence au moins de deux membres du tribunal, un court et succinct extrait des pièces de l'instruction pour ce préparé, et renfermant sommairement le délit et la sentence, et il lui est déclaré qu'à l'expiration des trois jours qui suivront, la sentence sera exécutée. Le condamné réintégré, le tribunal criminel le recommande à un prêtre que le condamné peut choisir; mais on ne permet pas un accès général près de lui : dans la matinée du troisième jour, on procède à l'exécution sans qu'aucun retard puisse avoir lieu sous le prétexte que le condamné a refusé de se préparer à la mort ou que sa grâce est demandée: Les sentences de mort qui sont exécutées dans la capitale de la province sont imprimées avec l'extrait lu, lors de leur publication, et distribuées dans la journée au peuple. Le corps du condamné est retiré dès l'arrivée de la nuit et enseveli près du lieu du supplice; dans le même temps on enlève le gibet.

ART. 451.

2° A plus de cinq ans.
(Voir l'Appendice, article 24.)

La sentence portant condamnation à plus de cinq ans de prison doit être lue publiquement à un jour fixé ; pour ce, le coupable est conduit avec une chaîne sur un échafaud dressé devant la maison de justice criminelle, et la sentence lui est lue par le greffier à haute et intelligible voix.

ART. 452.

La sentence portant condamnation à un emprisonnement de moins de cinq ans est lue publiquement au condamné, à l'audience du tribunal, au premier jour de séance.

3° A moins de cinq ans.

ART. 453.

Si la sentence prononce le bannissement du condamné, on lui signifie expressément, lors de la publication, que, par le seul fait de son retour dans l'une des provinces qui lui sont interdites, il se rend coupable d'un délit, et on lui indique à quelle peine il s'exposerait d'après la loi.

4° Au bannissement.

ART. 454.

La copie de toute sentence qui déclare l'instruction suspendue ou qui porte une condamnation à la peine de prison doit être, après la publication, transmise par le tribunal criminel au bailliage du cercle, avec le signalement de la personne contre qui elle est prononcée, afin que ce bailliage puisse connaître l'inculpé ou le condamné.

Autres précautions particulières. (Voir l'Appendice, article 25.)

ART. 455.

Si le tribunal criminel reconnaît, d'après l'instruction, qu'il y a danger pour la sûreté publique à mettre immédiatement en liberté soit un inculpé renvoyé pour défaut de preuves légales, soit un condamné qui a accompli sa peine, il doit, dans le premier cas, avant de publier la sentence, et dans le second, avant que la peine soit expirée, en rendre compte au tribunal supérieur, en lui transmettant les pièces. Le tribunal en fait rapport au tribunal suprême de justice, et celui-ci en donne connaissance, avec son avis, au *dicastero* aulique de police, afin que des mesures de police convenables soient prises en conséquence.

ART. 456.

Temps auquel s'exécute l'aggravation.

Si la sentence porte une aggravation par suite de laquelle le condamné doit être mis au carcan, ou châtié à coups de bâton ou de verge au commencement de la peine, ou si, outre le bannissement, il doit être marqué, le juge fait exécuter cette partie de la sentence aussitôt après sa publication.

ART. 457.

Lieu de détention pour l'emprisonnement de courte durée.

Quand la peine portée par la sentence n'excède pas six mois de prison dure, ou un an de simple prison, le condamné peut être détenu près du tribunal criminel et y subir sa peine.

ART. 458.

Pour l'emprisonnement de longue durée.

Lorsque le délinquant est condamné à plus de six mois de prison dure ou d'un an de simple prison, le lieu où il doit subir la peine est déterminé d'après les distinctions suivantes :

1° Les délinquants condamnés à la prison pour délits de haute trahison ou de falsification de billets de crédits publics la subissent dans une forteresse;

2° Ceux qui, pour tout autre délit, sont condamnés à plus de dix ans, sont transportés, pour l'exécution de leur peine, au lieu de punition déterminé par le tribunal supérieur criminel;

3° Ceux condamnés à dix ans ou moins subissent leur peine dans la maison de répression générale de la province où le procès a été instruit.

ART. 459.

La translation du condamné dans le lieu de répression se fait par l'intermédiaire du bailliage du cercle. Le tribunal criminel n'est tenu qu'à faire la consignation du condamné. Néanmoins, si la maison provinciale de répression est plus près du tribunal criminel que du bailliage du cercle, dans ce cas il se bornera à requérir du bailliage un ordre pour que le gardien de la maison reçoive le condamné, et il l'y fait transférer directement. Hors ces cas, lorsque le tribunal criminel envoie au bailliage du cercle, conformément à l'article 454, une copie de sentence à exécuter dans un des lieux déterminés par l'article 458, il lui demande le jour où il devra remettre le condamné pour sa translation ultérieure.

Le transfèrement du condamné dans le lieu de répression se fait par le commandant du cercle.

ART. 460.

Devoirs du com-
mandant du cercle.

Si le bailliage du cercle est en mesure de pouvoir prendre le condamné sous sa garde jusqu'à ce que les dispositions de sa translation au lieu de répression aient été faites, il invitera aussitôt le tribunal criminel à le remettre ; mais s'il n'y a pas dans la résidence du bailliage un lieu où il puisse être gardé en sûreté, il demeurera dans la prison du tribunal criminel ; on doit néanmoins indiquer, le plus promptement possible, à ce dernier le jour où il doit en faire la remise. En général, le bailliage doit prendre toutes ses mesures pour que le condamné soit transféré au lieu de répression avec la plus grande promptitude et précaution. Il s'entendra avec le commandant militaire le plus voisin pour l'escorte nécessaire ; et s'il est besoin de chariot, il y pourvoira par réquisition. Il doit, autant que possible, veiller à ce que plusieurs condamnés soient transférés en même temps, sans cependant avoir pour but principal la commodité ou l'économie, mais l'administration de la justice et la sûreté publique. Il ne doit pas retarder la translation d'un condamné dans l'attente incertaine d'autres condamnés, mais la translation doit avoir lieu au plus tard dans les trente jours de la publication de la sentence.

ART. 461.

Devoirs du tri-
bunal lors de la
translation des con-
damnés.

Le tribunal criminel est obligé, sous la plus grave

responsabilité, de tenir le condamné sous sûre garde et sans danger d'évasion, jusqu'à ce qu'il soit reçu par le bailliage, et d'en faire la remise avec les mêmes précautions.

CHAPITRE XIII.

DU RECOURS.

ART. 462.

Le recours ou la demande formée pour obtenir la révision par un tribunal supérieur a lieu contre deux espèces de sentences :

Sentences contre lesquelles il y a lieu à recours.

1° Contre les sentences des tribunaux criminels, qui peuvent être publiées et exécutées sans avoir été d'abord soumises à un tribunal supérieur;

2° Contre les sentences de ce tribunal supérieur, qui changent une sentence pleinement d'absolution du tribunal criminel en *instruction suspendue*, ou qui aggravent une sentence de condamnation dans la durée de la peine ou d'une autre manière.

Le recours peut être motivé sur ce que l'inculpation et l'instruction ont eu lieu sans motifs légaux, ou parce que l'inculpé, d'après la force des éclaircissements donnés sur les charges, devait être pleinement acquitté, ou, d'après les termes de la loi, moins sévèrement puni.

Le recours n'est pas admis contre les sentences prononcées par le tribunal suprême de justice, ni contre celles des tribunaux criminels supérieurs, lorsqu'elles ne modifient pas ou n'aggravent pas la sentence du tribunal criminel, de l'une des manières indiquées au numéro 2 de cet article. En conséquence, le tribunal criminel supérieur doit exprimer clairement dans sa sentence, s'il confirme, modifie ou aggrave celle du tribunal criminel, ou si celle-ci prononçant une pleine absolution, il la change en *procédure suspendue.*

ART. 463.

Par qui le recours peut être intenté.

Le recours peut être intenté,

1° Par la personne jugée,

2° Par ses parents en ligne ascendante ou descendante,

3° Par son conjoint,

4° Par son tuteur,

5° Par un supérieur, pour les personnes qui lui sont soumises.

Afin néanmoins que le tribunal soit assuré que le recours n'est pas présenté par une personne qui n'y est pas autorisée, ou sous un nom supposé, le recourant doit justifier, par un certificat digne de foi, qu'il a la qualité requise.

Les personnes, même autorisées, ne peuvent présenter un recours sans motif fondé, seulement pour retarder l'exécution de la sentence, et, elles sont pour cette raison soumises à responsabilité.

Art. 461.

Personne ne peut demander, pour cause de re-cours, à prendre connaissance des pièces de l'instruc-tion; mais celui qui est autorisé à l'intenter peut demander au tribunal criminel communication des motifs de la sentence prononcée, afin de pouvoir re-connaître s'il y a effectivement quelque motif fondé de recourir, et le tribunal devra les communiquer dans les vingt-quatre heures. Ces motifs seront rédigés avec le plus grand soin, de manière à comprendre clairement les circonstances substantielles qui ont motivé la sen-tence, le genre de preuves qui l'ont basée, et les dispo-sitions de la loi. Pour cela le tribunal supérieur devra joindre ses motifs à la sentence contre laquelle, aux termes du numéro 2 de l'article 462, il peut y avoir recours.

Moyens légiti-mes sur lesquels s'appuie le recours.

Art. 465.

Le recours doit être intenté après la publication de la sentence et avant que la peine commence à être subie. L'acte de recours doit être présenté au tribunal supérieur qui a fait la publication, dans les huit jours au moins, ou autrement il ne serait pas admis. L'appelant peut à sa volonté faire son recours de vive voix, le dicter sur le procès-verbal, ou le présenter par écrit. Si le recours est intenté par la personne jugée, on lui donnera, sur sa demande, un homme honnête et instruit, qui puisse en conférer avec elle, mais toujours en présence d'un officier de justice et dans une langue connue de ce dernier. Le défenseur est obligé, sous responsabilité et peine, de présenter le recours dans les huit jours; néanmoins, dans les cas compliqués, on peut, sur sa demande, lui accorder un délai de huit autres jours.

ART. 466.

Transmission du recours au tribunal supérieur.

Le tribunal criminel transmettra le recours au tribunal supérieur aussitôt que l'acte lui en sera soumis, ou, si les délais pour le présenter sont expirés, il transmettra le procès-verbal contenant l'annonce du recours avec tous les actes, et exposera, s'il y a lieu, dans la relation dont il l'accompagnera, les motifs d'après lesquels il pourrait croire que le recours n'est pas admissible. Jusqu'à la décision du tribunal supérieur, l'exécution de la condamnation reste suspendue.

ART. 467.

Décision sur le recours.

Le tribunal supérieur examine soigneusement le recours et tous les actes : s'il trouve que la procédure et la sentence sont conformes à la loi, il rejettera le recours; dans le cas contraire, il annulera la procédure reconnue illégale et accordera à l'opprimé une indemnité et des dommages-intérêts, ou bien mitigera la sentence d'après les termes de la loi.

Il ne peut être jamais permis, à l'occasion d'un recours, d'aggraver d'aucune manière la sentence contre l'appelant.

ART. 468.

Quand le recours est intenté contre la sentence d'un tribunal supérieur criminel, celui-ci doit transmettre toutes les pièces au tribunal suprême de justice, qui dans ce cas procède de la même manière que lorsqu'il s'agit d'un recours contre la sentence d'un tribunal criminel.

Règles du recours à intenter contre une sentence du tribunal supérieur.

ART. 469.

Si le recours est rejeté, on ne compte pas pour la peine la prison subie depuis le jour de la publication de la sentence jusqu'à celui de la notification du rejet du recours. Si la sentence est modifiée, la prison subie pendant ce temps intermédiaire compte pour la durée de la peine:

Quand le temps du recours compte pour la peine?

ART. 470.

Hors le cas de recours, il n'est pas permis aux tribunaux de rien changer à l'exécution d'une sentence déjà publiée. Seulement le tribunal supérieur peut accorder une remise proportionnée de la prison, lorsque la sentence ne la fixe pas au-delà de cinq ans; et lorsque, pendant l'exécution de la peine, il s'est élevé de nouvelles circonstances qui n'avaient pas été prises en considération lors de la formation de la sentence, et qui, si elles l'eussent été, auraient donné lieu à diminuer la durée de la peine. Les sentences portant

Remise de la peine de la prison, après la publication de la sentence.

condamnation à une peine plus forte , ou qui sont prononcées par le tribunal suprême de justice, ne peuvent être modifiées que par ce tribunal.

CHAPITRE XIV.

REPRISE DE L'INSTRUCTION À RAISON DES NOUVELLES CIRCONSTANCES.

ART. 471.

Cas où l'instruction se reprend.
1° Lorsqu'elle a été suspendue pour défaut de preuves légales.

S'il s'élève de nouvelles preuves contre un inculpé à l'égard duquel l'instruction a été déclarée suspendue faute de preuves légales, la procédure doit être reprise, à moins que, depuis la sentence rendue, il ne se soit écoulé un temps suffisant pour prescrire le délit.

ART. 472.

Conditions.

Avant de reprendre une instruction suspendue pour insuffisance de preuves, il faut qu'il soit hors de tout doute :

1° Que les nouvelles circonstances ou preuves qui surgissent n'étaient pas connues lors de la première instruction , ou n'ont pu alors être suffisamment éclaircies;

2° Qu'elles existent réellement;

3° Que les nouveaux moyens de preuve soient de telle importance, qu'ils donnent lieu de penser avec fondement qu'ils pourront, après une instruction convenable, soit par eux-mêmes, soit en les joignant à ceux qui déjà existaient lors de la première instruction, forcer l'inculpé à avouer ou le convaincre légalement.

Art. 473.

Si les trois conditions spécifiées concourent ensemble, on peut reprendre l'instruction, même avec l'emprisonnement de l'inculpé; mais si une seule manque, celui qui a pour lui une sentence d'instruction suspendue ne peut être appelé à l'interrogatoire, même sans prise de corps, et on ne peut entreprendre contre lui aucun acte pour renouveler l'instruction.

Art. 474.

Celui qui est déclaré innocent par une sentence d'absolution ne peut être cité pour se justifier de ce même délit, si ce n'est dans le cas où le délit n'étant pas encore prescrit par le temps qui s'est écoulé depuis la sentence, il s'élève de nouveaux moyens de preuve tels qu'on peut, avec fondement, en attendre sa condamnation. Néanmoins, avant de reprendre l'instruction, on doit en faire un rapport au tribunal criminel supérieur et attendre sa décision.

2° Après une sentence d'absolution.

Art. 475.

On ne peut reprendre l'instruction contre un délinquant déjà condamné à une peine, pour de nouvelles circonstances découvertes sur le même délit, qu'autant que les trois conditions énumérées en l'ar-

3° Pour nouvelles circonstances aggravantes.

ticle 472 se trouvent réunies, et que les circonstances sont de telle nature qu'elles entraîneraient une
peine d'une durée d'au moins dix ans, lorsque celle
prononcée est moindre de cinq ans, ou lorsqu'aux
termes de la loi on aurait à prononcer la peine de mort
ou de l'emprisonnement perpétuel au lieu de la prison
temporaire.

ART. 476.

4° Pour un délit
de la même espèce
que celui qui a
déterminé la sen-
tence, et qui était
commis à cette
époque.

On ne peut reprendre l'instruction pour un délit
commis antérieurement à la première sentence,
lorsqu'il est de la même nature que celui qui l'a
déterminée, que quand les nouvelles circonstances
découvertes réunissent les conditions requises par
l'article 472 ; quand en outre, la récidive du délit
entraînerait, d'après la loi, une peine d'au moins dix
ans, et quand celle prononcée par la première sentence, parce que la récidive n'était pas connue ou
prouvée, a été moindre de cinq ans. On ne peut reprendre l'instruction pour la récidive d'un délit de
moindre gravité jusque-là ignoré, afin d'aggraver la
peine, si ce n'est lorsque cette instruction pourrait
procurer une indemnité, que les nouvelles circonstances réunies aux premières donnent l'espérance de
faire obtenir par ce moyen.

ART. 477.

5° Pour un délit
d'une espèce diffé-
rente.

Lorsque le délit antérieurement commis est d'une
nature différente de celui sur lequel la sentence est

intervenue, ou s'il se découvre sur le délit déjà jugé de nouvelles circonstances, ainsi qu'il est dit en l'article 475, d'après lesquelles le délit appartiendrait à une autre classe plus grave, on peut reprendre l'instruction,

1° Si la peine déjà infligée n'excède pas une année, et si celle portée par la loi pour le délit nouvellement découvert est au moins de cinq ans; -

2° Ou si la loi porte peine de mort ou d'emprisonnement perpétuel contre le délit nouvellement découvert, lorsque la première peine infligée n'est que celle de la prison temporaire; ,

3° Ou si le nouveau délit donne lieu à une indemnité et qu'on ait l'espérance fondée de pouvoir l'obtenir au moyen de l'instruction.

ART. 478.

S'il s'élève contre un coupable déjà condamné des indices qu'il a, avant sa condamnation, commis un délit de complicité avec des personnes non encore connues du tribunal criminel, il peut être appelé à l'instruction pour qu'il s'explique sur la découverte des co-auteurs, alors même que, d'après les articles précédents, il ne pourrait être condamné à aucune peine pour ce délit.

Pour faciliter l'instruction contre les co-auteurs.

ART. 479.

Toute personne jugée, et chacun pour elle, peut réclamer que l'instruction soit reprise, lorsque, n'étant

Pour prouver l'innocence d'un homme jugé.

12

pas déclarée innocente par la sentence, elle administre de nouvelles preuves non comprises dans l'instruction précédente, d'une gravité telle, qu'étant vérifiées elles donnent l'espérance fondée de mettre son innocence hors de doute. Si cette personne se trouve en état de condamnation, elle indique les nouveaux moyens de preuve et la manière de les vérifier au préposé du lieu de répression, lequel, en présence de deux témoins, en dressera un fidèle procès-verbal qui est souscrit des personnes intervenues; il le transmettra ensuite au tribunal criminel qui, prenant en considération les nouvelles circonstances exposées et les trouvant fondées, fait aussitôt transférer l'exposant du lieu de répression et reprend l'instruction.

ART. 480.

A quel tribunal criminel appartient la reprise d'instruction.

La nouvelle instruction appartient de règle au tribunal criminel qui a prononcé la première sentence; en conséquence, c'est à lui qu'on doit indiquer les nouvelles circonstances qui s'élèvent, les nouveaux moyens de preuves, et qu'on consigne la personne jugée, si elle se trouve encore dans un lieu de répression, ou a été de nouveau mise en état de détention. Si elle est en liberté, et que ce soit elle qui demande la nouvelle instruction pour prouver son innocence, elle doit également se présenter devant ce même tribunal. Dans le cas néanmoins où l'instruction est reprise pour un délit autre que celui sur lequel a été rendue la première sentence, conformément à l'article 477, elle sera faite par le tribunal criminel du district où se trouve actuellement l'inculpé.

ART. 481.

Dans chaque instruction reprise, on doit observer exactement, tant pour la procédure que pour la formation de la sentence, tout ce qui est prescrit aux chapitres précédents du présent code. On prononce une sentence séparée sur chaque nouvelle instruction. Pour peser les preuves, on les confronte ensemble et on combine les nouvelles circonstances avec celles résultant de l'instruction précédente. Lorsqu'il y a lieu de prononcer une peine, on la prononce de la même manière qu'elle l'aurait été d'après la loi, si les nouveaux délits découverts et les preuves nouvellement acquises eussent existé au temps de la première sentence. Néanmoins, dans la détermination de la durée de la peine de prison temporaire, on doit compter celle déjà subie par le condamné, en vertu de la première sentence; et si, d'après la loi, il y a lieu de prononcer la peine de mort, on la remplace par la prison très-dure à vie.

Forme de procéder.

CHAPITRE XV.

DE LA PROCÉDURE CONTRE LES ABSENTS ET FUGITIFS.

ART. 482.

S'il vient à la connaissance d'un magistrat qu'un délit commis a pour auteur une personne inconnue,

Investigations nécessaires, même

12.

lorsque l'auteur du délit est inconnu.

ou une personne qu'il n'est pas possible d'arrêter, on n'en fera pas moins les actes prescrits pour la reconnaissance du délit et des circonstances qui l'accompagnent, et pour la réunion des moyens de preuves. Toute la procédure qui aura eu lieu en conséquence sera gardée soigneusement au tribunal criminel, afin de pouvoir en faire usage dans le cas où l'auteur du délit serait découvert.

Art. 483.

Précautions à prendre si l'inculpé est absent.

Lorsque l'imputation d'un délit commis tombe sur un absent, qui vraisemblablement n'a pas pris la fuite, on doit user de précautions pour que les opérations préliminaires ne lui enlèvent pas la sécurité où il est que rien n'est connu du tribunal, ou ne le dissuadent de revenir, ou l'engagent à prendre la fuite, ou le poussent, d'une autre manière, à se soustraire aux recherches. Lorsqu'on suppose que cela peut arriver, on doit plutôt suivre ses traces, et, par le moyen de recherches secrètes, faire prendre les dispositions convenables par le magistrat dans le district duquel il peut se trouver.

Art. 484.

Moyens d'arrêter un coupable. 1° En le suivant avec des gardes.

S'il résulte des circonstances que le délinquant a pris la fuite, mais peut encore être suivi, il est du devoir du juge criminel d'employer tous les moyens possibles de l'arrêter. Les autres autorités sont même obligées de lui prêter au besoin aide et assistance. Une autorité qui recherche un délinquant fugitif n'est pas limitée par son propre district, mais peut en suivre les traces directement jusqu'aux derniers confins de l'état, sans que les autorités dont le district devra être traversé puissent y mettre obstacle; toutes au contraire sont obligées de se prêter en commun à cette recherche.

ART. 485.

Si on ne peut espérer l'effet attendu des moyens indiqués, si la personne du délinquant est signalée d'une manière certaine, et s'il s'élève contre elle des indices suffisants, d'après la loi, pour sa mise en prison, on doit immédiatement expédier un mandat d'arrêt pour son arrestation.

2° En donnant mandat d'arrêt.

ART. 486.

De pareils mandats sont également expédiés contre celui qui a trouvé moyen de fuir du lieu de répression ou de la prison pendant l'instruction.

Autres cas où on délivre un mandat d'arrêt.

ART. 487.

Dans le mandat d'arrêt, on décrira de la manière la plus exacte la personne contre laquelle il est lancé. Le tribunal criminel rédigera le mandat d'arrêt et le fera tenir au bailliage du cercle, lequel aussitôt, par une correspondance particulière qui voyagera nuit et jour, le fera passer dans les districts les plus éloignés aux tribunaux criminels et aux magis-

Teneur et envoi des mandats d'arrêt.

trats de police de son cercle. Il en expédiera en même temps une copie au gouvernement de la province, afin qu'elle soit publiée dans toute cette province, et, selon le besoin, même dans les autres, par le moyen de leurs gouvernements respectifs, comme aussi, si les circonstances l'exigent, par le moyen des feuilles publiques.

ART. 488.

Communication du mandat d'arrêt. Le tribunal criminel ou le magistrat de police, aussitôt qu'il recevra le mandat d'arrêt, en donnera connaissance à tous ceux de ses officiers destinés à la surveillance publique et aux chefs de toutes les communes qui se trouvent dans son district, afin qu'ils prennent par eux-mêmes toutes les mesures convenables, et afin qu'en outre ils avertissent chacun, et particulièrement chaque père de famille, de leur donner immédiatement avis s'il se présente une personne dont le signalement ressemble à celle désignée dans le mandat.

ART. 489.

3° Par la description et la publication du corps du délit. Ce qui est prescrit pour les mandats d'arrêt s'observera également pour la description et la publication d'une chose volée, enlevée, ou de l'objet d'une fraude commise, d'une falsification entreprise de billets de crédit public ou de monnaie. Si la description concerne un objet de grande valeur, ou de telle qualité que, par la publication, on puisse espérer de découvrir

le coupable, ou même d'empêcher un préjudice ultérieur, ou de procurer l'indemnité à la personne lésée,
on en fera immédiatement la publication. Mais s'il
s'agit de la description de faux billets de crédit public
ou de fausse monnaie, on devra d'abord en faire
rapport au tribunal supérieur, lequel se mettra aussitôt
en rapport avec le gouvernement de la province.
La publication s'en fera comme pour les mandats
d'arrêt. Chacun est obligé, après ces publications, de
dénoncer à l'autorité tout ce qui vient à sa connaissance sur les objets décrits.

Art. 490.

Si, malgré tous les moyens tentés, le prévenu
ne peut être arrêté, on doit en général différer jusqu'à son arrestation la partie de l'instruction qui
se rapporte à la condamnation régulière. Si néanmoins le délit a causé un grand scandale, ou si
l'entière impunité laisse craindre des conséquences
nuisibles, et en outre s'il ne s'élève aucun doute sur
l'existence du fait ni sur la personne du délinquant,
on peut procéder contre l'absent et le fugitif, et on
procédera à la condamnation, et cela afin de produire
au moins quelque effet aux yeux du peuple contre la
personne du délinquant.

Conditions pour la procédure criminelle contre les absents.

Art. 491.

Avant d'entreprendre cette procédure, le tribunal
criminel en demandera l'autorisation au tribunal supé-

Citation par écrit.

rieur. Cette autorisation obtenue, l'absent ou le fugitif sera cité, par un édit, à se présenter devant le tribunal criminel; cet édit contiendra le nom, les prénoms et la profession de la personne citée, la qualification du délit qui lui est imputé, et il y sera averti de comparaître, au plus tard, dans les soixante jours, devant le tribunal criminel pour se justifier de la prévention.

ART. 492.

Second edit.

Si la personne citée ne comparaît pas dans les délais fixés, on répétera la citation par un second édit. Celui-ci, outre le nom et la profession de l'inculpé, contiendra le délit mis à la charge de l'absent, avec les circonstances matérielles qui entraînent la peine la plus forte, et l'avis que s'il ne se présente pas dans les soixante jours devant le tribunal criminel, il sera considéré comme ayant avoué le délit qui lui est imputé.

ART. 493.

Mode de publication des édits.

L'un et l'autre édits se publieront de la manière accoutumée pour toutes les autres citations judiciaires, tant dans le lieu où le délit a été commis, que dans celui où l'inculpé avait son habitation connue, et dans le lieu de la résidence du tribunal criminel. Pendant les délais de l'édit, si la personne citée n'est pas encore prise, on l'insérera, au moins une fois par mois, dans les feuilles de la province où la citation a lieu. On en transmettra, en outre, une copie au tribunal supérieur, afin que dans les cas graves où l'on attache une grande importance à l'arrestation du délinquant on puisse prendre les mesures nécessaires pour une pareille publication dans les feuilles publiques des autres provinces ou même des états étrangers.

ART. 494.

Si l'inculpé comparaît au premier ou au second édit devant le tribunal criminel qui l'a cité, on procédera suivant le mode fixé par la loi. S'il se présente devant un autre tribunal criminel, celui-ci doit le consigner pour être procédé contre lui au tribunal criminel qui l'a cité.

Mode de procéder lorsque le coupable se présente.

ART. 495.

Si l'inculpé demande un sauf-conduit, on ne peut jamais le lui accorder de manière à ce qu'il reste exempt de la procédure d'instruction et de la sentence, ou de manière à ce qu'il ne puisse jamais être arrêté; on peut néanmoins lui donner l'assurance qu'il restera en liberté pendant l'instruction, autant qu'il ne s'élèvera pas contre lui des preuves légales du délit qui lui est imputé, et que ses justifications ne seront pas trouvées insuffisantes. Ce sauf-conduit limité ne peut même être accordé par le tribunal criminel sans l'approbation du tribunal supérieur auquel il doit pour cela faire son rapport; et même, lorsqu'il a l'autorisation supérieure, le tribunal criminel reste obligé d'user

Du sauf-conduit.

des précautions qui, sans aller jusqu'à l'arrestation, peuvent empêcher, autant que possible, la fuite de l'inculpé.

ART. 496.

De l'impunité. S'il importe au bien public, pour des motifs graves, de se saisir de la personne de l'inculpé, sans qu'il soit possible d'y arriver d'une autre manière que par sa présentation volontaire, et s'il n'y consent que sous la condition qu'on l'assurera de l'impunité, il en sera référé, dans de telles circonstances, par le tribunal supérieur au tribunal suprême de justice, qui en rendra compte au souverain et attendra sa décision sur la question de savoir si et jusqu'à quel point l'impunité doit être assurée.

ART. 497.

Mode de procéder en cas d'absence constatée. Lorsque les délais accordés par le second édit sont expirés sans résultat, le tribunal criminel passera au jugement de l'inculpé cité sur l'instruction faite contre lui pendant son absence. Les preuves qui existent contre lui sont appréciées dans la sentence, comme si elles ne pouvaient être ni écartées ni justifiées par lui, et il est même considéré aux termes du second édit. comme ayant avoué le délit. La délibération et la formation de la sentence ont lieu suivant le mode suivi dans la procédure instruite contre un coupable réellement arrêté. La sentence formée se transmettra, avant d'être publiée, au tribunal supérieur, et, par celui-ci avec son avis, au tribunal suprême de justice, qui, dans le cas où la peine de mort se trouve prononcée, en référera au souverain, en faisant connaître son avis.

ART. 498.

La publication d'une sentence de condamnation prononcée contre un absent ou un fugitif se fera de la manière suivante. On élèvera au lieu d'exécution des peines publiques un poteau ou un gibet en cas de peine de mort. On y attachera la sentence de manière à ce qu'elle puisse être lue commodément par les passants, mais ne puisse être enlevée ou détruite de quelque manière que ce soit par personne. On l'y laissera pendant trois jours consécutifs et à trois fois différentes; elle sera insérée dans les feuilles publiques de la province où elle a été prononcée.

Mode de publication de la sentence.

ART. 499.

Cette sentence, lorsqu'elle prononce la perte de la noblesse ou entraîne les autres effets généraux spécifiés en l'article 23, a sa pleine exécution tant que dure l'absence du condamné. Si on réussit à l'arrêter, on entreprendra, nonobstant la sentence prononcée, une procédure régulière devant le tribunal criminel qui l'a cité par édit, et on procédera à une nouvelle sentence.

De l'effet de cette sentence.

CHAPITRE XVI.

DU JUGEMENT PRÉVÔTAL [1].

ART. 500.

Idée du juge-ment.

. En cas d'urgente nécessité, il peut y avoir lieu à la procédure extraordinaire du jugement prévôtal, qui consiste dans une très-brève instruction du délit, dans le jugement immédiat du coupable et dans l'exécution immédiate de la sentence.

ART. 501.

1° Cas de juge-ment prévôtal.

Le jugement prévôtal a lieu en général seulement en cas d'émeute, lorsque, comme il est dit à l'article 66, le soulèvement populaire ou la mutinerie arrive au point que, pour ramener la tranquillité, les moyens coërcitifs ordinaires ne suffisent pas et qu'il est nécessaire d'employer une force extraordinaire. La déclaration qu'il y a émeute et nécessité du jugement prévôtal appartient au gouvernement de la province, de concert avec le tribunal supérieur, et, s'il y a pressant danger, au bailliage du cercle ; les troubles apaisés, on ne peut commencer un jugement prévôtal, ni le continuer s'il est commencé.

1 Nous avons traduit le mot allemand *standrecht*, qui mot à mot signifie *droit, sans désemparer*, et qui est rendu dans l'édition officielle italienne par les expressions *giudizio statario*, par le terme judiciaire qui, en France, se rapproche le plus de cette espèce de procédure.

Art. 502.

Les mesures préparatoires pour former le tribunal prévôtal sont prises par le bailliage du cercle. Ce tribunal doit se tenir sur le lieu même de la rébellion. A cette fin, le cercle du bailliage, après avoir pris connaissance des circonstances particulières de l'émeute, et avoir reconnu la nécessité du tribunal prévôtal, doit :

Dispositions du tribunal prévôtal.

1° Fixer dans le jour même, ou si cela n'est pas faisable, dans le jour suivant, l'heure où il se rassemblera sur le lieu ;

2° Nommer pour la formation du tribunal cinq personnes versées dans la connaissance des fonctions des juges criminels, et non impliquées dans le procès, en désigner une pour présider, et lui adjoindre un greffier ;

3° S'entendre avec le commandant militaire le plus voisin, pour la réunion des troupes nécessaires à garantir le tribunal de tout événement ;

4° Ordonner au magistrat de police du lieu où se tient le tribunal, de s'y trouver ou de déléguer un fonctionnaire spécial, et de préparer dans un lieu convenable tout ce qui est nécessaire pour que le tribunal s'y tienne, même pour pouvoir au besoin élever un gibet sur-le-champ, s'il est nécessaire, et en même temps tenir prêts un ecclésiastique et un exécuteur.

Art. 503.

Quiconque est requis par le bailliage du cercle de faire partie du tribunal prévôtal est obligé, sous la plus grande responsabilité, de laisser toute autre affaire et de se trouver, au temps fixé au lieu désigné.

Art. 504.

Publication et effet du jugement prévôtal

Aussitôt que tout est prêt, on publie au son du tambour, dans les lieux où l'émeute existe, que le tribunal prévôtal est en pleine activité, que chacun doit rentrer dans l'ordre, s'éloigner de réunions séditieuses, et se soumettre aux ordres donnés pour réprimer la rébellion ; qu'autrement, ceux qui seront pris au milieu d'elles seront punis de mort suivant la rigueur du droit prévôtal. Après cette publication, on prendra des mesures pour qu'à l'aide de soldats confiés à un commissaire désigné par le chef du bailliage, on arrête et on traduise devant le tribunal ceux qui se font remarquer comme les chefs, les provocateurs, ou qui, par leurs mauvaises actions ou leurs violences, méritent une punition sévère.

Art. 505.

2° Cas de jugement prévôtal.

Il peut encore y avoir nécessité à composer un tribunal prévôtal, lorsqu'il est représenté par les autorités qu'il existe une fréquence extraordinaire et croissante de délits de rapine, d'assassinat ou d'incendie ; la reconnaissance de la nécessité du tribunal prévôtal appartiendra alors au tribunal suprême de justice, d'accord avec le *dicastero* aulique de police. Lorsqu'il est ordonné qu'il sera procédé au jugement prévôtal, le tribunal supérieur ordonnera que la menace de cette procédure soit publiée dans le district où la plus grande fréquence de ces délits y donne lieu. Si, après cet avertissement publié, il se commet néanmoins dans le district un des délits spécifiés, et qu'on arrête un individu contre lequel s'élèvent des indices légaux, toute autorité est tenue d'en donner immédiatement avis au bailliage du cercle, et le chef du bailliage prescrira immédiatement l'établissement du tribunal prévôtal dans le lieu où le crime a été commis, et prendra à cet effet les mesures prescrites en l'article 502.

ART. 506.

Pour tout jugement prévôtal, on suit ce qui est prescrit par le présent Code pour les autres procès, en ce qui concerne l'exacte recherche des circonstances, la légale reconnaissance du fait, la réunion des preuves, l'examen de leur force légale et l'interrogatoire de l'inculpé. Les principales différences qui existent dans la procédure et le jugement prévôtal sont :

Mode de procéder au jugement prévôtal.

1° Que toute la procédure, depuis le commencement jusqu'à la fin, se fait devant le tribunal réuni et sans interruption ;

2° Qu'il s'occupe seulement de la preuve du fait pour la répression duquel il est formé, et n'examine pas les autres circonstances accidentelles, ni les autres délits qui sont découverts contre l'inculpé; que, s'il ne doit pas négliger la découverte des co-auteurs, il ne peut, à cause de ceux-ci, retarder la formation et l'exécution de la sentence contre l'inculpé;

3° Que la sentence du tribunal doit être prononcée dans les vingt-quatre heures qui suivent l'arrestation de l'inculpé, et immédiatement exécutée.

ART. 507.

La procédure devant le tribunal prévôtal n'est pas soumise, en conséquence, aux règles et aux formalités des autres instructions. Le plus ancien des assesseurs convoqués propose au tribunal ce qu'il pense devoir faire, d'après les circonstances et le mode d'instruction. Le tribunal a le droit de citer sur-le-champ tout témoin, quel qu'il soit, et, en cas de refus, de le faire comparaître par force; en outre, de le retenir tout le temps nécessaire pour le confronter avec les autres témoins ou avec l'inculpé, et pour découvrir la vérité. Le président fait les questions et les dicte au greffier avec les réponses; celui-ci les inscrit sur un procès-verbal : dans la délibération, le président recueille les voix des autres assesseurs, d'après l'ancienneté de leur charge, et forme la sentence d'après la majorité des suffrages. En cas de partage égal d'opinion, l'inculpé est traduit devant le tribunal criminel ordinaire, qui poursuit régulièrement la procédure.

ART. 508.

Dans les jugements prévôtaux, la peine des délinquants est la mort par la strangulation. Seulement, ceux qui ont pris une moindre part à la rébellion, lorsque, par la mort d'un ou deux chefs, on a déjà obtenu l'effet d'inspirer de la crainte, sont condamnés à la peine corporelle prescrite en l'article 69, laquelle néanmoins est aggravée d'un châtiment corporel public.

Peine.

ART. 509.

Si, dans l'espace de vingt-quatre heures, le délit n'est pas légalement prouvé contre l'inculpé, ni son innocence suffisamment établie, il est renvoyé, avec toutes les pièces de l'instruction, devant le tribunal criminel ordinaire, pour qu'il dirige contre lui une instruction régulière.

Procédure ultérieure lorsque la preuve n'est pas complète.

ART. 510.

Si on a la preuve légale du délit et que la sentence soit prononcée, elle est publiée sans délai, et les mesures sont prises pour qu'il soit immédiatement préparé un échafaud dans le lieu le plus opportun, et la sentence sera aussitôt exécutée.

Exécution de la peine.

ART. 511.

Si la sentence prévôtale porte peine de mort, on

accorde en général au condamné deux heures pour
se disposer, et même une troisième, s'il en fait la
demande instante : on ne peut accorder un plus long
délai.

ART. 512.

Il n'y a pas lieu à recours ou supplique en grâce
contre une sentence prononcée par le tribunal prévôtal.

ART. 513.

Procès-verbal et
transmission des
actes du tribunal
prévôtal au tribu-
nal supérieur cri-
minel.

Il sera dressé un procès-verbal fidèle des actes du
tribunal prévôtal, où se trouvera transcrit tout ce qui
est substantiel, et particulièrement ce qui concerne la
qualification précise du fait, les preuves, comme aussi
les votes prononcés dans la délibération de la cause,
et la sentence. Le procès-verbal sera ensuite signé de
toutes les personnes qui ont assisté aux jugements
prévôtaux, et, dans les trois jours du dernier jugement, il sera transmis au tribunal supérieur.

CHAPITRE XVII.

DE L'INDEMNITÉ ET DES DOMMAGES-INTÉRÊTS.

ART. 514.

Devoir du juge
de procurer l'in-
demnité.
1° Par la resti-
tution des objets.

Le tribunal criminel est obligé, par devoir de sa
charge, de prononcer, en faveur de ceux qui ont été
lésés par le délit, la restitution des effets à eux appartenant, lorsque dans le cours de l'instruction ils sont
trouvés parmi ceux de l'inculpé ou d'un complice du

délit, ou lorsqu'ils ont été trouvés en un lieu où le délinquant les avait déposés ou consignés en garde. Cette restitution se fait par le tribunal criminel ou directement s'ils sont en son pouvoir, ou par la réquisition de l'autorité judiciaire dans la juridiction de laquelle ils se trouvent. Le tribunal criminel, pour sa garantie, se fera donner un reçu régulier du propriétaire auquel il a restitué les objets.

ART. 515.

Si les effets d'autrui se trouvent aux mains d'un tiers non complice du délit, à qui ils sont parvenus en exécution d'un titre généralement apte à transférer la propriété, ou même comme garantie, le tribunal criminel s'interpose pour engager le possesseur à le remettre, mais, s'il ne le veut pas, il indique simplement au propriétaire quel est le possesseur, afin qu'il puisse faire valoir ses droits par les voies régulières.

2° Par son intercession près du possesseur de bonne foi, en l'indiquant à la personne lésée.

ART. 516.

Avant que le tribunal criminel restitue la chose à celui qui prétend en avoir été privé par suite du délit, celui-ci doit prouver qu'il en est effectivement le propriétaire ou le possesseur. Cette preuve résultera de l'aveu du coupable, confirmée par l'affirmation assermentée du propriétaire ou du possesseur; s'il n'y a pas aveu du coupable, pour que cette preuve soit suffisante, il faut que :

Preuve de la propriété.

1° De l'instruction il résulte que le délit a été

13.

commis envers celui qui se présente comme propriétaire ou possesseur ;

2° Que celui-ci décrive exactement la chose et avec
des signes qui ne peuvent être connus que du seul
propriétaire ou possesseur ;

3° Qu'il confirme sa déclaration par un serment.

ART. 517.

Moyens pour
découvrir les pro-
priétaires inconnus
La propriété ou la possession prouvée, on doit
aussitôt restituer la chose ou procurer la restitution
au propriétaire ou possesseur, encore que le procès ne
soit pas complétement achevé. En outre, le tribunal
criminel est obligé de rechercher les propriétaires
d'objets étrangers qui viennent à être découverts pendant l'instruction, et de les assister pour les leur faire
obtenir. Lorsque dans l'instruction il se rencontre
un objet qui, selon toutes les apparences, appartient
à autrui, et dont l'inculpé ne peut ou ne veut indiquer le propriétaire, et si, dans les deux mois qui
suivent l'arrestation de l'inculpé, personne ne se présente pour en réclamer la propriété, le tribunal criminel en fait la description de manière à ce que le
propriétaire puisse bien reconnaître la chose, mais il
omettra quelques signes importants dont il réservera
l'indication au propriétaire, pour que celui-ci prouve
son droit.

ART. 518.

Cette description sera publiée dans les lieux où a

demeuré l'inculpé, et dans ceux où a été commis le délit qui lui est imputé, par un édit qui avertira que le propriétaire doit se présenter dans le délai d'un an devant le tribunal criminel pour faire valoir son droit ; qu'autrement la chose décrite sera vendue et le prix conservé par le juge criminel.

Art. 519.

Si, durant ce délai, personne ne fait valoir son droit sur la chose décrite, le tribunal criminel prend des mesures pour qu'elle soit vendue à l'encan public par l'intermédiaire du tribunal civil du lieu où elle se trouve, et pour que celui-ci lui en remette le prix reçu. Le propriétaire qui prouvera son droit avant que la prescription légale soit atteinte, obtiendra la remise du prix. Si néanmoins il y a prescription, le prix est versé à la caisse d'où généralement se tirent les frais du tribunal criminel.

Garde du prix pour indemnité.

Art. 520.

Si la chose d'autrui est de telle nature qu'on ne puisse la conserver un an sans danger de détérioration, ou si sa conservation serait trop dispendieuse, on en fait la vente à l'encan public avant le délai fixé.

Art. 521.

A chaque vente d'objets dont on ignore le propriétaire, on doit faire une description détaillée de chaque partie vendue, et prendre note tant du prix reçu pour chacune que de l'acheteur. Cette annotation se joindra aux actes de l'instruction.

ART. 522.

3° Par de l'argent; appréciation de la somme.

S'il ne peut y avoir lieu à la restitution de la chose d'autrui, le tribunal criminel doit éclaircir d'office par l'instruction quel est le dommage causé par le délit; mais il ne prononcera sur l'indemnité qu'autant que la valeur du dommage et la personne à qui elle est due sont parfaitement et indubitablement connues au moyen de l'instruction. Dans ce cas, le tribunal criminel décide, dans la sentence de condamnation, quelle somme est due par le délinquant pour indemnité. Cette décision est ensuite signifiée par le tribunal criminel à chacun de ceux en faveur de qui l'indemnité est accordée.

ART. 523.

Effet de cette fixation.

Cette décision a pour effet, comme toute autre sentence de justice, de donner le droit à celui à qui est adjugée l'indemnité, d'en réclamer immédiatement l'exécution du tribunal civil du condamné, mais elle ne l'empêche pas de demander une indemnité plus forte, s'il peut prouver que l'inculpé jugé par le tribunal criminel lui a fait éprouver un dommage plus considérable.

ART. 524.

Si le tribunal criminel ne se trouve pas en état de déterminer avec certitude à qui est due l'indemnité pour un délit, ou en quoi elle doit consister, il indiquera seulement dans la sentence de condamnation, qu'il est libre à celui qui a éprouvé le dommage de la part du délinquant, de réclamer l'indemnité par les voies régulières de justice. Si, pour exercer ce droit réservé, quelqu'un réclame la communication des preuves du délit, le tribunal criminel lui permettra l'examen des actes de l'instruction, mais seulement dans les passages qui concernent le délit commis à son préjudice, et qui peuvent l'aider à prouver son droit, et on lui en délivrera copie sur sa demande.

4° En renvoyant la décision au magistrat civil.

ART. 525.

Les dommages-intérêts à l'occasion d'un délit doivent toujours être demandés par les voies ordinaires et régulières de justice.

A cette fin, l'instruction terminée et la sentence prononcée, la personne lésée est autorisée à se procurer les preuves, d'après le mode indiqué en l'article précédent.

CHAPITRE XVIII.

DES FRAIS EN MATIÈRE CRIMINELLE.

ART. 526.

Toutes les opérations en matière criminelle, quelle

Opérations exemptes de taxes.

que soit l'autorité par qui elles sont faites, le sont d'office : on ne peut exiger ni indemnité, ni taxe, ni épices autres que celles permises par cette loi. Les écritures en matière criminelle sont exemptes de l'emploi de papier timbré, et, lorsqu'elles doivent être transmises, elles sont exemptes des frais de poste conformément aux ordonnances particulières y relatives.

ART. 527.

Les voitures nécessaires pour le transport des personnes arrêtées sont fournies par les communes, sans indemnité, par voie de réquisition.

ART. 528.

De même, les médecins, les chirurgiens et les sages-femmes doivent leurs déclarations et avis dans les procédures criminelles, sans exiger de salaire; ceux néanmoins qui ne demeurent pas à la résidence du tribunal sont indemnisés pour leurs frais de nourriture et de voyage.

ART. 529.

Taxes :
1° Pour indemnité des témoins.

On payera la journée habituelle au témoin qui vit de son travail journalier, et qui le manque par sa comparution devant le juge.

ART. 530.

2° Pour les gardes qui escortent les

On donnera à tout homme de garde, de l'ordre civil ou militaire, désigné par le tribunal criminel pour escorter le prisonnier pendant son transport, dix kreutzers par mille[1], tant en allant qu'au retour. S'il doit séjourner en quelque lieu pour garder le prisonnier, il aura vingt kreutzers par jour entier, et six par moitié de journée.

ART. 531:

On paye à l'interprète appelé conformément à l'article 356 un florin au plus par jour, quand déjà il ne se trouve pas attaché au tribunal criminel ou à une administration publique.

ART. 532.

Les voyages d'exprès qui ne se trouvent pas déjà au service d'un tribunal criminel sont payés à raison de dix kreutzers par mille tant en allant qu'au retour.

ART. 533.

Il est dû quinze florins à l'exécuteur pour l'exécution d'une sentence de mort, et trois florins à celui qui marque un condamné conformément à l'article 22.

ART. 534.

Les indemnités spécifiées dans les articles précédents sont immédiatement payées par le tribunal criminel, qui a son recours contre le condamné après

---

[1] Dans l'édition officielle italienne, il y a dix *carantani* par lieue toscane.

la sentence, s'il a été condamné au remboursement des frais et si ses biens sont suffisants.

ART. 535.

5° Pour nourriture.

Le tribunal est autorisé à exiger du condamné, d'après le même mode,

1° Cinq kreutzers par jour, lorsque la nourriture pendant sa détention doit lui être donnée conformément à l'article 313 ;

6° Pour la sentence.

2° Douze florins pour la sentence elle-même.

ART. 536.

Recouvrements des frais faits par suite d'une fausse dénonciation.

Si l'inculpé est déclaré innocent, il doit être déchargé du remboursement et des frais ; mais si l'instruction a pour origine une dénonciation qui s'est trouvée fausse, le tribunal criminel a son recours contre le dénonciateur.

ART. 537.

Lorsque l'inculpé n'est pas déclaré innocent.
(Voir appendice, article 26.)

Si l'inculpé est déclaré coupable, ou si l'instruction est déclarée suspendue pour défaut de preuves légales, on doit exprimer dans la sentence qu'il est obligé de rembourser les frais au tribunal criminel ; mais ce remboursement ne peut être exigé en tant que cela diminuerait les sources principales de ses moyens de subsistance, ou que cela empêcherait l'exécution de l'obligation où il se trouverait être de fournir un dédommagement ou de nourrir sa famille. On ne peut, pour le recouvrement des frais, différer l'exécution de la sentence en ce qui concerne les autres points de son contenu.

ART. 538.

Les frais du jugement prévôtal sont à la charge de la commune où ont eu lieu les délits qui y ont donné lieu. On y comprend les voitures et la nourriture de toutes les personnes nécessaires à la formation de ce tribunal ; le chef du bailliage fera, avec exactitude et modération, le compte de ces frais, et la commune conservera son recours contre les vrais coupables.

Frais du jugement prévôtal.

ART. 539.

Tout ce qui concerne les frais est exactement annoté, comme faisant partie des actes, sur le livre-journal qui, aux termes de l'article 346, doit être tenu pour chaque instruction, afin que le tribunal criminel soit en état de justifier en tout temps qu'il n'a porté en compte rien au-delà de ce qui est accordé, et qu'il a payé à chaque personne ce qui lui était dû.

Justification des frais.

CHAPITRE XIX.

RAPPORTS DES TRIBUNAUX CRIMINELS ET DES TRIBUNAUX SUPÉRIEURS DANS LES AFFAIRES CRIMINELLES.

ART. 540.

Afin de protéger la sécurité générale, les tribunaux criminels correspondront entre eux, se tiendront en

Moyens généraux d'aider l'action de la justice répressive.

Assistance réciproque des juges criminels

relation étroite, et se donneront réciproquement aide et assistance avec l'activité la plus grande. Ces relations auront principalement lieu quand un délinquant dangereux sera arrêté par un tribunal criminel, et lorsqu'en faisant des recherches sur sa conduite antérieure il y aura des indices qu'il a déjà dû être détenu par un autre tribunal, ou lorsqu'il paraîtra qu'un autre tribunal a acquis des données sur son délit, qui peuvent s'appliquer à un individu ayant rapport avec celui actuellement arrêté, ou enfin quand un autre tribunal criminel aura eu connaissance de co-auteurs ou de complices du délit dont le détenu est inculpé.

1° Pour découvrir des délits ignorés, des délinquants dangereux ou leurs complices.

ART. 541.

2° Pour découvrir les retraites des délinquants et les objets du délit.

Les tribunaux criminels doivent, à l'aide de relations semblables, se communiquer réciproquement les notices qui leur parviendront à l'égard des lieux où se cachent les délinquants, où ils se réunissent, où ils se concertent, où ils ont leur demeure, ou bien où doivent être cachés les objets du délit et les instruments propres à le commettre, ou les lieux où ils les fabriquent et ceux dans lesquels ils vendent les choses qu'ils se sont procurées par des délits.

ART. 542.

3° Pour rechercher les causes de la fréquence du délit.

Les tribunaux criminels doivent aussi réunir leurs efforts en commun, lorsqu'ils remarquent que dans un lieu ou un district les délits deviennent plus fréquents ou que les délinquants augmentent, soit parce que les magistrats de police manquent de vigilance ou négligent les ordres ou les moyens de prévoyance propres à prévenir les délits, soit parce que des circonstances particulières concourent à les faire naître ou à les favoriser.

ART. 543.

Si un tribunal criminel découvre des signes, des marques qui servent aux délinquants pour commettre les délits, ou pour se reconnaître entre eux, ou s'il découvre les ruses et les moyens particuliers par lesquels ils se facilitent l'exécution de leurs méfaits, il doit les communiquer aux autres tribunaux criminels, afin que ceux-ci puissent profiter de cette connaissance pour découvrir les malfaiteurs, rendre les magistrats plus vigilants, et mettre le public à l'abri du préjudice qu'ils pourraient leur causer. On doit en outre donner avis de ces découvertes spéciales au tribunal supérieur, afin qu'il puisse prendre des mesures ou donner des ordres pour découvrir les délinquants.

4° Pour communiquer les signaux et autres ruses des délinquants.

ART. 544.

Dans ces hypothèses et autres semblables, les tribunaux criminels de la même province et même ceux de tous les états impériaux doivent, s'il est besoin, rechercher et s'employer d'un commun accord à la découverte des malfaiteurs; en conséquence, se com-

5° Pour se communiquer les actes.

muniquer leurs informations et éclaircissements réciproques, et s'expédier les actes reçus en original, s'ils peuvent s'en passer, ou autrement par copie fidèle.

ART. 545.

Moyens à prendre pour ces communications.
1° Procès-verbal des présentations.

A cette fin, chaque tribunal criminel tiendra un registre de réception, où s'enregistreront tous les papiers qui lui parviendront, et qui ne doivent pas être inscrits sur le livre-journal prescrit par l'article 346, et on y annotera les mesures prises en conséquence.

ART. 546.

2° Procès-verbal en forme d'index.

Pour les actes déposés au greffe, le tribunal criminel tiendra un registre en forme d'index, où les affaires seront distribuées dans les classes suivantes :

1° Celles où les délits ont été dénoncés au tribunal criminel sans qu'on ait connaissance de leur auteur;

2° Celles où les délinquants sont connus du tribunal criminel, seulement par leur signalement, ou même par leur nom et leur condition, sans qu'il soit possible de s'assurer de leur personne;

3° Celles où l'instruction est complète et la sentence prononcée;

4° Celles où l'instruction et la formation de la sentence ont été interrompues par la fuite ou par la mort de l'inculpé;

5° Finalement celles où la procédure est encore

poursuivie pour la découverte des co-auteurs et des complices. Du reste, ces registres en forme d'index doivent contenir, d'une manière succincte, toutes les circonstances par le secours desquelles un tribunal criminel peut prêter assistance à un autre, de l'une des manières mentionnées aux articles précédents. Ils doivent aussi indiquer les actes du greffe dans lesquels on pourrait au besoin rechercher les circonstances plus détaillées.

ART. 547.

. Dans le greffe, les actes seront placés dans des dossiers séparés, et chaque instruction aura le sien. Les autres actes du tribunal criminel seront séparés selon la diversité des matières.

3° Classification des actes.

Chaque acte contenu dans un dossier portera extérieurement, tant le numéro du dossier auquel il appartient, que celui sous lequel il se trouve dans ce dossier. Si plusieurs documents se trouvent joints à un acte, chacun d'eux portera le numéro de l'acte auquel il appartient, et sur l'acte principal on indiquera combien de documents y sont joints. Hors les cas exprimés par le présent Code, personne ne pourra compulser ces actes ou en recevoir quelque partie en communication.

ART. 548.

Pour faciliter les recherches, les registres en forme d'index et les actes des greffes seront pourvus de

4° Exact enregistrement de ces actes.

tables de matières par ordre alphabétique, dans les. quelles le même objet se trouvera indiqué sous différents points de vue, savoir :

1° Sous le nom de l'inculpé ou du délinquant auquel on joindra les noms qu'il peut avoir portés, ou ses surnoms, et toute autre marque plus spéciale, afin que la ressemblance de nom ne donne pas lieu à quelque erreur ;

2° Sous le nom du lieu où le délit a été commis;

3° Sous la qualification du délit.

ART. 549.

Surveillance du tribunal supérieur.

1° Instructions aux tribunaux criminels.

Le tribunal supérieur veillera à ce que les tribunaux criminels de la province qui forment son ressort remplissent exactement les devoirs de leur charge; il leur donnera des instructions nécessaires sur les référés qui leur seraient faits, et les assistera lorsque quelque autorité leur refusera son concours. En outre, il soumettra à la responsabilité, et même punira les tribunaux criminels qui mettraient de la négligence dans l'exercice de leurs fonctions.

ART. 550.

2° Envoi d'un tableau trimestriel.

Afin que le tribunal supérieur puisse exercer une surveillance continuelle sur les tribunaux criminels qui lui sont subordonnés, chacun de ceux-ci transmettra tous les trois mois au bailliage du cercle, pour que la communication en soit faite au tribunal supérieur, un tableau de toutes les instructions entreprises, et se mettra en état de pouvoir justifier à toute occasion qu'ils ont réellement fait cet envoi dans les trois jours qui ont suivi l'échéance des trois mois. Ce tableau se fera avec le plus grand soin et la plus grande exactitude, conformément au modèle joint à la fin de ce chapitre. Les affaires dont l'instruction n'est pas terminée par une sentence se transporteront, chaque fois, sur le tableau du trimestre suivant.

ART. 551.

Le tribunal criminel, dans le rapport dont il accompagnera ce tableau, indiquera toutes les dénonciations de délits qui lui sont parvenues, dont l'auteur n'est pas encore arrêté, en mentionnant pour chacun si des démarches ont été faites pour arriver à ce but et quelle en a été la nature.

ART. 552.

Si aucun inculpé n'a été arrêté, et si aucune dénonciation de délit n'a été faite dans les trois mois, on devra en faire le rapport dans les délais fixés.

ART. 553.

Sur le tableau du dernier trimestre de l'année, le tribunal criminel et le bailliage du cercle devront indiquer si les délits ont augmenté ou diminué, quelles en sont les causes, les moyens employés pour pré-

14

venir ces délits; et joindre à leur tableau leurs observations sur les instructions et sur les visites faites dans le cercle.

ART. 554.

3° Examen de ces tableaux par le tribunal criminel supérieur.

Le tribunal criminel supérieur est obligé d'examiner ces tableaux et les rapports qui les accompagnent; et s'il observe de la lenteur dans les affaires, il en accélèrera les opérations, ou s'il trouve que le tribunal criminel n'a pas rempli son devoir en quelque autre chose, il en requerra un rapport circonstancié pour être mieux éclairé et pouvoir y remédier à temps. Il devra néanmoins prendre garde de donner lieu par des difficultés et par des écritures inutiles à retarder le cours de l'instruction, ou éviter de réclamer des actes judiciaires qui ne lui sont pas indispensablement nécessaires.

ART. 555.

4° Tableau annuel pour le tribunal suprême de justice.
(Voir appendice, n° 27.)

De tous les états transmis, chaque trimestre, par tous les tribunaux criminels, le tribunal supérieur dressera à la fin de l'année un état général dans la forme prescrite par l'article 550, et le transmettra, dans les trente premiers jours de l'année suivante, au tribunal suprême de justice. Dans le rapport dont il l'accompagnera, il notera avec soin et réflexion les espèces de délits qui ont augmenté ou diminué dans l'année comparativement avec les années précédentes; quelles sont les causes de cette différence, et si les tribunaux criminels ont rempli leurs devoirs, ou en quoi ils y ont manqué ; et en outre il fera toutes les observations qu'il croira convenables pour améliorer l'administration de la justice, afin que le tribunal suprême, ayant une connaissance exacte de tout, soit au besoin en état de prendre les mesures opportunes.

ART. 556.

Chaque tribunal criminel sera inspecté de temps en temps et au moins une fois l'an. On visitera aussi les prisons et les prisonniers ; ceux-ci seront interpellés hors la présence du juge sur la promptitude avec laquelle ils sont interrogés, et sur la manière dont ils sont traités. On examinera aussi le livre-journal de chaque instruction, les procès-verbaux et les registres. On portera les investigations principalement sur l'exactitude et la précision des états trimestriels, et en général on recherchera si la conduite du tribunal criminel, prise dans son ensemble comme dans chaque cas particulier, se trouve d'accord avec la loi. Cette visite, pour le lieu de la résidence du tribunal supérieur, sera faite par un de ses conseillers, délégué à cet effet, qui en fera un rapport circonstancié, indiquant tous les abus observés, et proposera les moyens opportuns d'y remédier ; pour les autres tribunaux criminels, elle sera faite par le chef du bailliage du cercle, lors de la visite générale de son cercle.

Celui-ci fera à ce sujet un rapport distinct des

5° Visite du tribunal criminel.

autres affaires soumises à la visite du gouverneur de la province, qui le communiquera au tribunal criminel supérieur.

ART. 557.

6° Avertissements sur les fautes commises par les tribunaux criminels.

Le tribunal supérieur criminel examinera avec soin les rapports sur les visites; et, à l'égard des fautes qui exigeront une prompte réparation, il prendra les mesures nécessaires; pour tous les autres objets, il les soumettra, avec son avis, au tribunal suprême de justice, et attendra sa décision.

ÉTAT *du Tribunal criminel de Véronne, pour les trois mois du 1ᵉʳ Janvier au 1ᵉʳ Avril 1815* [1].

NUMÉROS D'ORDRE.	NOMS ET PROFESSION de l'inculpé.	REMIS AU TRIBUNAL CRIMINEL			JOURS de L'INTERROGA-TOIRE.	OPÉRATIONS JUDICIAIRES.
		Le jour.	Par l'intermédiaire de	Pour délit		
1	Éléonore ALTINANGHI, vᵉ d'un ouvrier taillan-dier, de Legnago.	23 déc. 1814.	la police de Véronne.	de fraude.	24 et 27 déc. 1814, 2 et 5 janvier 1815.	Le 8 janvier 1815, déclarée cou-pable de fraude, elle a été con-damnée à six mois de prison.
2	Nicolo STANFO, surnom-mé STENO, paysan d'Abano.	10 fév. 1815.	la préture d'Este.	d'homicide avec rapine.	10, 13, 18 et 24 février, 9, 27 et 28 mars 1815.	Ayant avoué la *rapine*, le 27 mars seulement, on poursuit l'instruction pour l'homicide commis dans le même temps, pour la découverte des auteurs et pour la restitution des objets enlevés.
3	Paolo CADORIO, tailleur, de Véronne.	Laissé en liberté.		Coups.	30 mars 1815.	On poursuit la procédure.

1 Ce modèle est celui joint à l'édition officielle italienne publiée à Milan.

APPENDICE

DES NOUVELLES ORDONNANCES GÉNÉRALES

RELATIVES

À LA PREMIÈRE PARTIE DU CODE PÉNAL.

ART. 1ᴇʀ.

(Voir article 33 du Code.)

Lorsqu'il y a lieu à l'extradition de délinquants étrangers, ou à obtenir la remise de délinquants nationaux fugitifs hors de l'état, on doit observer les règles suivantes :

1° C'est au tribunal criminel dans le district duquel le délinquant a été pris qu'il appartient de faire opérer la remise d'un étranger pour un délit commis hors de l'état, de décider sur les demandes et d'entrer en correspondance avec l'autorité étrangère.

2° Sur la demande d'extradition ou sur le vu du mandat d'arrêt, l'étranger inculpé d'un délit déterminé, commis hors de l'état, doit être, soit arrêté, soit surveillé de manière à empêcher sa fuite, suivant son rang et la gravité du délit qui lui est imputé.

3° Si la demande d'extradition est appuyée immédiatement ou dans un intervalle convenable de preuves ou d'indices, graves sur lesquels l'inculpé entendu n'a pas pu se justifier sur-le-champ, on proposera sa remise, mais auparavant on demandera l'approbation du tribunal supérieur.

4° Dans ce cas, le tribunal supérieur de la capitale doit s'entendre avec le dicastère aulique de police, et ceux des provinces avec le président du gouvernement; et s'ils ne peuvent tomber d'accord, chacun d'eux demandera une décision à son autorité supérieure.

5° - Si un étranger a commis hors de l'état un délit contre la constitution, ou qui se rapporte aux billets de crédit public, ou à la monnaie de l'état, il ne pourra être remis en aucun cas; mais il devra être traité comme le serait un sujet, conformément à l'article 32 de cette première partie.

6° Lorsque l'extradition d'un inculpé étranger n'est pas demandée, mais devra être proposée conformément à l'article 33, on devra demander l'approbation du tribunal criminel supérieur qui se conformera à ce qui est prescrit par le numéro 4.

7° La demande de la remise d'un sujet autrichien demeurant hors de l'état, pour un délit commis dans l'état, doit être appuyée par le tribunal criminel de preuves ou d'indices graves sur lesquels on puisse entendre l'inculpé à l'étranger; et si l'extradition n'est pas accordée, il en sera fait un rapport au tribunal supérieur; qui fera le sien au tribunal suprême de justice. (*Décision souveraine de 1808.*)

ART. 2.

Articles 61 et 70. Les employés des douanes doivent être considérés, pour les objets de leur charge, comme délégués de l'administration compétente et comme destinés à exécuter ses ordres. En conséquence, la résistance qui leur est opposée dans l'exercice de leurs fonctions, en employant, soit des menaces graves, soit des violences matérielles, sera punie comme délit de violence publique, conformément à l'article 71; et la réunion de plusieurs personnes pour opposer de la résistance à l'exécution de leurs fonctions devra être punie comme délit de rébellion prévu par les articles 63, 64 et 65, et non d'après les patentes sur les douanes du 1er janvier 1788. (*Décret aulique du 12 juin 1807.*)

ART. 3.

Article 94. Pour constituer un délit consommé de contrefaçon de billets de crédit public ayant cours comme argent, (billets de rechange, billets d'anticipation), il n'est pas nécessaire que l'on ait employé tous les instruments qui y servent; il suffit, pour constituer un délit prévu par l'article 94, lequel est puni de mort, que ces billets aient été en général contrefaits avec des instruments préparés pour cela, selon les articles 92 et 93, sans égard à leur qualité ou à leur nombre. *(Résolution souveraine du 3 décembre 1808. Décret aulique du 7 septembre 1811. Patente du 7 mai 1813. Supplément C, paragraphe 7.)*

ART. 4.

Article 95

Comme l'article 95 ne distingue pas si le concert avec le contrefacteur ou avec un de ses complices, pour mettre en circulation des billets de crédit public ayant cours comme argent, doit avoir eu lieu avant, pendant ou après la contrefaçon, la peine de mort doit être appliquée, même au complice qui, depuis la contrefaçon effectuée, s'est entendu avec l'auteur ou son complice, et en conséquence a mis en circulation des billets de crédit public ainsi falsifiés. *(Résolution souveraine du 31 juillet 1810. Décret aulique du 7 septembre 1811. Patente du 7 mai 1813. Supplément C, paragraphe 11.)*

ART. 5.

Article 96.

La contrefaçon de billets de crédit public ayant cours comme argent, exécutée à la plume ou à l'aide d'instruments autres que ceux faits pour cette fabrication, est considérée comme la tentative du délit de contrefaçon prévu par l'article 96. *(Résolution souveraine du 25 octobre 1805. Patente du 20 juin 1811. Supplément C, paragraphe 6. Décret aulique du 7 septembre 1811. Patente du 7 mai 1813. Supplément C, paragraphe 6.)*

ART. 6.

Article 102.

Les peines portées par les articles 92 à 96 et 100 à 102 contre ceux qui contrefont ou falsifient des billets de crédit public ayant cours comme argent, ou les mettent en circulation, doivent s'appliquer à la fabrication des billets de rechange et billets d'anticipation. (*Patente du 20 juin 1811, paragraphe 10. Décret aulique du 7 septembre 1811. Patente du 7 mai 1813, paragraphe 6.*)

ART. 7.

Art. 120.

Des doutes s'étant élevés sur la manière de concilier les articles 119 et 120 il est déclaré que : l'article 119 punit de la peine de mort le meurtrier immédiat, celui qui en a donné le mandat, et aussi celui des complices qui, pendant l'exécution de l'acte, y aurait prêté la main directement, ou y aurait coopéré d'une autre manière active, comme cela ressort du texte littéral de cet article confronté avec l'article 120 et l'article 5 ; qu'au contraire l'article 120 ne parle que des complices plus éloignés qui, sans avoir pris une part directe à l'exécution même de l'assassinat, ont contribué au fait, de l'une des autres manières indirectes exprimées en l'article 5. Seulement celui qui, de quelque manière que ce soit, a porté le meurtrier à enlever la vie à un tiers, est puni de la peine portée en l'article 119, comme en ayant donné le mandat, aux termes de l'article 118, numéro 3. (*Résolution souveraine du 16 février 1809, publiée par circulaire*)

ART. 8.

Les expressions de la loi dans l'article 148, numéro 1, ainsi conçues, *Si l'incendie a effectivement éclaté, après que le feu a été mis par récidive*, se rapportent, selon leur sens naturel, au cas où l'incendiaire a plusieurs fois mis le feu qui, enfin a effectivement éclaté, lors même que ce serait une seule fois ; puisque la répétition de ce grave délit, même restée chaque fois sans effet, emporte déjà, par elle-même la peine de la prison dure ou très-dure à vie, aux termes de ce même article 148, numéro 3. (*Déclaration du 7 mai 1813.*)

Article 148, n° 1.

ART. 9.

Le vol commis par celui qui a déjà été deux fois repris pour vol, par voie criminelle ou par le magistrat de police, doit être considéré comme délit, sans égard à sa valeur. Cette disposition de la loi néanmoins ne s'étend pas aux autres délits d'infidélité. (*Déclaration du 5 octobre 1804.*)

Article 156, n° 1

ART. 10.

L'amende pour délit d'excitation à la désertion d'un homme appartenant au service des chariots militaires est fixée à 12 florins et demi de valeur viennoise. (*Décret aulique du 15 octobre 1807.*)

Article 200

ART. 11.

Articles 218, 232 et 236.

Si l'inculpé est manifestement soumis à la juridic tion militaire, soit que la partie lésée appartienne l'état civil ou à l'état militaire, la constatation légale du corps du délit appartient exclusivement à l'autorit militaire ; cependant, dans le cas où tout retard sera dangereux, cette constatation appartient au tribuna criminel, ou au magistrat du lieu, conformément : l'article 236 ; mais ces actes faits devront être aussitô transmis au tribunal militaire. Si au contraire l'in culpé appartient à l'état civil, les tribunaux militaire s'abstiendront de s'ingérer dans la constatation légale du fait, bien que la partie lésée appartienne à l'état mili taire ; seulement il leur est donné connaissance de l'é vénement. Si enfin l'auteur du délit est inconnu, ou si son état n'est pas constaté, c'est au pouvoir civil : procéder. Seulement, lorsque pour résultat il est dé couvert que l'inculpé appartient effectivement à l'éta militaire, on suspendra tout acte ultérieur et on re mettra l'affaire au pouvoir militaire. (*Décret auliqu du 24 juin 1808.*)

ART. 12.

Articles 221, n° 2, 224, 305 et 442.

La procédure pour délit de perturbation de la tran quillité publique n'est pas, comme le délit de haute trahison, de la seule compétence du tribunal criminel de la province, mais de celle du tribunal criminel ordi naire ; néanmoins le tribunal supérieur aura la fa culté de déléguer, conformément à l'article 224, dans les cas graves, un autre tribunal criminel. Toutefois, les sentences rendues sur délit de perturbation de la tranquillité publique prévu par les articles 57 et 58 doivent être soumises, avant leur publication, au tribunal criminel supérieur, et par celui-ci au tribunal suprême de justice, comme dans le cas de l'article 442. Le tribunal criminel devra en outre donner connaissance de l'instruction commencée au bailliage du cercle, comme dans le cas de l'article 305. (*Décret aulique du 25 juin 1808.*)

ART. 13.

Le serment à prêter dans les affaires criminelles par les personnes qui professent la religion juive est soumis aux formalités prescrites pour les procès civils, par les instructions générales du 9 septembre 1785, articles 19 et 20, et par le décret aulique du 24 novembre 1787, numéro 748, qui n'exclut point le concours d'un ministre de la religion juive. (*Décret aulique du 19 septembre 1806.*)

Article 256.

ART. 14.

L'arrestation d'une personne exerçant un emploi public doit être notifiée par l'autorité qui l'exécute, et respectivement par le tribunal criminel, non-seulement au tribunal supérieur, mais aussi immédiatement à l'administration dont dépend cet employé, pour qu'il

Article 304.

soit pris les dispositions que réclame son arresta
tion. (*Décrets auliques des 18 juin 1808 et 24 oc
tobre 1810.*)

ART. 15.

Articles 232 et
305.

Aussitôt que le tribunal criminel a connaissance
d'une falsification, d'une espèce quelconque, de billet
de crédit public (papier monnaie ou obligations pu
bliques), il doit en faire immédiatement un rappor
circonstancié au président du gouvernement de la pro
vince et à celui du tribunal d'appel, qui aussitôt en
donnera communication au président du tribunal su
prême de justice. (*Décret aulique du 27 juin 1805.*)
Cela a lieu aussi lorsque de l'instruction résultent
des circonstances nouvelles qui peuvent conduire à la
découverte de pareils délits ou à les empêcher. Ce
pendant on ne joindra pas à ce rapport les actes de
l'instruction. (*Décret aulique des 16 novembre 1810
et 22 février 1811.*)

ART. 16.

Article 306.

Lorsque celui qui a été laissé en liberté pendant une
instruction dirigée contre lui est déclaré coupable par
le tribunal criminel, cette décision ne suffit pas pour
le faire arrêter pendant le recours au tribunal supérieur, tant que ne se présenteront point les conditions
de l'article 306, et que l'on n'aura pas lieu de soupçonner que le condamné prenne la fuite. (*Décret aulique du 5 mai 1813.*)

ART. 17.

L'aveu fait devant un tribunal criminel de l'état, procédant en vertu de l'article 236, constitue une preuve légale du fait avoué, bien que l'instruction ultérieure et la sentence appartiennent, d'après la loi, article 221, à un autre tribunal criminel. (*Décret aulique du 3 décembre 1808.*)

Article 399, n° 1.

ART. 18.

La déposition de la personne lésée fait preuve légale du corps du délit, même en ce qui concerne les circonstances non reconnues par l'inculpé, quand il n'est pas possible de prouver le fait d'une autre manière, et que d'ailleurs il ne s'élève aucune suspicion, conformément à l'article 414, contre cette déposition. Elle fait preuve aussi de la valeur du dommage, sans distinction s'il consiste en deniers comptants ou en effets sujets à extinction. (*Décret aulique du 20 juillet 1810.*)

Article 404, n°˙ 1 et 2.

ART. 19.

Lorsqu'aux termes des articles 376 et 384 la personne lésée n'est pas qualifiée témoin suspect, la preuve légale de la culpabilité de l'inculpé peut résulter de la déposition de deux personnes lésées, quand leur véracité ne se trouve pas affaiblie par suite de leur intérêt personnel, ainsi qu'il est dit en l'article 403, numéro 5. Dans chacun de ces cas, le tribunal se décide

Articles 404, 409 et 414.

d'après tout l'ensemble de l'affaire, les qualités personnelles des témoins et de l'inculpé, conformément aux
articles 409 et 414. (*Décret aulique du 10 décembre
1808.*)

ART. 20.

Article 418.

Les assesseurs même non approuvés par le tribunal
supérieur, qui sont devenus nécessaires pour compléter un tribunal criminel à défaut des membres
ordinaires, doivent, d'après le texte et l'esprit de la
loi, assister aux délibérations ordinaires, la loi ne
faisant entre eux aucune distinction. Du reste, on ne
doit appeler pour remplir cette charge que des personnes ayant atteint leur majorité. (*Décrets auliques
des 25 septembre 1807 et 6 juillet 1804.*)

ART. 21.

Article 431.

Si pour les délinquants qui n'ont pas encore atteint
leur vingtième année ; la peine de mort se convertit
en vingt ans de prison, il suit de là que pour les
délits que la loi réprime de la prison à vie, on ne leur
inflige que la prison pour vingt ans au plus. (*Décrets auliques des 5 octobre 1814, 12 avril 1806
et 18 septembre 1807.*)

ART. 22.

Article 434.

On ne peut étendre la disposition de l'article 434,
pour les cas de fraude, au délit d'infidélité qui en caractérise légalement un autre. (*Résolution souveraine du 12 décembre 1814.*)

ART. 23.

Dans les délits qui, d'après l'article 442, sont réservés à la connaissance du tribunal suprême de justice,
il a la libre faculté de prononcer la sentence qu'il
trouve conforme à la loi. (*Résolution souveraine du
20 janvier 1812.*)

Article 442.

ART. 24.

Les sentences qui portent une condamnation excédant cinq ans, et contre lesquelles il y a lieu à recours,
ne peuvent être publiquement signifiées conformément à l'article 451, si ce n'est après la décision sur
le recours ou après le délai fixé pour le présenter. Cette
publication n'a pas lieu non plus quand la condamnation à plus de cinq ans, prononcée d'après la rigueur de la loi, par le tribunal inférieur, est abaissée
par le tribunal supérieur ou suprême à une durée
moindre de cinq ans. (*Résolution souveraine du
12 décembre 1814.*)

Article 451.

ART. 25.

La teneur d'une sentence criminelle sur un délit
prouvé de bigamie est notifiée par le tribunal criminel et par l'intermédiaire de l'officier compétent, tant
au conjoint légitime qu'illégitime, pour la conservation, la garantie de leurs droits et l'accomplissement de leurs devoirs. Elle est aussi communiquée au
magistrat de police du lieu dans le district duquel le
mariage illégal a été célébré, afin que la nullité du

Article 454.

second mariage soit annotée par le ministre de la
religion sur le livre des mariages. (*Décret aulique
du 30 juillet 1808.*)

ART. 26.

Article 537

Les co-auteurs d'un délit commis en commun sont
obligés solidairement au payement des frais criminels,
excepté des frais de nourriture dont il doit être tenu
compte à chacun en particulier, et au remboursement
desquels les prisonniers privés de moyens doivent pourvoir, autant que possible, conformément à l'article
312, par des travaux compatibles avec le régime de la
prison d'instruction. (*Décret aulique du 20 avril
1809.*)

ART. 27.

Article 555.

Les tribunaux d'appel sont dispensés de transmettre,
comme ils avaient coutume de le faire, un état général annuel marquant une à une toutes les instructions. Ils doivent néanmoins, à la fin de chaque année,
présenter au tribunal suprême de justice, un aperçu
sommaire des diverses espèces de délits, de leur augmentation ou diminution, avec leurs observations
pour remplir le but de l'article 555, en y joignant
en originaux les états des trois derniers mois à eux
transmis par les tribunaux criminels, et avec l'annotation des mesures qu'ils auraient déjà prescrites.
(*Décret aulique du 14 décembre 1810.*)

Demeureront en vigueur toutes les ordonnances qui ne sont pas rappelées ici, et qui ont été adressées aux différents tribunaux criminels supérieurs ou inférieurs sur les divers objets de leur compétence, sur l'étendue et les limites de leur juridiction, sur l'institution et le salaire des personnes employées, sur la police des lieux d'arrêt, sur la marche des affaires et sur les limites de la juridiction militaire.

FIN DE LA PREMIÈRE PARTIE.

TABLEAU du Tribunal criminel de la ville de Vienne, en Autriche, province sous l'Enns, pour le trimestre du 1ʳ Janvier au dernier Mars 1804.

NUMÉROS.	NOMS ET PROFESSION de l'inculpé.	LA REMISE A EU LIEU			JOURS de L'AUDITION.	PROCÉDURE JUDICIAIRE.
		Le	Par	Pour		
1	Ève KRAUSCHINN, vᵉ de journalier de Frosch-dorf.	23 déc. 1803.	L'autorité du village de Hohenwaldorf.	Fraude.	Le 24 et 27 déc. 1803, et les 2 et 5 janvier 1804.	A été reconnue coupable de la fraude le 8 janvier 1804, et condamnée à six mois de prison.
2	Nicolas VINZ, surnommé WALDNICKEL, valet de ferme de Neunkir-chen.	10 fév. 1804.	La garde de police.	Vol et meurtre suivi de vol.	Les 10, 13, 18 et 24 fév., les 9, 27 et 28 mars 1804.	Comme il n'a avoué le vol que le 27 mars, l'instruction est continue à raison du meurtre, et pour parvenir à la découverte des complices et des objets volés.
3	Paul FUNK, maître cordonnier de Vienne.	Est demeuré en liberté.		Blessures.	Le 30 mars 1804.	L'instruction est poursuivie.

DEUXIÈME PARTIE.

DES GRAVES INFRACTIONS DE POLICE.

Iᴿᴱ SECTION.

DES GRAVES INFRACTIONS DE POLICE, ET DE LEURS PEINES.

CHAPITRE Iᴱᴿ.

DES GRAVES INFRACTIONS DE POLICE EN GÉNÉRAL.

ARTICLE 1ᴱᴿ.

Les graves infractions de police sont en général les actions ou omissions que chacun peut reconnaître de lui-même comme illicites, ou bien les contraventions à quelques dispositions spéciales que l'infracteur doit connaitre, à raison de son état, de son métier, de sa profession, ou d'après ses rapports.

Le Code des graves infractions de police est généralement obligatoire.

L'ignorance ne peut en conséquence servir d'excuse aux graves infractions de police.

ART. 2.

Les étrangers qui habitent dans les états peuvent aussi se rendre coupables de graves infractions de

Il oblige les étrangers.
(Voir appendice, article 2.)

police, attendu qu'ils sont dans l'obligation de s'informer des règlements généraux qui concernent la sécurité publique et le bon ordre, comme aussi de s'enquérir des dispositions spéciales, lorsqu'ils entreprennent des affaires qui y ont rapport.

ART. 3.

Les délits commis dans un état d'ivresse accidentelle sont des graves infractions de police.

Les actions qui ne sont pas elles-mêmes des délits, mais qui ne peuvent être considérées comme tels, parce qu'elles ont été commises dans un état accidentel d'ivresse, sont néanmoins punies, d'après la gravité des circonstances, comme infractions de police.

ART. 4.

Actions punissables des enfants.

Délits des impubères de l'âge de onze à quinze ans.

Les actions punissables des enfants qui n'ont pas accompli leur dixième année sont abandonnées à la correction domestique; mais, depuis onze ans commencés jusqu'à quatorze ans accomplis, les actions qui ne peuvent pas être qualifiées délits seulement à raison de la jeunesse du coupable, sont punies comme graves infractions de police.

ART. 5.

Les actions contraires à la loi, commises sans intention criminelle et sans dommages, sont de graves transgressions de police.

L'action commise contre une défense de l'autorité ou contre un ordre de l'autorité, ou l'omission contre un commandement, est par elle-même une grave infraction de police, bien qu'elle ait eu lieu sans intention criminelle et qu'il n'en soit résulté aucun dommage ou préjudice.

ART. 6.

La tentative même d'une grave infraction est punissable quand son exécution n'a été interrompue que
par une circonstance fortuite et indépendante de la
volonté de l'auteur.

La tentative est punissable si elle n'est suspendue que par un accident fortuit.

ART. 7.

Le présent Code ne cesse pas d'être généralement
obligatoire, par la seule raison que, par suite de circonstances locales ou personnelles, il n'existe pas
d'éléments de graves infractions de police; il doit, en
conséquence, recevoir son application aussitôt que
la combinaison des circonstances le permet.

Application de ce Code selon les circonstances de lieu et de per- sonnes.

CHAPITRE II.

DES PEINES DES GRAVES INFRACTIONS DE POLICE EN GÉNÉRAL.

ART. 8.

Les graves infractions de police sont punies,

1° De l'amende;

2" De la confiscation des marchandises, effets ou
instruments,

3° De la perte des droits et des licences,

4° De l'arrestation,

5° D'un châtiment corporel,

6° De l'expulsion d'une localité,

7° De l'expulsion d'une province,

8° De l'expulsion de tous les états autrichiens.

Espèces de peines.

ART. 9.

Les amendes encourues, les marchandises, effets, ou instruments confisqués pour grave infraction de police, le sont toujours au bénéfice des pauvres du lieu où a été commise l'infraction.

ART. 10.

La perte des droits et de la licence se prononce contre les personnes graduées ou autres exerçant une charge ou une profession en vertu d'une autorisation publique, ou contre ceux qui exercent un art ou un métier comme bourgeois ou en vertu d'une licence obtenue de l'autorité. Cette punition est prononcée pour un temps déterminé ou pour toujours.

ART. 11.

La peine de l'arrestation a deux degrés : le premier est qualifié par l'expression *arrêt sans addition;* dans ce cas, le condamné est enfermé dans une prison où il lui est permis de choisir une occupation, lorsqu'il est en état de pourvoir à sa nourriture par ses propres moyens ou par le secours des siens.

ART. 12.

L'arrêt du second degré se distingue par la dénomination d'*arrêt rigoureux;* dans ce cas, le condamné porte aux pieds des fers légers, et reçoit par jour un mets chaud seulement, et ne peut boire que de l'eau; il ne lui est permis de recevoir aucune visite ni de parler avec qui que ce soit, si ce n'est en présence d'un gardien, et il lui est assigné un travail.

ART. 13.

Indépendamment de ces deux degrés d'arrêt, on peut même prononcer les arrêts à domicile, soit sous la seule promesse de ne pas s'absenter, soit avec un garde. Les arrêts à domicile imposent au condamné l'obligation de ne pas sortir sous quelque prétexte que ce soit, sous peine d'être enfermé dans la prison publique pour le reste de ses arrêts.

Arrêt dans la maison du coupable.

ART. 14.

Le minimum de la durée de l'arrêt est de vingt-quatre heures, et son maximum de six mois.

Maximum et minimum de l'arrestation.

ART. 15.

Le châtiment corporel ne s'inflige qu'aux gens de service, aux artisans et aux classes du peuple qui, gagnant leur nourriture jour par jour, éprouveraient par une arrestation même de peu de jours un préjudice dans leurs gains et dans la subsistance de leur propre famille.

Châtiment corporel.

ART. 16.

Cette peine consiste en coups de bâton pour les hommes, et en coups de verges pour les femmes et pour les jeunes gens qui n'ont pas encore accompli

Mode de l'exécuter.

leur dix-huitième année. Elle ne peut excéder le
nombre de vingt-cinq coups pour chaque fois, et n'est
jamais exécutée publiquement.

ART. 17.

Expulsion.

L'expulsion d'un lieu ou d'une province se prononce contre les sujets autrichiens, pour un temps
déterminé ou indéterminé, d'après la gravité de l'infraction et de ses circonstances. L'expulsion de toutes
les provinces de l'état autrichien ne peut être prononcée que contre les étrangers.

ART. 18.

Aggravation des peines.

Les peines ci-dessus énumérées peuvent encore
être aggravées. La réunion de plusieurs peines est une
aggravation de ce genre ; l'aggravation ne peut néanmoins avoir lieu que dans les cas prévus par la présente loi et dans les limites qu'elle détermine.

ART. 19.

Aggravation de l'arrêt.

L'arrêt en particulier peut être aggravé,

1° Par un châtiment corporel
2° Par le jeûne,
3° Par l'exposition publique,
4° Par des travaux plus durs,
5° Par des travaux publics pour la commune.

ART. 20.

Aggravation de l'arrêt de premier et deuxième degré.

Si l'aggravation du jeûne est jointe à l'arrêt de
premier degré, le condamné est limité à la nourriture

prescrite par l'article 12; si elle l'est à l'arrêt du second degré, on ne lui donne que du pain et de l'eau, ce qui alors ne peut avoir lieu plus de deux fois par semaine.

ART. 21.

L'exposition publique a lieu devant la maison de justice, au centre d'un cercle formé par la garde, et quelquefois même avec un écriteau suspendu indiquant le motif de l'exposition. Cette aggravation n'a lieu qu'en cas d'arrêt rigoureux, et seulement lorsqu'elle est prononcée par la loi et portée expressément dans la sentence.

Exposition publique.

ART. 22.

On ne peut en général changer l'espèce de peine prononcée pour chaque infraction, ni la faire cesser par une transaction avec la personne lésée.

On ne peut ni commuer la peine prononcée, ni transiger à son égard.

ART. 23.

Néanmoins le changement de la peine prononcée par la loi peut avoir lieu dans les circonstances particulières suivantes :

1° Quand l'amende porterait un préjudice notable à la fortune et aux moyens de subsistance du coupable et de sa famille.

2° Quand la durée de l'arrêt prononcée par la loi peut produire la perte ou le dérangement des moyens de subsistance du coupable et de sa famille;

3° Quand la peine portée par la loi, étant celle du châtiment corporel, se trouve être incompatible avec la complexion ou la santé du condamné.

Dans le premier cas, l'amende se change en une peine d'arrêt proportionnée; dans le second, on abrège la durée de l'arrêt, en y substituant, d'après les circonstances et la complexion de la personne, un travail plus dur, le châtiment corporel ou le jeûne; dans le troisième cas, le châtiment corporel se change en arrêt, en ayant égard néanmoins aux moyens de subsistance du condamné.

Art. 24.

Par opposition au paragraphe 23, l'arrêt du premier degré peut aussi être changé, d'après les circonstances, en une amende proportionnée aux moyens du condamné.

Art. 25.

Quand peut avoir lieu l'arrestation à domicile.

L'arrêt du premier degré peut, en outre, être changé en arrêt à domicile, quand le coupable est une personne de bonne réputation, et que l'éloignement de son domicile l'empêcherait de vaquer à son emploi, à ses affaires ou à ses moyens de subsistance.

Art. 26.

Limites de la fixation de la peine par le juge.

Dans les cas prévus par le présent Code, la peine ne peut être arbitrée que d'après les règles qui y sont fixées.

En aucun cas, on ne peut prononcer une peine

plus forte ou moindre que celles qui sont déterminées comme maximum ou minimum par ce Code pour chaque infraction. La latitude laissée par les limites qu'il pose est abandonnée au discernement du juge pour en user selon les circonstances.

ART. 27.

Une peine pour grave infraction de police, quand elle est accomplie, ne produit aucun effet ultérieur. Néanmoins les droits particuliers de la partie lésée sont toujours réservés.

Peine subie. (Voir appendice, article 14.)

CHAPITRE III.
DE LA PUNITION DES IMPUBÈRES.

ART. 28.

Les impubères peuvent devenir coupables de deux manières :

Impubères se rendant coupables de délits ou de graves infractions de police.

1° Par des infractions qui sont délits de leur nature, mais qui, étant commises par des impubères, sont seulement punies comme de graves infractions de police aux termes de l'article 4 ;

2° Par des infractions qui en elles-mêmes ne sont que de graves infractions de police.

ART. 29.

Les impubères qui ont commis des infractions de la première espèce sont punis en étant renfermés dans un lieu de réclusion séparé, d'un jour à six mois,

Punition des délits.

selon la gravité des circonstances; cette peine peu[t]
être aggravée par le jeûne, par le châtiment corpore[l]
ou par un travail plus dur.

ART. 30.

Circonstances à considérer dans la fixation de la peine.

Pour déterminer la durée et l'aggravation de l[a]
peine, on a égard aux circonstances suivantes :

1°. A la gravité et à la nature de l'infraction ;

2° A l'âge du coupable, suivant qu'il approch[e]
davantage de la puberté ;

3° Au caractère qu'on peut lui supposer, tan[t]
d'après l'action qu'il a commise, que d'après sa con[-]
duite antérieure et ses inclinations plus ou moins da[n]
gereuses, enfin, d'après sa perversité ou son incor[ri]
gibilité.

ART. 31.

A l'arrêt doit se joindre un travail proportionné et un ecclésiastique.

A cette punition infligée aux impubères on do[it]
toujours joindre un travail proportionné à leurs force[s]
et une instruction convenable par l'entremise d'u[n]
prêtre ayant charge d'âme ou d'un simple ecclésiastiqu[e]

ART. 32.

Punition des graves infractions de police

On abandonne en général à la correction domes[-]
tique les infractions de la deuxième espèce commis[es]
par des impubères, et à son défaut, ou lorsqu'il exist[e]
des circonstances particulières, il appartient au ma[-]
gistrat de police de les censurer et réprimer.

CHAPITRE IV.

DES DIVERSES ESPÈCES DE GRAVES INFRACTIONS DE POLICE.

ART. 33.

Les actions ou omissions qui, d'après leur gravité ou leur influence nuisibles, sont déclarées graves infractions de police, se divisent ainsi qu'il suit :

Division des graves infractions de police.

ART. 34.

Les graves infractions de police contre la sûreté publique, c'est-à-dire, contre la sûreté du lien social de l'état et la tranquillité publique, contre les institutions publiques et les règlements tendant à maintenir la sûreté publique, et contre les devoirs d'une charge publique.

1° Infractions contre la sûreté publique.

ART. 35.

Les infractions qui menacent ou qui lèsent d'une manière quelconque, soit la sécurité des particuliers, soit la sûreté personnelle dans la vie, soit dans la santé ou dans la personne en général ; ou bien celles qui portent atteinte à la propriété, à l'industrie, à l'honneur, à une bonne réputation ou à la sécurité des droits de chacun.

2° Contre la sûreté des particuliers.

ART. 36.

Enfin les infractions qui offensent la morale publique.

3° Contre la morale publique

CHAPITRE V.

DES GRAVES INFRACTIONS DE POLICE CONTRE LA SÛRETÉ DU LIEN SOCIAL DE L'ÉTAT ET LA TRANQUILLITÉ PUBLIQUE.

ART. 37.

Graves infractions de police contre la sûreté et la tranquillité publique.

Les graves infractions de police contre la sûreté du lien social et contre la tranquillité publique sont :

1° La participation à une société secrète; 2° Le tumulte; 3° l'impression, la vente ou la distribution de livres ou de gravures contre les règlements de la censure; 4° l'impression clandestine; 5° l'excitation à émigrer; 6° l'excitation des sujets contre leurs magistrats.

ART. 38.

Société secrète.

Sont défendues toutes affiliations à une société secrète, quel que soit le but dans lequel elle a été instituée, et quelle que soit la dénomination ou la forme sous laquelle elle a existé ou existe. L'affiliation à une société secrète constitue une grave infraction de police.

ART. 39.

Quelles réunions doivent être considérées comme sociétés secrètes.

Comme les réunions innocentes n'ont aucun motif de se soustraire à la connaissance de l'autorité, on considère généralement comme société secrète toute réunion, 1° quand l'existence en est tenue cachée à l'autorité; 2° quand, l'existence en étant connue, on en cache la constitution et les statuts, ou quand on indique une fausse constitution ou de faux statuts; 3° quand on cache à l'autorité quels sont les membres d'une société même reconnue; 4° quand les membres d'une société d'abord autorisée ou tolérée tiennent ou continuent à tenir leurs assemblées, bien que l'autorisation soit révoquée ou que cette société ne soit plus tolérée.

ART. 40.

Se rend coupable d'affiliation à une société secrète tout national, 1° qui tente d'instituer ou institue réellement une semblable société; 2° qui enrôle des membres pour une société secrète existant dans l'état ou hors de l'état; 3° qui est chef ou membre d'une société secrète nationale ou étrangère; 4° qui correspond avec une semblable société; 5° qui assiste, en quelque qualité que ce soit, aux réunions de cette société; 6° qui, sciemment, loue sa propre maison ou prête son habitation pour de telles réunions; 7° enfin tout employé qui, ayant connaissance de l'existence d'une société secrète ou de ses réunions, et qui, étant dans l'obligation de la dénoncer par suite de sa charge, omet de le faire d'office à l'autorité.

Affiliation à une société secrète.

ART. 41.

La peine de cette infraction varie suivant la participation qu'on y a prise : les fondateurs d'une société

Peine contre les fondateurs, propagateurs ou direc-

16

secrète, les propagateurs et ceux qui, comme direc-
teurs, tiennent les assemblées, sont punis de l'arrêt
rigoureux de trois à six mois.

ART. 42.

Contre ceux qui
assistent aux réu-
nions ou corres-
pondent aver la so-
ciété. Ceux qui assistent aux assemblées d'une société
secrète, ou qui y prennent part par correspondance,
sont punis, pour la première fois, de l'arrêt d'une semaine à un mois, et, en cas de récidive, de l'arrêt
rigoureux d'un à trois mois.

ART. 43.

Contre ceux qui
prêtent ou louent
leurs maisons ou
habitations. Celui qui, sciemment, prête ou loue sa propre
maison ou son habitation pour la réunion d'une société secrète, est condamné, s'il n'en est pas membre,
à l'arrêt d'un à trois mois; et en outre, si la maison
ou l'habitation sont louées, le prix du loyer sera
confisqué.

ART. 44.

Si ceux qui prêtent ou louent ainsi leur propre
maison ou habitation pour les réunions d'une société
secrète en sont eux-mêmes membres, ils sont condamnés à l'arrêt rigoureux d'un à trois mois, et ils
perdent, en outre, le prix de leur loyer.

ART. 45.

Peine contre
l'employé qui ne Tout employé qui, ayant connaissance d'une société secrète ou de ses réunions, omet d'en faire la

dénonciation, lorsqu'il y est obligé par sa charge, est condamné à l'arrêt rigoureux d'un à trois mois.

Dénonce pas une société secrète.

ART. 46.

Si les réunions de lui connues se sont continuées longtemps et qu'il en résulte du danger pour l'ordre public, l'arrêt rigoureux peut se prolonger jusqu'à six mois, suivant la durée du temps et la nature des circonstances.

Cas d'aggraver la peine.

ART. 47.

Les étrangers se rendent coupables de cette infraction, lorsque, durant leur séjour dans les états autrichiens, 1° ils entreprennent de fonder une société secrète; 2° lorsqu'ils tentent de recruter des membres pour une société secrète nationale ou étrangère; 3° ou tiennent près d'eux des réunions de sociétés secrètes; 4° ou prêtent leur habitation pour des réunions de cette espèce; 5° ou contribuent, par des lettres ou autres moyens, à affilier entr'elles les sociétés secrètes existantes dans l'état, ou leurs membres, avec des sociétés étrangères.

Étrangers punissables.

ART. 48.

Dans l'espèce prévue par le numéro 1 de l'article précédent, la peine est l'arrêt rigoureux d'un à six mois; dans les cas prévus par les numéros 2 et 3, on prononce l'arrêt rigoureux d'un à trois mois; dans les autres cas, l'arrêt sera d'un à trois mois. A l'expi-

Peine.

ration de la peine, l'étranger est toujours expulsé de tous les états autrichiens.

ART. 49.

Peines contre l'étranger qui forme, du dehors, une société secrète dans nos états.

Dans le cas même où un étranger non résidant dans nos états a entrepris d'y former une société secrète ou d'y recruter des membres pour une société secrète, il sera puni, s'il est pris, dans les deux cas, des peines portées en l'article 48.

ART. 50.

Obligation pour les chefs de remettre tout ce qui concerne la société.

Lorsqu'on découvre une société secrète, ses chefs et employés doivent faire connaître et remettre à l'autorité tous les documents et papiers appartenant à la société. Quiconque retient ou supprime quelque chose appartenant à la société est puni de l'arrêt rigoureux, d'une semaine à un mois.

Les caisses et effets de la société sont confisqués.

ART. 51.

Tumulte. Qui s'en rend coupable.

Se rend coupable de tumulte celui qui engage plusieurs personnes à lui prêter aide contre un employé ou agent de l'autorité dans l'exercice de sa charge ou de ses fonctions, ou à s'opposer audit employé ou

Peine.

agent de l'autorité. La peine est l'arrêt rigoureux d'un à six mois, selon la nature des circonstances.

ART. 52.

Co-auteurs.

Est condamné à la même peine celui qui, se rendant à cette provocation, s'associe à l'instigateur en lui donnant du secours ou en l'aidant dans ses actes de résistance.

ART. 53.

Dans les cas de troubles publics, lorsque l'ordre est publié que chacun doit rester dans sa maison et y retenir les personnes de sa famille, se rend coupable de sédition quiconque sort de sa maison sans motif suffisant, et la culpabilité pèse spécialement sur le maître de la maison ou sur chaque chef de famille, à moins qu'il n'ait fait tout son possible pour retenir dans la maison les personnes qui sont sorties.

Obligations des pères de famille en cas de tumulte.

ART. 54.

La peine contre le père de famille ou le chef de la maison est l'arrêt d'une semaine à un mois. La même peine est infligée à ceux qui, en pareilles circonstances, sont sortis de la maison, lorsqu'ils n'ont pris aucune part au désordre.

Peine.

ART. 55.

Lorsqu'un tumulte s'élève, même par des motifs autres que ceux qui le rendent délit de sédition, ceux qui n'obéissent pas aux fonctionnaires ou à la garde sommant la foule de se disperser sont punis, d'après la condition des coupables, ou de l'arrêt d'une semaine à un mois, ou de dix à vingt-cinq coups.

Peine contre ceux qui, en cas de tumulte, n'obéissent pas aux injonctions de l'autorité.

ART. 56.

Si le coupable, dans son refus d'obéissance, entre

en contestation ou en dispute avec le fonctionnaire ou la garde, la peine est l'arrêt rigoureux pendant un mois avec aggravation selon les circonstances.

ART. 57.

Impression, vente ou distribution de livres contre les lois de la censure. 1º Impression ou vente sans censure. (Voir appendice, article 57.)

À l'égard de la censure des livres, il y a grave infraction de police dans chacun des cas suivants :

Premier cas : quand un imprimeur ou un libraire vend des ouvrages ou pamphlets, ou feuilles détachées, quels que soient leur contenu ou leur étendue, sans qu'ils aient été censurés.

ART. 58.

Peine.

La peine de cette infraction, outre la destruction des planches et la confiscation des éditions ou des exemplaires existants, est, pour la première fois, une amende de deux cents à cinq cents florins; pour la seconde fois, on prononce, outre l'amende, l'arrêt d'un à trois mois; et pour la troisième fois, la perte du droit de tenir imprimerie ou librairie. Pour l'application de la peine, on doit prendre en considération le contenu de l'ouvrage et le nombre des exemplaires répandus.

ART. 59.

2º Vente, impression ou réimpression d'un ouvrage entièrement défendu.

Deuxième cas : quand un imprimeur imprime ou réimprime un ouvrage entièrement défendu par la censure; quand un libraire vend, répand ou fait circuler de toute manière, un ouvrage de ce genre, soit à l'intérieur, soit à l'étranger.

ART. 60.

Cette infraction est généralement punie, pour la première fois, outre la confiscation des exemplaires existants, d'une amende de deux cents à cinq cents florins, et d'un emprisonnement d'un à trois mois, et pour la seconde fois, en outre, de la perte du droit de tenir imprimerie ou librairie.

Peine.

ART. 61.

Cette peine doit être encore appliquée lorsque des passages ou mots retranchés d'un ouvrage par la censure sont rétablis dans l'impression, ou quand, par des additions ou omissions, on change le sens d'un manuscrit déjà reçu par la censure.

Impression de passages défendus ou non soumis à la censure.

ART. 62.

Lorsque l'ouvrage imprimé ou vendu, malgré la défense de la censure, tend à une dépravation des mœurs, le coupable est non-seulement puni par la perte immédiate du droit de tenir imprimerie ou librairie, mais, en outre, il est condamné, comme ayant excité la débauche, à l'arrêt rigoureux d'un à six mois, selon le nombre d'exemplaires répandus.

Aggravation de la peine.

ART. 63.

Lorsque le contenu de l'ouvrage répandu est de nature à troubler l'ordre et la tranquillité publique, l'infraction devient un délit prévu par la première partie du Code pénal.

Cas où l'infraction devient délit.

ART. 64.

3° Vente sans licence dans les maisons ou par des librairies ou imprimeries clandestines.

Troisième cas : celui qui va dans les maisons, vendant des livres ou autres impressions, ou bien, qui en fait le commerce, de quelque autre manière que ce soit, sans permission ou clandestinement.

ART. 65.

Peine.

La peine, en général, est l'arrestation pendant un mois, outre la confiscation des livres; mais si les impressions mises en circulation de cette manière sont prohibées, l'infracteur est puni d'une amende de deux cents à cinq cents florins, et de l'arrêt pendant trois mois, outre la confiscation des exemplaires. Si ces livres sont en même temps contraires aux mœurs, la peine est l'arrêt rigoureux d'un à trois mois, outre l'amende.

Si l'infracteur est un étranger, il y a lieu, dans ces derniers cas, à prononcer son expulsion de tous les états héréditaires, à l'expiration de la peine.

ART. 65 *bis.*

4° Faire annoncer par des crieurs publics, des discours, chansons, etc., sans l'autorisation.

Quatrième cas : quand un imprimeur ou un libraire fait annoncer par un crieur et vendre des prières, chansons, poésies, bulletins de guerre, descriptions, et autres semblables feuilles volantes, sans en avoir préalablement obtenu, dans chaque cas, permission de l'autorité compétente.

ART. 66.

L'imprimeur ou le libraire qui contrevient à cette défense est puni, pour la première fois, d'une amende de deux cents florins et de l'arrêt pendant un mois. La seconde fois, la peine est doublée, et la troisième, il perd son droit de tenir imprimerie ou librairie. Lorsqu'en outre ces feuilles volantes contiennent des nouvelles entièrement fausses et inquiétantes sur les affaires de l'état, ou tendant à corrompre les mœurs ou à troubler l'ordre ou la tranquillité publique, la peine est prononcée selon les dispositions des articles 62 et 63.

Peine contre les imprimeurs et libraires.

ART. 67.

Les crieurs publics qui annoncent et vendent de semblables feuilles sont punis de trois jours d'arrêt et, en cas de récidive, de vingt-cinq coups.

Contre les crieurs.

ART. 68.

Tous les cas d'infraction sus-mentionnés concernant les livres, les pamphlets, les feuilles détachées, s'étendent même aux gravures, quel qu'en soit le sujet, et les coupables sont punis des mêmes peines, suivant la nature de l'infraction et des circonstances.

Cette législation est applicable aux gravures.

ART. 69.

Celui qui, sans être autorisé à avoir une imprimerie, en tient une clandestine, ou une presse à

Imprimerie clandestine ou presse à

main avec composition de lettres, est condamné, outre la perte des instruments et outils de l'imprimerie, à une amende de cinq cents florins. Lorsqu'ensuite on peut prouver que, de cette imprimerie clandestine, on a mis en circulation des livres ou pamphlets quelconques, le coupable est puni, en outre, d'après leur contenu, des peines portées par les articles 62 et 63.

ART. 70.

Celui qui cherche à exciter des sujets des états autrichiens à émigrer en pays étrangers est puni de l'arrêt d'un à six mois. Si l'infracteur est un étranger, on ajoute dans la sentence l'expulsion de tous les états héréditaires, après la peine accomplie.

ART. 71.

Celui qui cherche à irriter les sujets contre l'autorité supérieure par des censures ou des discours injurieux, et les excite, de cette manière, à faire des plaintes mal fondées, est puni, comme instigateur contre l'autorité, d'un arrêt d'un à trois mois. En outre, si, pour fortifier le mécontentement, il a recours à des souscriptions ou fait collecte de deniers, l'arrêt est aggravé du jeûne, du châtiment corporel, du travail pour la commune, suivant que ces écrits contiennent des imputations plus graves, plus fausses ou des expressions plus injurieuses. L'auteur de semblables écrits peut être expulsé, d'après les circonslances, et suivant qu'il est plus ou moins dangereux, de la localité, de toute la province, et, s'il est étranger, même de tous les états héréditaires.

CHAPITRE VI.

DES GRAVES INFRACTIONS DE POLICE CONTRE LES INSTITUTIONS PUBLIQUES ET LES RÈGLEMENTS TENDANT A MAINTENIR LA SÛRETÉ PUBLIQUE.

ART. 72.

Toute offense par paroles ou voies de fait, contre une garde civile ou militaire, est une grave infraction de police.

Offense faite à la garde.

Les offenses verbales sont punies de l'arrêt de trois jours à un mois, et celles par voies de fait, de l'arrêt d'un à trois mois.

Peine.

ART. 73.

Lorsque l'une des deux infractions sus-mentionnées a eu des conséquences, et a réellement empêché l'employé ou la garde de remplir ses fonctions ou son service, le coupable est condamné à l'arrêt rigoureux de trois à six mois

Cas d'aggravation.

ART. 74.

Se rend coupable d'une grave infraction de police, celui qui enlève, déchire, salit, ou dégrade de toute autre manière, les patentes, les ordonnances ou autres actes émanés de l'autorité, quel qu'en soit le nom ou

Dégradations des patentes ou ordonnances.

la forme, affichés ou posés pour être portés à la connaissance du public.

Si cette infraction provient seulement de la légèreté ou de la pétulance de son auteur, la peine est celle de l'arrêt de vingt-quatre heures à une semaine, ou d'un châtiment corporel de dix à vingt-cinq coups; mais s'il résulte de l'instruction l'intention d'outrager l'autorité ou d'empêcher la publication ou l'exécution d'un ordre, la peine est l'arrêt rigoureux d'un à trois mois.

ART. 75.

Dommage apporté à l'éclairage public. Celui qui, de propos délibéré, brise ou dégrade de toute autre manière une lanterne destinée à l'éclairage public, est puni de l'arrêt de trois jours à un mois.

ART. 76.

Aux ponts, écluses, digues, etc. (Voir appendice, article 3) Celui qui, par violence, abat ou dégrade un pont, une écluse, une digue, une galerie ou une borne qui sert à maintenir les fleuves, torrents, ou l'inclinaison des rues, sentiers ou ponts, est puni de l'arrêt d'un à trois mois, suivant le dommage causé et le degré de méchanceté et de malice; lorsque le coupable a enlevé le bois abattu, il y a lieu à prononcer la peine du vol.

ART. 77.

Aux signaux d'avis. Celui qui enlève ou dégrade en général, avec intention, les signaux d'avis de toute espèce, placés pour prévenir des malheurs, commet une grave infraction de police, et doit être puni de l'arrêt de trois jours à trois mois, et, s'il a montré un grand degré de perversité et qu'il en soit résulté un dommage, il sera condamné à l'arrêt rigoureux d'une durée égale.

ART. 78.

Comme il est d'une grande importance pour la surveillance publique d'avoir une exacte connaissance de tous les habitants ou étrangers, on considère comme grave infraction de police l'inobservation des règlements qui existent, à cet égard, dans chaque localité.

Infractions des règlements de police concernant la notification des étrangers qui arrivent et des changements d'habitation.

Il y a infraction dans les cas suivants :

1° Quand un propriétaire, administrateur, gardien au séquestre, ou quiconque se trouve préposé à l'administration d'une maison, omet de notifier, dans les délais prescrits, le changement survenu parmi les locataires; la peine consiste dans une amende de cinq à cinquante florins, suivant les villes et les revenus de la maison.

Peines contre les propriétaires de la maison.

2° Quand un sous-locataire de chambre à la semaine ou au mois, ou un logeur ne fait pas dans les vingt-quatre heures la notification de chaque changement, la peine est d'une amende de cinq florins qu'on double en cas de récidive.

Contre ceux qui sous-louent.

3° Quand un aubergiste qui est autorisé à loger des étrangers ne notifie pas, comme cela est prescrit,

Contre les logeurs.

ceux qui passent la nuit dans son auberge, il est condamné à la peine portée au numéro 2.

4° Quand un hôtelier qui n'est pas autorisé à
loger reçoit quelqu'un la nuit, la peine est une
amende de cinq florins pour la première fois; la seconde fois, à l'amende se joint l'arrêt pour une semaine, et la troisième fois, l'hôtellerie est fermée.

Contre les énon-
ciations fausses. 5° Quand quelqu'un, sur la feuille de notification,
se donne un faux nom, ou indique un faux état, une
fausse profession, ou une circonstance fausse qui puisse
induire en erreur l'autorité chargée de la surveillance
publique, il est puni de l'arrêt de trois jours à un mois.
S'il résulte de l'instruction que le coupable a eu réellement l'intention d'induire l'autorité en erreur, la
peine est l'arrêt rigoureux d'une égale durée; si, en
outre, il se manifeste des doutes sur la déposition ou
sur la personne de l'infracteur, s'il est un national,
mais non établi dans le lieu où l'infraction a été commise, il en est expulsé à l'expiration de la peine, et,
s'il est étranger, l'expulsion peut s'étendre, selon les
circonstances, même à tous les états héréditaires.

ART. 79.

Peine contre les
artisans prenant
des ouvriers sans
certificat. Un artisan qui prend un ouvrier non muni d'un
certificat régulier selon son métier est puni, pour
la première fois, d'une amende de cinq florins; pour
la seconde fois, du double de cette amende, et pour
la troisième fois, de l'arrêt, qui peut s'étendre jusqu'à

un mois, et même de la perte du métier, selon la
gravité des circonstances.

ART. 80.

Tout maître de poste qui, au-delà de quatre postes
de l'administration centrale de poste de chaque province, donne des chevaux, pour poursuivre plus avant,
à ceux qui arrivent de la capitale sans chevaux de
poste, ou, au moins, sans une permission pour en
avoir, prise depuis moins de quarante heures, est puni,
pour la première fois, d'une amende de cinquante
florins, qui est doublée en cas de récidive; et pour la
troisième fois, il est privé de son emploi.

Des maîtres de poste qui fournissent des chevaux sans billets de poste (Voir appendice, article 4.)

ART. 81.

Le retour d'un individu qui, par ordre du tribunal
de police ou de l'autorité, a été expulsé de tous les
états héréditaires, est puni, pour la première fois,
de l'arrêt d'un à trois mois, et, en cas de récidive, de
trois à six mois d'arrêt rigoureux.

Retour de ceux qui sont expulsés de tous les états-héréditaires.

ART. 82.

Ceux qui, après avoir été expulsés, pour toujours
ou pour un temps fixé, d'une province ou d'un lieu
déterminé, y retournent, sont, dans le premier cas,
quelle que soit l'époque, dans le second, avant l'expiration du temps fixé, punis de l'arrêt d'un à trois
mois, et, en cas de récidive, de l'arrêt rigoureux
d'une égale durée.

Retour de ceux expulsés d'une province ou d'une localité.

Art. 83.

Dorure des mon-
naies.
Peine.
(Voir appendice,
article 5.)

Celui qui dore des monnaies courantes, même sans avoir l'intention de tromper autrui, est puni d'un à trois mois d'arrêt.

Art. 84.

Tenir sans per-
mission un mou-
linet à monnaie ou
une presse à coin.

Celui qui, sans permission de l'autorité compétente, tient dans sa maison un moulinet ou une presse à coin, est condamné, outre la confiscation, à l'arrêt d'une semaine à un mois, pour la première fois; et, en cas de récidive, le coupable est puni d'un mois d'arrêt, et même de la perte de son métier, s'il est artisan.

Art. 85.

Est condamné à la même peine celui qui, sans ordre ou sans licence de l'administration suprême de la monnaie, fabrique le moulinet ou la presse à coin.

CHAPITRE VII.

DES GRAVES INFRACTIONS DE POLICE CONTRE LES DEVOIRS DE SA CHARGE.

Art. 86.

Peine de l'em-
ployé public qui,
dans l'exercice de
ses fonctions, se
permet des of-
fenses réelles.

Tout employé public ou agent qui, dans l'exercice de ses fonctions, se permet envers quelqu'un des offenses par voies de fait, parmi lesquelles sont spécialement comprises les arrestations hors les cas déterminés par la loi, est puni, pour la première fois, de trois jours à un mois d'arrêt, et, en cas de récidive, de l'arrêt rigoureux d'une égale durée.

Art. 87.

Si l'offense, par voies de fait, a été commise dans des circonstances qui ont donné lieu ou pouvaient donner lieu à un tumulte, la peine est d'un à trois mois d'arrêt rigoureux.

Circonstances aggravantes de la peine.

Art. 88.

Celui qui se donne pour un employé public ou pour un agent, même sans un but illicite en lui-même, est puni de trois jours à un mois d'arrêt.

Peine contre celui qui se donne pour un employé public.

CHAPITRE VIII.
DES GRAVES INFRACTIONS DE POLICE CONTRE LA SÉCURITÉ DE LA VILLE.

Art. 89.

Les graves infractions de police contre la sécurité de la ville se réduisent à deux espèces :

Division. (Voir appendice, article 6.)

1° Ou on contrevient aux obligations naturelles et générales de l'homme ou au commandement exprès de la loi;

2° Ou on omet de faire ce qui est prescrit expressément par la loi, ou de remplir un devoir résultant de l'état, du métier ou de la profession, ou de quelqu'autre rapport.

Comme il est impossible de spécifier tous les cas

17

où de semblables actions ou omissions sont dangereuses pour la sécurité de la ville, chaque fois qu'en
cas de mort ou de blessures graves on découvre, par
l'instruction, une faute de cette nature, celui qui l'a
commise est puni, selon la gravité de la faute, de
l'arrêt simple ou rigoureux d'un à six mois, qui peut
même encore être aggravé selon les circonstances.

ART. 90.

Il importe néanmoins à la vigilance publique d'é-
tablir encore quelques règles pour les infractions suivantes contre la sécurité de la ville, et de déterminer
particulièrement la peine qu'elles feront encourir.
Quand quelqu'un s'est blessé dans l'intention de s'ôter
la vie, mais s'est désisté de l'accomplissement du
suicide, mû par son propre repentir, il est mandé
devant le magistrat, qui lui fait une sincère réprimande sur l'énormité d'un attentat qui viole tant de
devoirs.

ART. 91.

Lorsque l'exécution a manqué par suite d'une circonstance fortuite ou indépendante de la volonté de
son auteur, il doit être mis sous garde sûre et surveillé rigoureusement, jusqu'à ce que les remèdes phy-
siques et moraux le ramènent à la raison et à reconnaître ce qu'il doit au Créateur, à l'état, à lui-même,
le rendent repentant de son action et fassent espérer,
pour l'avenir, un abandon définitif de son dessein.

ART. 92.

Lorsque la mort s'en est suivie, le cadavre du suicidé, accompagné seulement de la garde, est transporté dans un lieu hors du cimetière, et enterré par des valets de justice.

Suicide accompli.

ART. 93.

Est puni de trois jours à un mois d'arrêt celui qui se baigne dans les rivières et étangs, hors des lieux désignés par l'autorité compétente, ou qui, dans l'hiver, patine hors des endroits indiqués, ou se hasarde à se promener sur la glace lorsqu'un danger reconnu en a fait faire la défense.

Bains dans les rivières, étangs.

ART. 94.

Toute femme devenue enceinte par suite d'un commerce illégitime doit, lors de son accouchement, réclamer l'assistance d'un accoucheur, d'une sage-femme, ou de toute autre honnête femme. Lorsqu'elle est surprise par l'accouchement ou empêchée de réclamer du secours, et qu'elle fait une fausse couche, ou si l'enfant, né viable, est mort dans les vingt-quatre heures de l'accouchement, elle doit faire connaître sa délivrance et montrer le fœtus ou l'enfant mort à une personne autorisée à exercer l'art de l'accouchement, ou, si une telle personne ne se trouve pas, à une personne investie de l'autorité publique.

Obligation des femmes devenues enceintes par suite d'un commerce illégitime

17.

ART. 95.

Peine.

La femme qui, contrevenant à cette disposition, a caché son accouchement, est punie, après son rétablissement, de l'arrêt rigoureux de trois à six mois.

ART. 96.

De l'inadvertance en allant en voiture ou à cheval.

Celui qui, par inadvertance ou imprévoyance, cause la mort ou blesse mortellement quelqu'un avec une voiture ou un cheval, est puni, selon la gravité du fait, de l'arrêt de trois jours à trois mois; en outre, il lui est défendu, d'après les circonstances, de conduire une voiture ou d'aller à cheval.

ART. 97.

S'il résulte de l'instruction que la course trop rapide de la voiture ou du cheval a contribué à cet accident, cette circonstance est considérée comme aggravante, et, dans l'application de la peine, on se conformera, en outre, aux dispositions de l'article 179, concernant la marche trop rapide des voitures ou des chevaux.

ART. 98.

Exercice illégal de la médecine. (Voir appendice, article 7.)

Celui qui s'immisce dans le traitement des malades comme médecin ou chirurgien, en en faisant métier, sans être autorisé selon le mode prescrit par la loi, est puni de l'arrêt d'un à six mois, et, selon le temps qu'il aura exercé illégalement et le dommage qui sera résulté, de l'arrêt rigoureux d'une égale durée.

ART. 99.

Si l'infracteur est un étranger, il est expulsé, à l'ex- Peine contre l'e-tranger.
piration de sa peine, de tous les états héréditaires.

ART. 100.

La vente des remèdes prohibés est punie, tant Vente de remè des prohibés.
Peine contre le propriétaire.
contre le propriétaire que contre le préparateur et le
garçon de la pharmacie. Si le propriétaire n'en était
pas informé, et si l'on ne peut lui reprocher que
d'avoir manqué de surveillance, il est condamné, la
première fois, à une amende de vingt-cinq florins à
cinquante; la seconde fois, à une amende de cinquante à cent florins, et la troisième fois, il est privé
de toute direction de la pharmacie et il lui est nommé
un préparateur.

ART. 101.

Si le propriétaire de la pharmacie a connaissance de
la vente prohibée, il est condamné, pour la première
fois, à une amende de cinquante à cent florins; pour
la deuxième fois, d'une amende de cent à deux cents
florins, et, lorsque les remèdes administrés ont causé
préjudice à quelqu'un, à l'arrêt rigoureux d'un à six
mois, selon la gravité plus ou moins grande des conséquences.

ART. 102.

Le préparateur qui se rend coupable de négligence Peine contre le préparateur.
dans sa surveillance est puni, la première fois, de

l'arrêt de trois jours à un mois, et, la seconde, par la perte de son emploi.

S'il a eu connaissance de la vente des remèdes défendus, il est condamné à l'arrêt rigoureux d'un à six mois, et déclaré incapable de servir ultérieurement dans une pharmacie.

ART. 103.

Peine contre le garçon de pharmacie. Le garçon de pharmacie qui, à la connaissance de son patron, vend des remèdes prohibés, est puni de l'arrêt d'un à trois mois, et, s'il le fait sans que son patron en ait connaissance, de l'arrêt rigoureux de trois à six mois, selon les circonstances.

En cas de récidive, la sentence porte, en outre, qu'il est privé de son brevet d'apprentissage et déclaré incapable de servir ultérieurement en qualité de garçon de pharmacie.

ART. 104.

Mauvaise préparation des médicaments. Lorsqu'un médicament a été mal préparé, ou composé de matières qui ont déjà perdu de leur vertu médicinale, ou est travaillé ou préparé dans des récipients malpropres ou nuisibles à la santé, à cause des ingrédients ou mixtions qui y ont été préparés antérieurement, il y a lieu de prononcer une peine, aussi bien contre le garçon que contre le propriétaire ou surveillant, en tant que l'un ou l'autre de ces derniers a manqué de vigilance. Tout médecin ou chirurgien qui, dans une maladie, reconnaît un fait de cette nature, est obligé, sous sa propre responsabilité, de le dénoncer au magistrat.

ART. 105.

Le garçon de pharmacie est puni, pour la première fois, de l'arrêt pour une semaine, et la seconde, de l'arrêt aggravé d'une même durée. La troisième fois, il est condamné à servir de nouveau comme apprenti, jusqu'à ce que, dans un nouvel examen, il ait donné des preuves de connaissance suffisante et de l'exactitude nécessaire pour préparer les médicaments.

ART. 106.

Le propriétaire de la pharmacie est puni, pour la première fois, d'une amende de cinquante florins, et, en cas de récidive, de cent florins; si de pareils désordres se renouvellent plusieurs fois, on lui donne un préparateur pour un temps indéterminé.

ART. 107.

Le préparateur de la pharmacie est puni, pour la première fois, de l'arrêt d'une semaine; pour la seconde fois, de l'arrêt d'une égale durée, aggravé du jeûne, et, en cas de plusieurs récidives, il sera privé de son emploi.

ART. 108.

Lorsque, dans une pharmacie, des médicaments sont échangés ou distribués par erreur, celui qui les a remis est puni de l'arrestation pendant une semaine,

Médicaments échangés.

laquelle peut être prolongée jusqu'à trois mois, et même aggravée, selon que l'inadvertance a été trop grossière, ou trop répétée.

Art. 109.

Vente, sans permission, de médicaments.

Il est défendu de vendre tout médicament externe ou interne quelconque, sous quelque forme ou sous quelque dénomination que ce soit, sans avoir obtenu une autorisation spéciale du pouvoir compétent, si ce n'est dans les pharmacies autorisées ou par les médecins ou chirurgiens de campagne qui en tiennent à leur domicile. Celui qui contrevient à cette défense est puni de l'arrêt d'un à trois mois, lequel est aggravé si la vente a continué pendant un long temps. Lorsqu'il résulte de l'instruction que la vente illicite des médicaments a eu des conséquences nuisibles, le coupable est puni de l'arrêt rigoureux d'un à six mois.

Art. 110.

Remise de ces médicaments et des ustensiles propres à les préparer.

L'infracteur est obligé, en outre, sous peine de voir sa peine doublée, de remettre à l'autorité toutes ses provisions de médicaments préparés, de matières médicinales et d'ustensiles. Les étrangers qui se rendent coupables de cette infraction sont expulsés de tous les états héréditaires.

Art. 111.

Ignorance des médecins.

Lorsqu'un médecin en soignant un malade a commis, au jugement de la faculté, une erreur telle qu'elle rende son ignorance évidente, si le malade en est mort, ou, par suite, a été réduit à un état habituel d'infirmité, ou privé de ses moyens d'existence, l'exercice de sa profession lui est interdit jusqu'à ce que, par un nouvel examen subi devant la faculté, il soit prouvé qu'il a acquis les connaissances qui lui manquaient.

ART. 112.

La même peine est infligée au chirurgien qui a fait une opération avec tant d'impéritie, que le malade en est mort, ou en est resté estropié.

Ignorance des chirurgiens.

ART. 113.

Le médecin ou chirurgien qui, après avoir entrepris la guérison d'un malade, peut être convaincu de l'avoir essentiellement négligé, et de manière à lui causer une altération réelle dans sa santé, est condamné à une amende de cinquante à deux cents florins.

Négligence des médecins et chirurgiens.

ART. 114.

S'il est prouvé que ceux qui sont dans l'obligation d'assister un malade, soit par devoir de nature, soit par suite d'une obligation contractée, l'ont laissé totalement manquer des secours nécessaires qu'ils pouvaient lui procurer, ils sont punis, d'après les circonstances, de l'arrêt d'un à six mois.

Négligence des assistants du malade.

ART. 115.

Conformément aux règlements existants, nul ne
peut faire trafic d'arsenic ou de toute autre espèce
de poison sans être muni d'une licence spéciale de
l'autorité compétente : la peine du trafic illicite du
poison doit être graduée d'après les conditions dés personnes et le mode selon lequel elles l'ont exercé.

ART. 116.

Un négociant ou marchand, ayant magasin ou boutique, qui, sans y être autorisé, vend des poisons,
en observant néanmoins les précautions prescrites par
les lois, est condamné, pour la première fois, à une
amende de vingt-cinq à cent florins, en proportion de
ses moyens, outre la perte des marchandises vénéneuses. La seconde fois, il est puni de l'arrêt pendant
un mois, et l'amende est doublée; et la troisième fois,
on le déclare déchu du droit de faire le commerce.

ART. 117.

Si un négociant ou marchand, non autorisé à
vendre des poisons, en vend sans observer les précautions prescrites, il perd, dès la première fois, son
droit de faire le commerce; s'il résulte, en outre, de
l'instruction, que ce trafic a eu lieu pendant un long
temps, ou s'il a porté atteinte à la vie ou à la santé
de quelqu'un, la peine est l'arrêt rigoureux d'un à six
mois, selon la gravité des circonstances et de leurs
conséquences.

Art. 118.

Lorsque des marchands ambulants seront pris offrant en vente des poudres contre les rats, souris ou mouches, de l'orpiment pour les animaux, ou autres poisons, ils seront arrêtés et conduits, avec toute leur marchandise, devant l'autorité, et ils seront punis, outre la défense de faire à l'avenir un pareil trafic, de l'exposition publique et de l'arrêt rigoureux d'un à trois mois, selon la durée du commerce illicite et le préjudice qui en est résulté.

Marchands ambulants vendant du poison sans autorisation.

Art. 119.

Toute omission de l'une des précautions prescrites par les règlements sur la vente des poisons, commise par les apothicaires ou marchands spécialement autorisés à en faire le commerce, est punie comme grave infraction de police.

Inadvertance dans la vente du poison.

Art. 120.

En conséquence, s'il y a livraison de poison à une personne non munie d'une permission de l'autorité compétente, quel que soit le prétexte sous lequel la demande a été faite, la peine est, pour la première fois, d'une amende de cinquante florins, et, pour la seconde fois, de la perte de la profession.

Vente à quelqu'un non autorisé.

Art. 121.

S'il résulte de l'instruction qu'on n'a pas tenu le

Omission de la

registre exigé pour la vente des poisons, ou que ce registre n'a pas été tenu suivant le mode prescrit par les règlements, cette omission est punie, pour la première fois, d'une amende de cinquante florins; pour la seconde fois, d'une amende de cinquante florins, et, en cas de nouvelle infraction, de l'interdiction du commerce.

ART. 122.

Négligence dans
la garde et la sé-
paration du poi-
son.
Lorsqu'on apporte de la négligence dans la séparation des différentes espèces de poisons, dans leurs étiquettes ou dans les récipients qui les renferment, celui qui dirige le commerce ou la pharmacie en est responsable; la simple omission de précaution est punie, pour la première fois, d'une amende de vingt-cinq florins, qui est doublée en cas de récidive.

ART. 123.

Si, par suite de cette omission, il est résulté un échange d'un poison avec d'autres, et si cet échange a porté atteinte à la vie ou à la santé de quelqu'un, la peine est appliquée comme il est dit en l'article suivant.

ART. 124.

Dans les professions où l'on se sert de poisons ou de matières vénéneuses, le maître ou tout autre en ayant la direction, doit toujours les tenir sous sa garde. S'il est résulté, de l'omission de cette précaution, un préjudice pour un tiers, la peine est de l'arrêt d'une semaine à trois mois, qui peut être aggravé du jeûne, d'après les circonstances.

ART. 125.

Tout négociant qui met en circulation quelques drogues d'une espèce inconnue antérieurement, et non approuvées par l'autorité compétente, est puni de la peine portée en l'article 122.

Peine contre celui qui vend des drogues non connues.

ART. 126.

Celui qui fabrique une arme prohibée ou suspecte, d'après sa nature, ou bien qui, ayant reçu cette arme pour la réparer, ne la retient pas et ne dénonce pas le fait au magistrat, est puni de l'arrêt de trois jours à un mois; et si quelqu'un est tué ou blessé avec cette arme, il est puni de l'arrêt rigoureux d'un à trois mois.

Fabrication d'armes suspectes.

ART. 127.

Les chasseurs ou autres personnes qui ont chez elles des armes chargées sont dans l'obligation de les placer de manière à ce qu'elles ne puissent être touchées par des enfants et autres personnes imprudentes ou inexpérimentées. La simple omission de cette précaution, s'il en résulte un préjudice pour quelqu'un, est punie de l'arrêt d'une semaine à un mois, lequel est, en outre, aggravé selon

Sur la garde des armes chargées.

le degré de négligence apporté, et est changé en arrêt rigoureux, si quelqu'un a été blessé grièvement ou a été tué.

ART. 128.

Imprévoyance en tirant une arme à feu.

On doit appliquer la même peine, graduée selon les conséquences, à celui qui, sans intention criminelle, tire une arme à feu contre quelqu'un, sans s'être préalablement assuré que l'arme n'était pas chargée.

ART. 129.

Inexacte indication de l'heure de la mort.

Celui qui, dans l'acte de visite d'un cadavre, donne d'une manière inexacte l'heure de la mort, et est cause, ainsi, que ce cadavre est enterré ou ouvert avant l'expiration des délais établis par la loi, est puni de l'arrêt rigoureux d'un à six mois.

ART. 130.

Défaut de surveillance sur les enfants et autres personnes ne pouvant se garder elles-mêmes.
(Voir appendice, article 8.)

Les personnes qui, par devoir de nature ou par suite de leur service, sont dans l'obligation de surveiller les enfants ou autres personnes incapables de se garder et de se défendre par elles-mêmes, sont responsables de la négligence qu'elles ont apportée dans l'accomplissement de leur devoir; en conséquence, si un enfant ou un autre individu est tué ou blessé grièvement, celui ou celle à qui on doit imputer le manque de surveillance doit être puni de l'arrêt de trois jours à trois mois, susceptible d'être aggravé du jeûne et du châtiment corporel, suivant le degré de négligence.

Art. 131.

Ceux sur qui retombe le soin ou la surveillance d'un enfant sont punis de l'arrêt rigoureux d'un à trois mois, lorsque l'enfant qui leur est confié a perdu la vie ou a éprouvé de graves altérations dans sa santé, ou de graves lésions dans sa personne, pour avoir été laissé par eux en un lieu dangereux pour les enfants. L'arrêt peut être prolongé et aggravé d'un châtiment corporel, quand l'accident survenu à l'enfant a été caché.

Art. 132.

Toute femme qui, se sachant en proie à une maladie pernicieuse ou contagieuse, tait ou cache cette circonstance et prend du service comme nourrice, est punie de l'arrêt rigoureux pendant trois mois, aggravé d'un châtiment corporel.

Peine contre la nourrice cachant une maladie pernicieuse.

Art. 133.

Lorsqu'on omet d'exposer les signaux d'avertissement prescrits pour les bâtisses, l'architecte, ou tout autre ayant la direction de la bâtisse, est puni, pour chaque infraction, d'une amende de dix à cinquante florins.

Omission de signaux d'avertissement pour les bâtisses.

S'il est résulté de cette omission un dommage

pour quelqu'un, on joint à l'amende l'arrêt d'un à trois mois, selon les circonstances.

ART. 134.

Omission de faire connaître qu'une maison menace ruine.

Si une maison ou un édifice menace ruine en quelque partie, le propriétaire ou celui qui en a la surveillance est obligé d'appeler un architecte pour qu'il la visite attentivement et la fasse étayer; s'il se découvre ensuite que cette précaution a été omise, lorsqu'elle était nécessaire, d'après l'avis des hommes de l'art, cette omission est punie d'une, amende de vingt-cinq à deux cents florins, alors même que l'écroulement ne s'en serait pas suivi.

ART. 135.

Si l'écroulement s'en est suivi et qu'il n'en soit résulté aucun dommage, l'amende est de cinquante à deux cents florins; si par suite de l'écroulement quelqu'un a été tué ou blessé grièvement, on ajoute à l'amende l'arrêt rigoureux d'un à trois mois.

ART. 136.

Peine contre l'architecte dont les échafaudages et les étais manquent.

L'architecte qui entreprend une bâtisse avec des échafaudages, ou qui doit étayer quelque partie d'un édifice, est puni, dans le cas où l'échafaudage ou l'édifice s'écroule sans blesser personne, d'une amende de vingt-cinq à deux cents florins pour la première fois; la seconde fois, outre l'amende, il est condamné à se faire assister à l'avenir, chaque fois, dans ses bâtisses, d'un autre architecte, sous peine d'être interdit de l'exercice de sa profession.

ART. 137.

Si, par suite de l'écroulement, quelqu'un a été tué ou blessé grièvement, l'architecte est condamné à une amende de cinquante à cinq cents florins, et il lui est défendu de diriger des bâtisses jusqu'à ce qu'il soit prouvé, devant des experts de l'art, qu'il a suffisamment amélioré ses connaissances dan cette partie de l'architecture.

Si quelqu'un a été tué ou blessé

ART. 138.

Quand, dans un des deux cas spécifiés en l'article précédent, il résulte de l'instruction une ignorance grossière de la part de l'architecte, on doit immédiatement, dès le premier cas d'écroulement, lui -interdire toute direction ultérieure de bâtisse.

En cas d'ignorance grossière de l'architecte.

ART. 139.

Celui qui occupe ou donne à loyer une maison ou une boutique, bâties nouvellement dans des villes ou dans des lieux où il existe des règlements à cet égard, sans que l'autorité, après inspection, en ait accordé la permission, est puni, d'après les circonstances, d'une amende équivalente à la moitié du loyer annuel, ou de l'arrêt pendant huit jours.

Habitation ou loyer des nouvelles bâtisses.

18 .

ART. 140.

Peine contre celui qui cache une grave altération des facultés d'une personne.
(Voir appendice, article 9.)

Lorsqu'il se manifeste chez une personne des signes d'une forte perturbation des sens, celle près de qui elle demeure est obligée d'en faire sur-le-champ rapport à la commission de santé, ou, s'il n'y en a pas, à l'autorité, sous peine d'un arrêt de trois jours à un mois, selon le laps de temps pendant lequel on a caché ces circonstances, ou selon qu'il en est résulté des conséquences plus graves ou plus dangereuses.

ART. 141.

Peine contre celui qui ne dénonce pas les animaux enragés.

Celui qui omet de faire connaître quand un chien ou tout autre animal donne des signes de rage existante, ou des indices tels qu'il y a lieu de supposer que la rage en résultera, est condamné à l'arrêt de trois jours à trois mois, qui est même changé en arrêt rigoureux si la rage est réellement survenue, et qu'il en soit résulté un dommage pour une personne ou pour un animal.

ART. 142.

Peine contre celui qui a, sans permission, des animaux dangereux.

Personne ne peut avoir des animaux féroces ou d'une nature dangereuse sans une permission expresse. En cas d'infraction à cette défense, l'animal doit être aussitôt éloigné et le propriétaire puni, selon les circonstances, d'une amende de cinq à vingt-cinq florins.

ART. 143.

S'il en résulte quelque dommage.

Si quelqu'un a souffert un dommage de l'animal

dangereux, conservé sans autorisation, l'amende, selon la gravité du préjudice, est élevée de vingt-cinq à cent florins.

ART. 144.

Lorsque l'autorité a permis de conserver un animal féroce, le propriétaire est toujours responsable de sa garde; en conséquence, si cet animal porte dommage à quelqu'un, le propriétaire est condamné à une amende de dix à cinquante florins.

Négligence dans la garde d'un animal dangereux.

ART. 145.

Le propriétaire d'un animal domestique, d'une espèce quelconque, qui lui connaît quelques dispositions nuisibles, doit, tant chez lui qu'au dehors, le surveiller et le garder de manière à ce que personne ne puisse en souffrir; celui qui omet les précautions nécessaires, alors même qu'il n'en est résulté aucun dommage, est condamné à une amende de cinq à vingt-cinq florins, et, s'il en est résulté quelque préjudice, à une amende de dix à cinquante florins.

Peine contre le propriétaire d'un animal domestique ayant des dispositions à nuire.

ART. 146.

Si de l'instruction il résulte que le dommage causé par l'animal est survenu de ce que quelqu'un y a donné naissance en l'excitant, ou l'irritant, ou par quelqu'autre acte involontaire, le coupable est puni de l'arrêt pendant une semaine, qui, selon les circonstances, peut être aggravé du jeûne et du châtiment corporel.

Provocation faite à un animal.

18.

. CHAPITRE IX.

DES GRAVES INFRACTIONS DE POLICE CONTRE LA SANTÉ.

ART. 147.

Dispositions pour tenir la peste éloignée remises au cordon militaire.

Comme les infractions aux règlements qui ont pour objet de tenir la peste éloignée peuvent avoir les conséquences les plus funestes pour la santé publique, et comme le retard dans les mesures opportunes accroît le danger, cet objet est entièrement abandonné au cordon militaire, dont les infracteurs sont jugés d'après les règles qui sont déjà en vigueur en matière de quarantaine ou de cordon contre la peste, et d'après les ordonnances que le danger du moment a pu rendre nécessaires.

ART. 148.

Peine contre celui qui cache les effets d'un individu mort de maladie contagieuse.

Celui qui cache aux inspecteurs sanitaires quelque effet appartenant à une personne morte de maladie contagieuse, ou bien qui omet de se conformer à ce que la commission de santé prescrit pour la totale destruction ou pour la désinfection des meubles et effets, est puni, d'après la gravité des circonstances, de l'arrêt rigoureux de trois jours à un mois.

ART. 149.

Contre les infirmiers et autres

. Les infirmiers, les personnes de service ou celles qui habitent sous le même toit, et tous autres qui sous-

traient un des effets destinés à être détruits ou désin- personnes enlevant ces effets.
fectés, sont punis de l'arrêt rigoureux d'une semaine
à trois mois, aggravé du châtiment corporel.

Art. 150.

Le servant d'hôpital qui retient pour lui, ou vend
un des effets dont la destruction a été ordonnée,
est puni, selon la gravité des circonstances et des
conséquences, de l'arrêt rigoureux de trois à six semaines, aggravé du châtiment corporel.

Art. 151.

Celui qui achète ou acquiert sciemment, de toute Peine contre l'acheteur de ces effets.
autre manière, les effets indiqués aux deux articles
précédents, est puni de l'arrêt rigoureux de trois jours
à un mois.

Art. 152.

Celui qui jette dans une fontaine, une citerne, Jet de corps étrangers dans les fontaines, etc.
un fleuve ou un lac, dont l'eau sert à la boisson ou
à l'abreuvage d'une localité, des animaux morts, ou
quelqu'autre chose de nature à rendre l'eau impure et
malsaine, est puni d'une semaine d'arrêt; et, si le
coupable a montré une méchanceté ou une légèreté
toute particulière, il sera, en outre, puni des travaux
publics pour la commune, et l'arrêt sera aggravé du
jeûne ou du châtiment corporel.

Art. 153.

Celui qui, autorisé à vendre de la viande crue ou Vente des an

maux non visités
lorsque cela est
prescrit.
préparée, ou cuite, vend la viande d'un animal non
visité suivant les règlements, est puni, pour la première fois, d'une amende de vingt-cinq à deux cents
florins, outre la perte de la viande non visitée, et
du prix qu'il en a reçu; pour la deuxième fois, l'amende
est doublée; et la troisième fois, l'infracteur perd
son industrie et est déclaré incapable, pour toujours,
d'exercer un métier de cette nature.

ART. 154.

Infractions aux
règlements en cas
de contagion parmi
le bétail.
La multiplicité des moyens de subsistance provenant du bétail rend nécessaires les dispositions
suivantes :

Lorsqu'il se manifeste une maladie parmi les bestiaux, celui qui cache un animal malade au vété-
rinaire délégué pour l'examen, ou bien qui, aussitôt
qu'il se déclare une contagion parmi le bétail, n'observe pas les prescriptions déjà généralement en
vigueur, soit à l'égard des animaux morts, soit à l'é-
gard des animaux infectés ou encore sains, est puni,
s'il appartient à la classe des paysans, de l'arrêt de
trois jours à un mois, avec le travail public pour
la commune, pendant tout le temps de l'arrêt, et,
s'il est d'une autre condition, de l'arrêt d'un à trois
mois.

ART. 155.

Lorsque, pour avoir caché les animaux et pour

n'avoir pas observé les règlements, la contagion s'est étendue ou a produit un plus grand ravage, la peine est doublée et même, selon les circonstances, on applique l'arrêt rigoureux.

ART. 156.

Les marchands de vin, les fabricants de bière, d'eau-de-vie et d'autres liqueurs distillées, ainsi que les cabaretiers de tout genre, chez qui sont trouvées des boissons préparées, corrompues ou gâtées de manière à nuire à la santé, sont condamnés, outre la perte de la boisson ainsi préparée, corrompue ou gâtée, à une amende de cent à cinq cents florins, selon la quantité trouvée, et le temps qu'a duré le trafic.

Falsification des boissons d'une manière nuisible à la santé.
(Voir appendice, article 10.)

ART. 157.

En cas de récidive, l'amende portée en l'article précédent est doublée, et à la troisième infraction on joint à l'amende l'interdiction de l'exercice de l'industrie, de la profession, ou du droit de tenir taverne.

Récidive

ART. 158.

Lorsque, dans l'examen de la boisson, on reconnaît qu'il y entre une substance mêlée ou ajoutée, reconnue très-nuisible pour la santé, on doit détruire immédiatement la boisson, et condamner le coupable à l'arrêt rigoureux pour six mois, outre la perte de son commerce, de son industrie ou de sa taverne, et il est déclaré à jamais incapable de l'exercer.

Peine contre des mélanges insalubres.

ART. 159.

Falsification de
la vaisselle d'étain.

L'ouvrier en étain, qui fabrique de la vaisselle de cuisine ou de table avec de l'étain mélangé de plomb, est condamné, outre la perte de l'étain ainsi falsifié qui sera trouvé, à une amende de vingt-cinq à cinquante florins, pour la première fois; en cas de récidive, ou, dès la première contravention, s'il a exercé longtemps ce métier nuisible, ou s'il a vendu beaucoup de vases faits avec le métal falsifié, ou si quelqu'un en a été affecté dans sa santé, le coupable est puni par l'interdiction de l'exercice de sa profession.

ART. 160.

Autres mélanges
au falsifications de
comestibles.

Du reste, toute addition, falsification ou tout mélange qui, par eux-mêmes et par les ingrédients dont ils se composent, ou par le mode de préparation, ou par les récipients dans lesquels ils ont été préparés ou gardés, peuvent communiquer une qualité nuisible pour la santé à quelque espèce de comestibles que ce soit, doivent être considérés comme graves infractions de police. La peine est, selon le préjudice ou le temps qu'ont duré ces fraudes ou négligences, d'une amende de dix à cent florins, ou de l'arrêt de trois jours à un mois, susceptible, d'après les circonstances, d'être aggravé du jeûne ou du châtiment corporel. S'il en résulte des conséquences plus graves, on applique au coupable même la peine portée aux articles 150 et 157.

CHAPITRE X.

DES GRAVES INFRACTIONS DE POLICE QUI ATTAQUENT OU MENACENT LA SÛRETÉ PERSONNELLE.

ART. 161.

Quiconque se mutile, ou se blesse volontairement de toute autre manière, est puni, selon la nature du fait et des circonstances, de l'arrêt rigoureux de quatorze jours à trois mois.

Mutilation de soi-même.

ART. 162.

Si le coupable s'est mutilé pour se soustraire au service militaire, il est employé, à l'expiration de la peine, au service militaire auquel il se trouve encore propre.

Pour se soustraire au service militaire.

ART. 163.

Lorsque dans une rixe quelqu'un est maltraité de manière à ce que les coups laissent des traces visibles ou aient des suites fâcheuses, tous ceux qui ont pris part à ces coups sont punis de trois jours à un mois d'arrêt, en graduant la peine, de telle sorte qu'elle soit plus grave pour les auteurs de la rixe que pour les autres complices.

Coups dans une rixe.
(Voir appendice, article 11.)

ART. 164.

S'il résulte de l'instruction qu'un des complices a déjà été plusieurs fois condamné pour rixe, et qu'en conséquence il doive être considéré comme querelleur d'habitude, l'arrêt est aggravé du jeûne ou du châtiment corporel.

Si les coupables sont des querelleurs d'habitude.

·ART. 165. ·

Le droit de la répression domestique ne peut jamais s'étendre jusqu'à maltraiter quelqu'un de ma--nière à ce qu'il en résulte des lésions corporelles; en conséquence, lorsque les parents maltraitent ainsi leurs enfants, les tuteurs leurs pupilles, un époux son conjoint, le professeur et le maître leurs élèves, les maîtres d'art leurs ouvriers, et les maîtres leurs domestiques, ils se rendent coupables d'une grave infraction de police.

ART. 166.

Parents qui mal-
traitent leurs en-
fants

Les parents qui maltraitent leurs enfants doivent être appelés en justice; la première fois, on leur fait une sévère et énergique réprimande, pour l'abus qu'ils font de leur autorité et pour leur conduite si contraire aux sentiments d'amour naturel. En cas d'une seconde infraction, on joint à la réprimande la menace que, s'ils exercent de nouvelles violences, ils seront déclarés déchus de leur autorité paternelle, et que l'enfant leur sera enlevé pour être élevé, par d'autres, à leurs dépens.

ART. 167.

A la troisième infraction, ou bien dès la première, si elle est en elle-même grave, ou si le caractère des parents est tel qu'il fasse craindre des dangers ulté-rieurs pour l'enfant, on doit leur appliquer la peine dont on les menace, conformément à l'article précédent, et prendre, d'accord avec le tribunal, les mesures opportunes pour la nomination d'un tuteur.

ART. 168.

Lorsque les parents ne sont pas en état de supporter les dépenses d'éducation, l'autorité doit pourvoir au placement de l'enfant, et les parents sont punis de l'arrêt d'une semaine à trois mois, aggravé par le travail public et par le châtiment corporel, et même, selon la gravité du fait, de l'arrêt rigoureux d'une égale durée.

ART. 169.

Le tuteur qui maltraite son pupille est puni, pour la première fois, de la destitution de la tutelle; il y est joint une sévère réprimande si elle était soldée, et l'arrêt d'une semaine à un mois, si elle était gratuite.

Tuteurs qui maltraitent leurs pupilles

ART. 170.

Si le tuteur maltraite un nouveau pupille, ou bien si, dès la première fois, les violences sont exercées avec les circonstances indiquées dans l'article 167, il est déclaré incapable de tutelle pour l'avenir, et, en outre, condamné à la peine portée en pareil cas, contre les parents, par l'article 168.

ART 171.

Si un époux en maltraite un autre, de la manière

Violences des époux entre eux.

exprimée en l'article 165, tous deux sont appelé
devant le magistrat qui, après avoir reconnu en quo
consiste la violence, fait une sévère réprimande ;
celui qui en est l'auteur, et, selon les circonstances
le punit de l'arrêt d'une semaine à trois mois, et
en cas de récidive, de l'aggravation de l'arrêt. Il est
néanmoins, libre à l'époux maltraité d'implorer la
diminution ou la remise de la peine, et le juge doi
avoir égard à cette demande.

ART. 172.

Maîtres et pro-
fesseurs qui mal-
traitent leurs élè-
ves.

Les professeurs et les précepteurs des deux sexes,
qui maltraitent leurs élèves ou disciples, sont punis,
pour la première fois, de l'arrêt de trois jours à un
mois; mais, en cas de récidive, outre cette peine,
ils sont déclarés incapables, pour l'avenir, d'exercer
leur charge de précepteur ou de professeur.

ART. 173.

Patrons et maî-
tres d'art maltrai-
tant leurs ouvriers
et leurs domes-
tiques.

Les maîtres ou maîtres d'art qui maltraitent leurs
domestiques ou ouvriers sont punis, selon la classe
des personnes maltraitées et la gravité du fait, d'une
amende de cinq à cent florins ou de l'arrêt de trois
jours à un mois; lorsqu'ils sont tombés plusieurs
fois dans de pareils excès, ou bien, quand la gravité
du fait prouve une dureté toute particulière, l'arrêt
est aggravé du jeûne et d'une réclusion plus rigoureuse.

ART. 174.

Lorsqu'il est laissé de nuit sur une place publique, dans une rue, devant une maison ou boutique, des voitures de toute espèce, du bois de construction, des matériaux de bâtisse, des marchandises en tonneaux ou caisses, et généralement toute autre chose pouvant causer du dommage aux passants, le propriétaire est puni d'une amende de dix à cinquante florins, ou de l'arrêt de trois à quatorze jours ; en cas de récidive, l'amende est doublée et l'arrêt aggravé du jeûne et d'une réclusion plus rigoureuse.

Peine contre ceux qui encombrent de nuit les lieux publics,

ART. 175.

Quand il s'agit de carrosses appartenant à des voyageurs ou de voitures de transport dont les chevaux sont placés dans l'auberge, la peine est toujours prononcée contre l'aubergiste.

ART. 176.

Lorsqu'à raison d'une bâtisse, d'un envoi d'une grande quantité de marchandises, en temps de foire, ou, en d'autres occasions particulières, il est nécessaire de laisser, de nuit, dans les rues, sur les places, des matériaux ou des marchandises ou des voitures, on doit en donner avis à l'autorité compétente, et y placer une ou deux lanternes allumées, sous les peines portées en l'article 174.

Ou qui n'éclairent pas les objets laissés.

ART. 177.

Peine en cas de dommage cause.

Dans les cas prévus par les trois articles précédents, si quelqu'un est effectivement blessé, le coupable, selon la gravité du dommage advenu, est condamné à la peine portée par l'article 89 pour les graves infractions de police contre la vie.

ART. 178.

Peine contre celui qui jette quelque chose par les fenêtres, etc.

Celui qui pose ou suspend quelque chose dans la rue, devant les fenêtres, les balcons ou quelque autre lieu de son habitation, sans avoir pris les précautions suffisantes contre sa chute; celui qui, des fenêtres, des balcons ou de tout autre lieu, jette quelque chose qui peut porter dommage aux passants, est puni d'une amende de cinq à vingt-cinq florins, ou de trois jours à une semaine d'arrêt. Si quelqu'un a été légèrement blessé par suite de la chute, l'amende est doublée et l'arrêt aggravé du jeûne ou du châtiment corporel. Si quelqu'un a été, par suite, blessé grièvement ou tué, on applique, selon les circonstances, la peine portée en semblable cas par l'article 135.

ART. 179.

Peine contre la course trop rapide des voitures ou des chevaux. Contre le propriétaire.

La course rapide et inconsidérée soit à cheval, soit en voiture, dans une ville ou un autre lieu très-habité ou très-fréquenté, est punie d'une amende de vingt-cinq à cent florins, si le maître était présent et ne l'a pas défendu au cocher, ou bien si c'est lui-même qui dirige la voiture ou le cheval.

ART. 180.

Si le propriétaire de la voiture n'était pas présent, ou si, lui présent et malgré sa défense, le cocher a fait courir rapidement les chevaux, ou si c'est un palefrenier ou valet d'écurie qui court rapidement en voiture ou à cheval, le cocher ou palefrenier est condamné à l'arrêt pendant quatorze jours, dont on double la durée, en cas de récidive.

Contre le cocher ou garçon.

ART. 181.

Le voiturier qui laisse diriger sa voiture par un garçon qui n'a pas été présenté à la police et reconnu habile à conduire est puni d'une amende de vingt-cinq à cinquante florins, et devra, en outre, répondre de tout dommage causé par son garçon.

Peine contre les voituriers etc., qui font conduire par des garçons qui n'ont pas été présentés à la police

ART. 182.

Un cocher ou garçon qui laisse échapper des chevaux détachés ou attelés à une voiture, ou les laisse sans garde dans un lieu ouvert ou pouvant, de toute autre manière, porter préjudice, est puni, pour la première fois, de dix coups de bâton, lorsqu'il n'en est résulté aucun dommage; en cas de récidive, ou s'il est résulté quelque dommage, il est condamné à un mois d'arrêt aggravé du jeûne et du châtiment corporel.

Contre les cochers et garçons qui laissent les voitures et chevaux sans garde.

ART. 183.

Autres infractions de police contre la sûreté personnelle.

Comme on ne peut énumérer toutes les infractions qui attaquent la sûreté personnelle, l'autorité chargée de la surveillance publique doit considérer comme graves infractions de police, toutes actions ou omissions dont chacun peut facilement reconnaître le danger ou le dommage pour la sûreté personnelle. Ces graves infractions sont punies, selon la condition des coupables et la gravité des circonstances, spécialement quand il en est résulté un préjudice, d'une amende de cinq à cinq cents florins, ou de trois jours jusqu'à trois mois d'arrêt.

CHAPITRE XI.

DES GRAVES INFRACTIONS DE POLICE CONTRE LA SÛRETÉ DES PROPRIÉTÉS.

ART. 184.

Dispositions contre la négligence à éloigner le danger de l'incendie.

Le dommage grave que causent les incendies, et les conséquences incalculables qu'ils peuvent avoir, exigent que la non-exécution des règlements qui ont pour objet d'en éloigner le danger soit considérée et punie comme grave infraction de police.

ART. 185.

Peines : Contre l'architecte etc., qui contreviennent aux règlements de l'incendie.

L'architecte, le maître maçon ou le charpentier qui, dans l'entreprise d'une bâtisse, ou dans les changements d'un édifice, fait quelque travail défendu par les règlements en matière d'incendie, est obligé de démolir ce travail à ses frais et de rétablir la bâtisse selon les règles prescrites ; il est, en outre, puni, pour la première fois, d'une amende de vingt-cinq à deux cents florins.

ART. 186.

En cas d'une seconde infraction, l'amende est dou- *Récidive.*
blée, et la troisième fois il lui est interdit d'entreprendre à l'avenir de nouvelles bâtisses.

ART. 187.

Le surveillant d'une bâtisse dans laquelle il s'en- *Contre le sur-*
treprend quelque travail contraire aux règlements *veillant d'une bâ-*
tisse.
contre l'incendie est obligé de ne pas s'y prêter, sous
peine d'une semaine d'arrêt.

ART. 188.

Le fumiste, le serrurier, le ferblantier, ou qui- *Contre les poê-*
conque fabrique des poêles ou pose des poêles ou *liers.*
des tuyaux contre les règles établies par les règlements
sur l'incendie, est puni, pour la première fois, d'une
amende de cinq à vingt-cinq florins ; la seconde fois,
l'amende est doublée, et la troisième fois on lui interdit l'exercice de son état.

ART. 189.

L'ouvrier auquel il est ordonné de placer un poêle
ou un tuyau pouvant menacer d'incendie ne doit

19

pas se prêter à ce travail, sous peine d'un arrêt de trois jours à deux semaines.

ART. 190.

Contre quiconque entreprend des changements sans visite préalable et sans architecte

Celui qui, sans architecte ou maître maçon, construit des greniers, ou fait quelqu'autre construction qui doit apporter des changements dans les cheminées, les poêles, les âtres ou les fourneaux, pour lesquels, aux termes des règlements contre l'incendie, une visite était nécessaire, est puni d'une amende de vingt-cinq à deux cents florins ; et, lorsqu'il a construit un ouvrage réellement dangereux, il est tenu de le démolir immédiatement, et de le refaire de manière à ce qu'il n'y ait plus danger d'incendie.

ART. 191.

Contre l'ouvrier qui les fait.

L'ouvrier maçon ou charpentier qui se prête à une semblable construction est puni de l'arrêt pendant deux semaines, aggravé du jeûne et du châtiment corporel, lorsqu'il a déjà été puni une première fois.

ART. 192.

Contre les ramoneurs qui omettent de dénoncer ce qu'ils trouvent de menaçant pour un incendie.

Le ramoneur qui découvre quelque chose pouvant donner lieu à un incendie, dans une cheminée, dans un poêle, dans un âtre, est obligé de le dénoncer à son maître, et si, en ramonant de nouveau, il trouve la chose dans le même état, il devra en avertir sur-le-champ l'autorité ; l'omission de cet avertisse-

ment est punie, dans les deux cas, de l'arrêt d'une
semaine.

ART. 193.

Le maître ramoneur est puni d'une amende de
cinq à cinquante florins, lorsqu'étant averti par
son ouvrier il omet d'examiner s'il y a réellement danger, ou quand ayant lui-même découvert le danger
d'incendie il n'en instruit pas le propriétaire ou
l'administrateur de la maison, ou ne le dénonce pas
à l'autorité, si le propriétaire ou l'administrateur n'y
pourvoyait pas.

ART. 194.

Le maître ramoneur est puni de la même peine,
lorsque, contrairement à l'obligation qui résulte de
sa profession, il omet de visiter de temps en temps
les cheminées de son quartier, pour s'assurer si elles
sont ponctuellement balayées.

ART. 195.

Les marchands ou boutiquiers qui font trafic de
poudre à fusil, et en tiennent dans leur boutique ou
dans une maison, une quantité plus grande que celle
permise par les règlements en matière d'incendie,
ou qui ne conservent pas la provision permise, avec
les précautions prescrites, sont condamnés, pour la
première fois, à la perte de la provision excédante
ou mal conservée, et à une amende de vingt-cinq

Trafic de poudre à fusil.

florins ; la seconde fois, outre cette confiscation, l'amende est doublée; la troisième fois, ils sont condamnés à un mois d'arrêt, et il leur est enlevé le droit de vendre de la poudre à fusil.

ART. 196.

Métiers pour lesquels une provision de combustible est nécessaire.

Les ouvriers qui ont des provisions de matières de toute espèce faciles à prendre feu, et qui les placent dans les greniers, ou en autres lieux peu sûrs et non fermés par des murs en maçonnerie ou autres clôtures convenables, sont punis d'une amende de vingt-cinq à cinq cents florins, d'après le genre des marchandises et leur quantité.

ART. 197.

Du foin, de la paille et du bois.

Lorsqu'il y a des magasins ou locaux destinés spécialement pour les provisions de foin, de paille, ou de bois à brûler, si on place ces provisions en d'autres lieux, on encourt la peine portée par l'article 196.

ART. 198.

Obligations des domestiques.

Les personnes de service auxquelles il appartient de chauffer les poêles, et qui placent du bois à sécher près du foyer, sont punies de l'arrêt pendant trois jours, qui est aggravé du châtiment corporel, en cas de récidive.

ART. 199.

Le domestique, le cocher, le garçon d'écurie,

ou autres gardiens d'animaux, la servante, ou toute autre personne qui est trouvée, avec une lumière à découvert, dans une grange, dans une écurie ou dans un autre lieu où se trouvent du bois, du charbon, de la paille ou du foin, est punie d'une semaine d'arrêt, aggravé du jeûne et du châtiment corporel, en cas de récidive.

Art. 200.

Sont punis de la même peine les élèves, ouvriers des marchands ou artisans, qui s'introduisent, avec une lumière à découvert, dans un magasin où sont déposées des matières combustibles.

Obligations des marchands.

Art. 201.

S'il résulte de l'instruction que leur maître ne les a pas pourvus d'une lanterne convenable, il est puni d'une amende de cinq à cinquante florins. Lorsque, ensuite, le maître, marchand ou artisan se rend coupable lui-même des infractions portées aux articles 199 et 200, il est condamné à une amende de vingt-cinq à cinq cents florins.

Obligations des maîtres.

Art. 202.

Quiconque fume du tabac dans une écurie, dans une grange, dans un magasin à paille ou à foin, doit immédiatement être arrêté et condamné à une semaine d'arrêt, aggravé du châtiment corporel.

Peines : Contre celui qui fume dans les lieux où se trouvent de la paille, etc.

Art. 203.

Contre celui qui néglige le feu dans un bois ou dans le voisinage des moissons.

Quiconque allume du feu dans le voisinage d'une grange ou d'une meule de foin ou de blé, ou dans une campagne dont. la moisson est encore pendante, ou qui, étant coupée, n'est pas encore enlevée, ou néglige le feu placé dans un bois, ou l'abandonne avant qu'il soit entièrement éteint, est puni, pour chaque infraction, de l'arrêt et du travail public pour la commune, pendant une semaine, aggravé, selon la gravité du danger, même du châtiment corporel.

Art. 204.

Voyage à la lumière des torches.

Quiconque voyage ou va en voiture avec des torches doit les faire éteindre avant d'arriver aux ponts de bois, aux lieux habités ou à des bois, sous peine de cinq cents florins; les maîtres de poste doivent en avertir les étrangers voyageant en poste, lors du relayage des chevaux.

Art. 205.

Obligations des postillons et voituriers dans ce cas.

Les postillons ou voituriers sont obligés d'avertir de nouveau les voyageurs qu'ils conduisent, toutes les fois qu'ils arrivent à de semblables lieux, et ils ne doivent pas continuer leur voyage jusqu'à ce que la torche soit éteinte, sous peine d'une semaine d'arrêt. aggravé du travail public pour la commune et du châtiment corporel.

ART. 206.

Lorsqu'un voyageur oblige par des menaces ou violences le postillon ou voiturier à continuer sa route, celui-ci doit faire connaître le fait dans le lieu le plus voisin où il croit pouvoir trouver protection suffisante. Là l'autorité doit procéder à l'interrogatoire sommaire du voyageur, et, s'il est inconnu, fixer une caution pour l'amende, sans l'empêcher de continuer sa route, et en référer immédiatement au bailliage du cercle.

ART. 207.

Les habitants de tous pays sont autorisés à arrêter tout voyageur, sans exception, qui passe avec des torches allumées, et d'en donner immédiatement avis à l'autorité, qui doit procéder contre lui ainsi qu'il est dit en l'article 206.

ART. 208.

Quiconque cherche à cacher un incendie à sa naissance, ou qui omet de dénoncer un incendie qui se manifeste près de lui, est puni d'une amende de dix à cent florins, selon le lieu et la gravité du danger qui est résulté de cette omission.

Peine contre celui qui cache un incendie qu'il découvre.

ART. 209.

Outre les cas spécialement énumérés dans les articles précédents, toutes les autres actions ou omis-

Peine pour toutes les autres actions

sions, qu'on peut facilement prévoir être un danger d'incendie, telles que de battre du lin ou du chanvre, avec des lumières à découvert, dans le voisinage des maisons ou des écuries, ou de tirer des feux d'artifice dans de semblables lieux, sont punies selon la connexité plus ou moins grande qu'elles ont avec les cas précités.

ART. 210.

Vols.
(Voir appendice, articles 12 et 13.)

Tous les vols non prévus par les articles 152 et suivants jusqu'à l'article 156 de la première partie, et qui ne sont pas qualifiés délits, doivent être punis de l'arrêt simple ou rigoureux, depuis une semaine jusqu'à trois mois, à aggraver, selon les circonstances, par un travail plus dur, par le jeûne ou le châtiment corporel.

ART. 211.

Infidélité ou fraude.

La même peine est prononcée contre l'infidélité ou la fraude, lorsqu'elles n'ont pas le caractère de délit, d'après les circonstances déterminées pour l'infidélité par les articles 161 et 163, et pour la fraude par les articles 178, 179 et 180 de la première partie.

ART. 212.

Mesure de la durée et de l'aggravation de la peine.

La durée et l'aggravation de la peine se déterminent, d'après le montant de la valeur, les manœuvres, le danger ou la perversité qui se sont manifestés pendant l'action, et selon l'abus qu'on a fait de la confiance d'autrui.

ART. 213.

Les soustractions entre conjoints, pères, fils, frères ou sœurs, lorsqu'ils vivent en communauté de famille, ne peuvent être punies conformément à l'article 216, qu'autant que le chef de famille le requiert.

Soustractions entre parents.

ART. 214.

La complicité dans les vols et dans l'infidélité est une grave infraction de police, lorsqu'elle ne devient pas délit, aux termes de l'article 165 et 166 de la première partie.

Complicité.

ART. 215.

La peine de la complicité se détermine généralement, selon les règles tracées par l'article 210, en ayant soin qu'une peine plus sévère soit prononcée contre celui qui excite les impubères ou les autres personnes de faible intelligence à commettre de semblables infractions.

Peine de la complicité.

ART. 216.

Les vols et l'infidélité, ci-dessus mentionnés, ainsi que la complicité de ces faits, cessent d'être une grave infraction de police quand il y a eu une restitution ou un dédommagement volontaire, avant qu'ils soient légalement découverts.

Quand il n'y a pas lieu à poursuivre.

ART. 217.

Serruriers et
autres qui font des
rossignols , ou-
vreurs de portes ,
etc.

Les serruriers et autres ouvriers en fer, qui fabriquent des rossignols ou des passe-partout pour des personnes inconnues, ou fabriquent des clefs d'une forme suspecte ou sur une simple empreinte, ou qui, sur la demande de personnes inconnues, contrefont des clefs ou ouvrent des portes ou serrures sans prendre des informations sur ces personnes; les maîtres serruriers qui ne gardent pas, ainsi qu'ils le doivent, leurs rossignols ou les confient à des personnes peu sûres, sont punis, pour la première fois, d'une amende de vingt-cinq à cinquante florins; la deuxième fois, l'amende est doublée, et la troisième fois ils perdent leur métier.

ART. 218.

Les garçons de boutique, ou ouvriers d'artisans, qui, à l'insu de leur patron ou maître, se rendent coupables des infractions sus-énoncées, sont punis, pour la première fois, de l'arrêt rigoureux pendant une semaine; en cas de récidive, l'arrêt est aggravé par le jeûne et le châtiment corporel, et si le condamné est étranger, il est expulsé de tous les états héréditaires, après avoir subi sa peine.

ART. 219.

Des revendeurs
qui achètent des
impubères.

Les revendeurs, brocanteurs, colporteurs, ou tous autres faisant trafic ou commerce d'objets usés, portés

ou vieux, qui achètent ou prennent en échange
quelque chose des enfants impubères, sont punis,
d'après les circonstances personnelles ou de fait,
d'une amende de cinq à cinquante florins ou du châtiment corporel.

Art. 220.

En cas de récidive, on double l'amende, ou à
l'amende simple on joint l'arrêt pendant une semaine,
aggravé par le jeûne et le châtiment corporel; si les
infractions, se renouvelant plusieurs fois, démontrent
que les coupables ne sont pas corrigés, on doit les
punir, s'ils exercent une industrie bourgeoise autorisée par l'autorité publique, par la perte du métier
ou de la licence; autrement les nationaux qui tra-
fiquent sans une licence spéciale sont expulsés de
la localité pendant un temps déterminé, et les
étrangers, des états héréditaires pour toujours.

Récidive.

Art. 221.

Les joailliers, orfèvres et argentiers, auxquels
un individu offre en vente des joyaux ou effets d'or
et d'argent, lorsqu'ils ne le jugent pas, d'après les
circonstances, être le propriétaire ou être envoyé par
lui, sont obligés de s'assurer des effets et du vendeur
et de le faire aussitôt arrêter, quand il n'est pas
en état de se justifier suffisamment. L'infraction à
cette prescription est punie d'une amende de vingt-
cinq à cent florins.

Des orfèvres et autres.

Art. 222.

Peine contre ceux qui achètent des objets suspects. S'ils ont acquis de cette manière des objets suspects, ils sont punis d'une amende de cinquante à cinq cents florins, selon la valeur des effets.

Art. 223.

Dispositions relatives aux objets d'or et d'argent. Lorsqu'on offre à des orfèvres ou argentiers des objets d'or ou d'argent, en lingots non marqués, comme cela est prescrit, du nom d'un autre fabricant bourgeois, ils doivent s'assurer du vendeur et le faire arrêter. En omettant d'agir ainsi, ou en achetant l'argent ou l'or sans marque, ils encourent la peine portée dans l'article précédent.

Art. 224.

Obligation de s'assurer des vendeurs suspects. Non-seulement les marchands et les artisans, mais toutes autres personnes auxquelles on offre en vente ou en gage des objets tels qu'il y a lieu de soupçonner qu'ils ont été volés, sont dans l'obligation de s'assurer de celui qui les offre, s'il est possible, et de le faire arrêter lorsqu'il n'est pas en état de se justifier; la contravention à cette prescription est punie selon l'article 221.

Art. 225.

Celui qui achète une chose qu'il doit, suivant ce qui vient d'être dit, considérer comme suspecte, ou bien qui la reçoit en gage d'un prêt, est puni de la peine portée en l'article 222, selon la distinction qui vient d'être faite.

ART. 226.

La peine des infractions au tarif, des altérations dans la mesure ou dans le poids ou dans la qualité des marchandises, est déterminée par les règlements particuliers sur ces objets. La troisième contravention, néanmoins, démontrant que les premières sont restées sans effet, est considérée comme grave infraction de police, et punie de la perte du négoce.

Peine contre les faux poids, fausses mesures.

ART. 227.

Le concert de plusieurs ou de tous les individus d'une profession pour faire accroître ou diminuer, au préjudice du public et à leur avantage, le prix d'une marchandise ou d'un travail, ou bien pour la faire manquer, est puni, comme grave infraction de police, contre chacun de ceux qui y ont pris part.

Concert des marchands pour augmenter ou baisser le prix des marchandises.

ART. 228.

Les auteurs d'un tel concert sont punis, selon la plus grande ou la moindre importance de l'objet, de l'arrêt rigoureux d'un à trois mois, et, s'ils sont syndics du métier, ils sont en outre privés de leur emploi ou déclarés incapables, pour toujours, de remplir le syndicat.

Peines contre les auteurs.

Les autres complices, selon leur degré de coopé-

Contre les complices.

ration, sont punis de l'arrêt de trois jours à un mois, aggravé d'une réclusion plus sévère et du jeûne.

ART. 229.

Complot d'ou-vriers.

Dans les coalitions d'ouvriers, artisans, ayant pour but de se refuser d'accord à travailler, ou d'obtenir de leurs maîtres, par d'autres moyens, un salaire quotidien ou hebdomadaire plus élevé, ou bien d'autres conditions de travail, les principaux moteurs sont punis de l'arrêt de trois jours à une semaine, aggravé du jeûne et du châtiment corporel, et ils sont expulsés de la province, s'ils sont nationaux, et de tous les états héréditaires, s'ils sont étrangers.

ART. 230.

Peine contre les commerçants de comestibles qui cachent leurs pro-visions.

Les commerçants qui vendent, pour l'usage du public, des marchandises nécessaires à la nourriture journalière, et qui cachent leurs provisions ou refusent de les vendre à tout acheteur, sont punis, selon le plus ou le moins d'indispensabilité de cette marchandise, pour la première fois, d'une amende de dix à cinquante florins, et du double de l'amende, en cas de récidive; la troisième fois, on prononce l'interdiction du négoce.

ART. 231.

Lorsque ces in-fractions troublent l'ordre public.

Dans les cas prévus par les articles 226, 227, 229 et 230, s'il en est résulté quelque trouble public, la peine de l'arrêt simple est changée en arrêt rigoureux pour les faits prévus par les trois premiers articles, et dans le cas de l'article 230, il y a lieu, dès la première fois, à prononcer l'interdiction du négoce.

ART. 232.

Si le recel ou le refus mentionné en l'article 230 a lieu dans un temps de trouble public, le coupable est puni, outre la perte du négoce, de l'arrêt rigoureux pendant six mois. Bien entendu, néanmoins, que le recel ou le refus n'a pas eu lieu dans l'intention d'augmenter le trouble public, car alors le fait cesserait d'être une grave infraction de police, et deviendrait un délit prévu par l'article 64 de la première partie.

ART. 233.

Toutes les conventions usuraires sont considérées comme graves infractions de police contre la sûreté des propriétés. Mais comme l'usure se fait sous tant de formes diverses, et que pour la masquer et la cacher on emploie tant de ruses que cela en rend la recherche très-compliquée, un magistrat spécial est commis pour instruire sur cette infraction d'après les règles contenues en une patente publiée séparément.

Conventions usuraires.

CHAPITRE XII.

DES GRAVES INFRACTIONS DE POLICE CONTRE L'HONNEUR.

ART. 234.

Outrages à l'honneur. (Voir appendice, article 11.)

Les graves infractions de police contre l'honneur sont qualifiées outrages à l'honneur :

Les cas d'outrages à l'honneur sont :

1° D'attaquer la réputation d'autrui par l'imputation mal fondée d'un délit, lorsque, néanmoins, elle n'est pas qualifiée calomnie, aux termes de l'article 188 de la première partie. S'il n'en est résulté aucun préjudice pour la personne inculpée, l'offenseur est puni de l'arrêt d'un à trois mois, d'après la gravité du délit imputé. Si cette personne en a souffert préjudice, le coupable est condamné à l'arrêt rigoureux d'un à trois mois.

ART. 235.

2° D'accuser quelqu'un d'une grave infraction de police, en accompagnant l'accusation de circonstances fausses, mais vraisemblables. Lorsque la personne inculpée n'en a éprouvé aucun dommage, la peine est l'arrêt de trois jours à un mois, d'après la nature de l'imputation ; si cette personne en a éprouvé un préjudice, le coupable est condamné à l'arrêt d'un à trois mois, aggravé du jeûne et d'une réclusion plus étroite.

Art. 236.

3° D'accuser, d'une manière quelconque, une personne d'une action qui, si elle était vraie, pourrait diminuer sa considération, et, par suite, lui préjudicier dans les moyens d'améliorer sa carrière, dans l'accomplissement de ses affaires ou de ses moyens d'existence ; la peine est, suivant le préjudice causé, l'arrêt d'un à trois mois, pouvant être aggravé, selon les circonstances.

Art. 237.

4° D'exposer quelqu'un à la dérision publique, par des libelles ou des caricatures, soit nommément, soit avec des indications ne pouvant se rapporter qu'à lui seul ; la peine, dans ce cas, est l'arrêt d'un à trois mois.

Art. 238.

La peine portée pour tous les outrages à l'honneur sus-mentionnés a lieu, non-seulement contre le principal auteur, mais aussi contre ceux qui répandent davantage l'imputation ou le libelle injurieux, ou qui lui donnent une plus grande publicité.

Personnes punissables.

Art. 239.

Lorsque le coupable et la personne offensée sont de proches parents, ou se doivent du respect, cette circonstance est considérée comme aggravante, et

Circonstances aggravantes.

dans ce cas la peine est l'arrêt rigoureux d'un à trois
mois.

ART. 240.

Si ces rapports sont ceux qui doivent exister entre
un supérieur et ses subordonnés, cette circonstance
est encore aggravante de l'infraction.

Lorsqu'un supérieur se prévaut de sa position pour
faire de fausses inculpations contre son subordonné,
qui peuvent l'empêcher d'obtenir de l'avancement ou
lui faire perdre, de toute autre manière, l'effet de l'accomplissement de ses devoirs, il doit être contraint
de se rétracter, et le supérieur immédiat doit déterminer le mode de répression ultérieure.

ART. 241.

Insultes et mau- Quiconque, dans une rue ou dans un lieu pu-
vais traitements
dans un lieu pu- blic, outrage quelqu'un par des propos injurieux, le
blic.
frappe ou le menace de coups à haute voix pour être
entendu, doit, sur la plainte de l'offensé, être puni
de l'arrêt simple ou rigoureux de trois jours à un mois,
d'après les rapports qui existent entre ces personnes
et la gravité du fait. On doit toujours infliger une
peine plus sévère, lorsque l'outrage a eu lieu dans un
lieu qui exigeait une décence toute particulière, ou
quand la contenance du coupable démontre qu'il a
eu l'intention de déverser le mépris sur une classe de
personnes.

ART. 242.

Celui qui, avec l'intention d'injurier quelqu'un qui se comporte honnêtement, lui reproche soit sa condamnation à une peine déjà subie ou dont on lui a fait remise, soit une instruction judiciaire dans laquelle il a été absous comme non convaincu ou comme innocent, est puni, selon sa condition, de l'arrêt pendant une semaine, ou de vingt-cinq coups de bâton.

Reproche d'un châtiment subi.

ART. 243.

Le médecin, l'accoucheur ou la sage-femme, qui découvre les secrets d'une personne confiée à ses soins, si ce n'est sur l'interpellation d'office du magistrat, est puni de la prohibition d'exercer sa profession, la première fois, pendant trois mois, la seconde pendant un an, et la troisième pour toujours.

Indiscrétion des médecins.

ART. 244.

Un pharmacien qui a abusé des ordonnances pour découvrir à autrui les secrets d'un malade est puni, s'il est le propriétaire ou le préparateur de la pharmacie, d'une amende de cinquante florins pour chaque infraction, et, s'il en est le garçon, de l'arrêt aggravé, selon les circonstances, du jeûne et d'une réclusion sévère.

Des pharmaciens

CHAPITRE XIII.

DES GRAVES INFRACTIONS DE POLICE CONTRE LA MORALE PUBLIQUE.

ART. 245.

Graves infrac-
tions de police
contre la morale
publique.

Le but que se propose le législateur n'est pas de circonscrire l'idée de morale publique aux seules actions aptes à produire par elles-mêmes un scandale public ou de l'aversion, mais aussi de l'étendre aux actions qui, par leur nature, contribuent à propager la corruption des mœurs, ou qui entraînent, comme conséquences ordinaires, la dissolution et le désordre. D'après cette définition, on punit comme grave infraction de police contre la morale publique, dans les cas ci-dessous exprimés, 1° le libertinage, 2° la mendicité, 3° les jeux défendus, 4° l'ivresse.

ART. 246.

Libertinage entre
parents.

Le commerce charnel entre frères, sœurs, soit germains, soit consanguins, soit utérins, ou conjoints des pères et mères, des enfants des frères et sœurs, est puni, comme grave infraction de police, de l'arrêt d'un à trois mois, à aggraver, selon les circonstances, du jeûne, d'une réclusion plus sévère et du châtiment corporel. Ceux qui, d'après l'instruction, sont reconnus être les séducteurs, sont condamnés à l'arrêt rigoureux d'un à trois mois. La peine accomplie, on doit pourvoir d'office à ce que le commerce cesse par la séparation des coupables.

ART. 247.

Toute personne mariée qui commet un **adultère**, ainsi que la personne libre avec laquelle l'adultère est commis, sont condamnées à l'arrêt d'un à six mois; la femme doit néanmoins être punie plus sévèrement, lorsqu'à raison de l'adultère commis il peut s'élever des doutes sur la légitimité de l'accouchement subséquent.

Adultère.

ART. 248.

Excepté dans le cas exprimé en l'article 255, on ne peut procéder d'office, ni prononcer la peine pour fait d'adultère, mais bien seulement sur la plainte de la partie offensée; celle-ci n'a plus même le droit de faire cette plainte quand elle a expressément pardonné l'offense, ou quand elle l'a tacitement remise en ne présentant pas sa requête dans le délai de six semaines, à compter du jour où elle en a eu connaissance. La peine déjà prononcée s'éteint aussi dès que la partie offensée déclare vouloir vivre de nouveau avec la coupable; mais cette déclaration n'éteint pas la peine déjà portée contre les co-auteurs.

Poursuites pour adultère.

ART. 249.

Tout individu qui déshonore une fille encore mineure, ou bien une parente du père ou de la mère

Séduction d'une mineure.

de famille, en état de minorité et faisant partie de la famille, est condamné à l'arrêt rigoureux d'un à trois mois, d'après l'intimité de ses rapports avec cette famille.

ART. 250.

Séduction d'un mineur par une servante.

La même peine est prononcée contre une servante de la famille qui entraîne au libertinage un fils mineur ou un parent encore en état de minorité, demeurant dans la même maison. L'instruction et la condamnation, pour ces deux infractions, ne peuvent avoir lieu que sur la plainte des parents, conjoints et tuteurs.

ART. 251.

Déshonneur d'une fiancée par suite d'une promesse de mariage.

Celui qui séduit et déflore une personne, sous promesse de mariage qu'il n'accomplit pas, est condamné à l'arrêt rigoureux d'un à trois mois, sous la réserve des droits de la personne lésée à une indemnité.

ART. 252.

Mariage illégal contracté sans dispense.

Quiconque contracte un mariage en cachant un empêchement légal de lui connu, sans en avoir préalablement obtenu une dispense régulière, ou qui se transporte en pays étranger pour contracter un mariage qui, d'après les lois de nos états, ne pourrait avoir lieu, est condamné à l'arrêt rigoureux de trois à six mois; le séducteur sera toujours puni avec plus de sévérité. L'arrêt est, en outre, aggravé, quand il a caché l'empêchement à l'autre partie, laquelle a été ainsi conduite à contracter, sans sa faute, un mariage nul.

ART. 253.

La même peine est infligée aux père et mère qui, abusant de leur pouvoir, obligent leurs enfants à contracter un mariage qui est nul aux termes de la loi.

Peine contre les parents qui forcent leurs enfants à contracter un mariage nul.

ART. 254.

La punition des personnes qui font commerce de leur corps est laissée à la police. Lorsqu'une fille publique a occasionné un scandale public, séduit des jeunes gens, ou sachant être déjà infectée de mal vénérien, a continué, néanmoins, son commerce, elle est punie de l'arrêt rigoureux d'un à trois mois.

Peine contre les filles de joie.

ART. 255.

Toute femme mariée qui fait un semblable commerce est condamnée à la même peine que le serait une personne libre, encore que le mari n'ait pas porté de plainte. La circonstance du mariage doit être même considérée comme aggravante, et avoir pour effet d'aggraver la peine.

Commerce semblable fait par des femmes mariées.

ART. 256.

S'il résulte de l'instruction que le mari a consenti au commerce de libertinage de sa femme, ou a pris part au gain, ou, de quelqu'autre manière, en a tiré

Peine contre le mari consentant.

profit, il est condamné à la peine la plus élevée portée aux articles suivants contre le maquerellage.

ART. 257.

Maquerellage.

Se rend coupable de maquerellage, 1° celui qui loge ordinairement des filles publiques ou les reçoit pour se prostituer; 2° celui qui fait métier de procurer à autrui de semblables personnes; 3° celui qui sert d'intermédiaire dans des intelligences illicites de ce genre.

ART. 258.

Peine.

La peine du maquerellage est l'arrêt rigoureux de trois à six mois, à déterminer, et même à aggraver du jeûne et du châtiment corporel, quand les coupables ont continué ce métier pendant un long temps.

ART. 259.

Récidive.

Toute personne déjà punie pour maquerellage doit être, en cas de récidive, exposée en public au moyen d'un carcan avec un écriteau sur sa poitrine où sera écrit *maquerellage*, ou bien *excitation à la débauche*; ensuite elle est tenue, pendant six mois, en état d'arrêt rigoureux, aggravé du jeûne et du châtiment corporel, et, la peine accomplie, elle est expulsée du pays où elle a jusque-là fait sa demeure, et de tous les états héréditaires, si elle est étrangère.

Art. 260.

Les aubergistes et cabaretiers qui se prêtent à la débauche sont punis, pour la première fois, d'une amende de vingt-cinq à deux cents florins; en cas de récidive, ils sont expulsés de l'auberge ou de la taverne, et déclarés incapables pour l'avenir d'exercer cette profession; si c'est à l'insu des aubergistes et des cabaretiers que leurs domestiques s'y sont prêtés, ces derniers sont condamnés comme les autres maquereaux.

Loueurs et aubergistes se prêtant à la débauche.

Art. 261.

Les mesures à prendre contre la mendicité sont comprises dans les institutions pour le soulagement des pauvres, et abandonnées, en général, à l'autorité locale; néanmoins la mendicité devient une grave infraction de police, lorsque, malgré les établissements formés pour le soulagement des pauvres, quelqu'un est surpris plusieurs fois mendiant, et démontre ainsi son penchant pour l'oisiveté, et l'inutilité des avertissements précédents ou d'une première punition.

De la mendicité.

Art. 262.

En semblables cas l'arrêt est de huit jours à un mois qui doit être prolongé jusqu'à trois mois, selon le nombre des infractions, et être aggravé de travaux plus durs, du jeûne et de punitions corporelles,

Peine.

selon que le coupable a manifesté une plus grande incorrigibilité.

Art. 263.

De la mendicité avec des infirmités feintes.

Le mendiant qui, pour exciter une plus grande compassion, contrefait des infirmités de corps ou des maladies, est condamné à l'arrêt pendant un mois, dès la première fois qu'il est arrêté; si dans ce but il a exercé des violences sur son corps, il y a lieu à prononcer contre lui les peines portées par l'article 161, pour mutilation et lésions volontaires sur soi-même.

Art. 264.

Des enfants mendiants.

Quand un enfant au-dessous de l'âge de quatorze ans est trouvé mendiant, ses parents ou ceux sous la direction ou la surveillance desquels il se trouve sont punis de l'arrêt de huit jours à un mois, lors-qu'ils en ont eu connaissance ou le lui ont com-mandé.

Art. 265.

Parents prêtant leurs enfants à des mendiants.

Les parents qui prêtent leurs enfants à autrui pour servir de moyens de mendicité sont punis de l'arrêt porté en l'article 262.

Art. 266.

Jeux prohibés.

Quiconque joue ou laisse jouer dans sa maison des jeux prohibés est puni, pour chaque infraction, d'une amende de neuf cents florins. Le tiers de cette somme est donné au dénonciateur, auquel on fait remise de la peine, s'il se trouve dans le cas d'être puni. Pour ceux qui ne sont pas dans le cas de payer l'amende, elle est commuée en un arrêt rigoureux d'un à trois mois.

Les étrangers qui sont surpris jouant à des jeux prohibés sont expulsés de tous les états héréditaires.

Art. 267.

L'ivresse est punissable dans celui qui, en cet état, a commis une action qui, sans l'ivresse, serait considérée comme délit.

La peine est l'arrêt d'un à trois mois, laquelle est aggravée si l'ivrogne sait, par expérience, que dans l'état d'ivresse il est sujet à des transports de violence; s'il s'agit de méfaits très graves, on lui inflige l'arrêt rigoureux pendant six mois.

Ivresse.

Art. 268.

L'ivresse habituelle chez les ouvriers et journaliers qui travaillent sur les toits ou qui s'occupent d'objets dangereux pour l'incendie, ou chez la classe des personnes de service, dont la négligence peut facilement causer un incendie, est une grave infraction de police, punie, pour la première fois, de quinze à vingt-cinq coups, et ensuite de l'arrêt de trois jours à un mois, aggravé du jeûne et du châtiment corporel. La peine contre l'ivresse habituelle est

Ivresse habituelle.

prononcée d'office, dans les cas où, par sa publicité, elle est venue à la connaissance du magistrat; autrement, elle l'est seulement sur la plainte formée par les maîtres et patrons.

ART. 269.

Cas où les infractions laissées à la répression paternelle deviennent graves infractions de police.

Bien qu'en général des actes immoraux comme les soustractions entre conjoints, les violations de la foi conjugale, le manque de respect, par voies de fait, des enfants vis-à-vis de leurs parents, des domestiques vis-à-vis de leurs maîtres, et autres cas semblables, soient abandonnés à la correction domestique, tant qu'ils restent ensevelis dans l'intérieur de la famille, toutefois ces désordres deviennent de graves infractions de police contre la morale publique lorsqu'ils sont poussés au point que les pères et mères, tuteurs, maîtres instituteurs, conjoints, parents, maîtres et autres se trouvent contraints d'implorer le secours de l'autorité; celle-ci est obligée alors de donner assistance pour faire cesser le désordre, et, après l'instruction nécessaire, d'appliquer la peine que, d'après les circonstances, elle juge la plus efficace et la plus opportune.

CHAPITRE XIV.

DE L'EXTINCTION DES GRAVES INFRACTIONS DE POLICE ET DE LEURS PEINES.

ART. 270.

Les graves infractions de police et leurs peines s'éteignent par la mort de l'infracteur, par le payement de l'amende, par l'accomplissement de la peine, par sa remise et par la prescription.

Extinction des graves infractions de police et de leurs peines.

ART. 271.

La mort de l'infracteur fait cesser l'instruction et tous les effets de la sentence déjà prononcée, à l'exception des droits de réparation et d'indemnité qui peuvent avoir été adjugés.

Par la mort de l'infracteur.

ART. 272.

L'accomplissement de la peine éteint l'infraction de manière qu'on ne peut plus procéder ultérieurement pour le même fait, alors même qu'il se découvrirait des circonstances qui, si elles avaient été connues d'abord, auraient entraîné une peine plus forte.

Par l'accomplissement de la peine.

ART. 273.

La remise de la peine, aussitôt qu'elle est accordée, a le même effet que l'accomplissement de la peine.

Par la remise de la peine.

ART. 274.

Par la prescrip-
tion.

La prescription éteint l'instruction et la peine, quand l'infracteur, depuis le jour de l'infraction commise, n'a pas été soumis à l'instruction, et pourvu

1° Qu'il n'ait retenu aucun profit de l'infraction ;

2° Qu'il en ait indemnisé la partie lésée, autant que le comportait la nature de l'infraction ;

3° Que, durant le temps fixé pour prescrire, il ne se soit rendu coupable d'aucune autre grave infraction de police.

ART. 275.

Temps néces-
saire pour pres-
crire.

Pour les infractions qui sont punies de l'arrêt au premier degré, sans aggravation, ou d'une amende de vingt-cinq florins au plus ou de dix coups, le temps de la prescription est de trois mois ; pour les infractions punies de l'arrêt du premier degré aggravé, ou d'une amende s'élevant jusqu'à deux cents florins, ou de la peine de vingt-cinq coups, le temps de la prescription est de six mois.

Pour toutes les infractions punies de peines plus graves, comme pour celles entraînant la perte des droits et des licences, le temps de la prescription est d'une année entière.

SECTION II.

DE LA PROCÉDURE CONTRE LES GRAVES INFRACTIONS DE POLICE.

CHAPITRE Iᴇʀ.

DE LA JURIDICTION EN MATIÈRE DE GRAVES INFRACTIONS DE POLICE.

ART. 276.

La juridiction, en matière de graves infractions de police, est exercée par le magistrat de police, et elle s'étend à tout son district.

Juridiction.

ART. 277.

Cette juridiction comprend, outre la surveillance constante à exercer pour empêcher les infractions, la charge de découvrir les infractions commises, de rechercher les infracteurs, et de procéder contre l'inculpé conformément à la loi.

Devoirs du magistrat.

ART. 278.

La recherche des infractions et de leurs auteurs appartient, sans distinction de personnes et d'objets, au magistrat dans le district duquel l'infraction a été commise.

A qui appartient la recherche des infractions.

ART. 279.

En conséquence, quiconque, se trouvant dans un district, est cité par le magistrat de police, est obligé

Obligations de comparaître sur citation.

de comparaître devant lui, de répondre et de donner tous éclaircissements se rapportant aux graves infractions de police, ainsi que d'obéir aux ordres qui y sont relatifs.

ART. 280.

Même pour les voyageurs. Les voyageurs mêmes sont soumis à cette obligation ; néanmoins, quand la continuation de leur voyage ne doit pas rendre l'instruction illusoire ou plus difficile, ou quand il s'agit de personnes connues, ce qui permet d'exercer en tout temps la poursuite contre elles, ou de poursuivre l'indemnité due, ou du moins d'obtenir, à cet égard, une sûreté suffisante, on doit leur laisser continuer leur route.

ART. 281.

Quels sont les voyageurs qui doivent être retenus. Dans les cas ci-dessus énumérés le voyageur peut être contraint, par tous moyens nécessaires, selon les personnes et les circonstances, à ne pas s'éloigner du lieu avant que l'instruction ait été suffisamment complétée, et qu'il ait fourni des sûretés suffisantes pour garantir la peine et le dédommagement.

ART. 282.

A qui appartient la procédure contre l'inculpé. C'est, en général, à l'autorité du lieu où l'infracteur est pris, qu'il appartient de procéder contre lui. Il y a lieu, néanmoins, à des exceptions, selon la qualité des personnes ou la nature des infractions ; ces exceptions portent sur la procédure en général, ou se réfèrent seulement au jugement et à la condamnation.

ART. 283.

Il y a lieu à exception, à raison de la qualité des personnes, vis-à-vis des individus appartenant à un corps militaire national, ou à une légation; on observe, à leur égard, lorsqu'elles ont commis quelque grave infraction de police, les règles portées en l'article 221 de la première partie.

Exception tirée de la qualité des personnes.

ART. 284.

Une autre exception a lieu quand l'inculpé est une personne noble, de l'état ecclésiastique, graduée, employée dans une administration de l'état ou publique, ou bien est au service de la seigneurie ou de l'autorité du lieu, ou quand l'autorité se trouve elle-même intéressée comme partie.

ART. 285.

Hors des chefs-lieux de chaque province, la procédure est instruite contre ces personnes, par l'administration du cercle qui, lorsque les lieux sont trop éloignés, ou que l'importance et les circonstances du fait l'exigent, envoie sur les lieux un de ses employés; mais dans les cas moins importants et quand il peut en résulter quelque adoucissement pour l'inculpé, il peut déléguer l'instruction à l'autorité locale ou à tout autre magistrat.

A qui appartient l'instruction contre ces personnes

21

ART. 286.

Exception tirée de l'espèce d'infraction.

Il y a exception à raison de la nature de l'infraction, dans les cas de sociétés secrètes (articles 38-50); d'infractions aux règlements de censure (articles 57-69); d'excitation des sujets à l'émigration en pays étrangers (article 70); d'excitation des sujets contre l'autorité (article 71) et de tentative de suicide (article 91).

Dans ce cas il en est fait rapport immédiat au gouvernement de la province, mais en attendant on prendra toutes les mesures nécessaires pour assurer le but de l'instruction.

ART. 287.

Droit d'évocation des autorités supérieures.

Outre les exceptions mentionnées aux quatre articles précédents, l'autorité supérieure a le droit d'évoquer l'instruction de l'autorité ordinaire, et de la confier à une autre, lorsque les relations des personnes, ou la connexité de la cause et des circonstances le rendent nécessaire.

ART. 288.

Procédure contre le fugitif.

On procède, de la manière suivante, contre ceux qui se sont soustraits à l'instruction par la fuite : si celui contre lequel on doit procéder s'est éloigné avant que l'instruction ait été commencée, il ne doit pas, en général, être poursuivi, mais on devra seulement se concerter par écrit avec les autorités de police pour que l'infracteur ne reste pas impuni. S'il prend la fuite après que l'instruction est déjà commencée, non-seulement on pourra le faire poursuivre, et l'arrêter partout où il se trouvera, mais on peut même demander son arrestation et sa remise à une autre autorité.

ART. 289.

La remise peut être encore réclamée pour les infractions dont les circonstances ne peuvent être vérifiées que dans un lieu déterminé.

ART. 290.

L'autorité qui exerce la juridiction en matière de graves infractions de police est composée d'un juge et d'un greffier.

Composition du tribunal de police.

ART. 291.

Nul ne peut exercer l'office de juge s'il n'a vingt-quatre ans accomplis, et s'il n'a obtenu un certificat de capacité pour cette charge, à la suite d'un examen régulier sur le code pénal. Le juge ainsi que le greffier doivent prêter serment.

Qualités pour remplir les fonctions de juge président.

ART. 292.

Les autorités de police chargées du jugement des graves infractions de police relèvent du gouvernement de la province, comme autorité supérieure, et celui-ci, du dicastère aulique de police, comme autorité suprême.

21.

CHAPITRE II.

DE LA RECHERCHE DES GRAVES INFRACTIONS DE POLICE ET DE LA CONSTATATION DU FAIT.

ART. 293.

Cas dans lesquels on doit exercer la juridiction.

Quand l'autorité de police acquiert par le bruit public, par une dénonciation ou par elle-même, le soupçon ou la connaissance d'une grave infraction de police, elle se trouve dans le cas d'exercer la juridiction qui lui est confiée.

ART. 294.

Par la voie publique.

Comme toute autorité de police est obligée d'office de veiller constamment à l'observation des règlements faits pour le maintien de l'ordre public et des institutions existantes, elle doit, pour toutes les infractions qui se rapportent à ces règlements ou à ces institutions, suivre la trace, jusqu'à son origine même, d'un simple bruit public qui viendrait à sa connaissance, afin de se convaincre s'il a ou non quelque fondement.

ART. 295.

Dénonciation d'office.

La dénonciation des infractions commises doit être généralement faite par les employés et agents subalternes qui sont spécialement préposés à la surveillance de tel ou tel objet; outre ces dénonciations

Dénonciation volontaire.

d'office, il est permis à quiconque a connaissance d'une grave infraction de la dénoncer.

ART. 296.

Les dénonciations peuvent être faites par écrit ou verbalement : le dénonciateur ne peut jamais, néanmoins, rester inconnu à l'autorité; en conséquence, toute dénonciation écrite doit contenir le nom, la condition et le domicile du dénonciateur, qui peut demander, cependant, que son nom ne soit pas révélé, excepté dans les cas prévus par les articles 234 et 235.

Dénonciations verbales et écrites.

ART. 297.

Dans les cas de dénonciation anonyme, ou, ce qui est la même chose, faite sous un nom inconnu, on peut bien avoir égard aux circonstances du fait qui sont indiquées, mais on ne peut procéder contre l'auteur désigné par une semblable dénonciation, à moins que la constatation des circonstances elles-mêmes ne l'indique comme tel.

Dénonciation anonyme.

ART. 298.

Quel que soit le moyen par lequel l'autorité a connaissance d'une grave infraction de police, elle doit sans retard passer à la constatation légale du fait, vérifier toutes les circonstances qui peuvent servir à éclaircir le fait et à diriger la procédure ultérieure, et établir ainsi la réalité de l'infraction.

Constatation du fait.

ART. 299.

La constatation légale du fait doit être faite, en

Par qui elle doit être faite.

général, par l'autorité qui, d'après la qualité de la personne et l'espèce d'infraction, se trouve en droit de procéder. Néanmoins quand la même procédure a été déléguée à une autre autorité qu'à celle du lieu où le fait est arrivé, celle-ci est tenue de constater toutes les circonstances qui, en cas de retard, pourraient éprouver quelque changement.

Art. 300.

Mode de procéder dans les infractions qui laissent des traces.

L'autorité compétente pour les graves infractions de police procède à la constatation du fait, de la manière suivante, selon que l'infraction a, ou non, laissé des traces dans un lieu, sur une personne ou sur une chose.

Art. 301.

Par l'inspection.

Dans le cas où des traces sont restées dans un lieu, l'inspection oculaire doit nécessairement en être faite sur le lieu même ; si les traces existent sur des personnes ou sur des choses, l'inspection peut avoir lieu à la résidence ordinaire du magistrat, pourvu, toutefois, que ce déplacement ne soit pas de nature à apporter quelque altération essentielle à l'état de la personne ou de la chose.

Art. 302.

Précautions à prendre

Si on a lieu de craindre quelque altération dans les choses sujettes à déplacement, ou si on a lieu de soupçonner qu'avec intention on pourrait tenter d'altérer les choses qui ne seraient pas susceptibles d'être déplacées, on obvie à cet inconvénient en les mettant sous cachet ou en les renfermant, ou par tout autre mode de conservation.

ART. 303.

Si, dans une infraction, il est nécessaire pour cons- Assistance des gens de l'art. tater le fait avec certitude, d'avoir les connaissances particulières d'un art ou d'un métier, on se fera assister dans l'inspection oculaire par des experts compétents de l'art ou du métier.

ART. 304.

Quoique l'inspection oculaire doive toujours être Quand on doit faire l'inspection oculaire. faite sans retard, la promptitude, dans cette opé- ration, devient néanmoins un devoir encore plus pressant, dont la transgression expose le magistrat à la plus grave responsabilité, lorsque, par la nature du fait advenu, on peut, en y pourvoyant promp- tement, empêcher ou diminuer le préjudice : dans ce cas, on veillera à ce que, outre les experts, il se trouve sur les lieux, autant que possible, toutes les personnes et les instruments nécessaires pour ap- pliquer sur-le-champ les moyens de conservation qui seront ordonnés.

ART. 305.

S'il est nécessaire d'entendre des témoins sur les Examen des té- moins. circonstances qui peuvent éclaircir le fait ou conduire à la découverte de son auteur, on doit les entendre immédiatement lorsqu'ils sont sur le lieu ou peu éloignés.

ART. 306.

Si l'audition des témoins n'a pas nécessairement trait aux circonstances locales, et s'ils se trouvent à une distance plus grande, on requerra l'autorité du lieu où ils se trouvent de les entendre.

ART. 307.

Quant aux témoignages qui ont rapport à des circonstances locales ou qui ne peuvent acquérir un caractère d'évidence et de certitude que par les circonstances locales, ils doivent toujours être reçus sur le lieu même, et quiconque en est requis doit, en conséquence, comparaître sur le lieu indiqué, ainsi qu'il est dit en l'article 279.

ART. 308.

Constatation du fait dans les infractions qui ne laissent aucune trace.

Quand une grave infraction de police ne laisse par elle-même aucune trace, on procède à la constatation légale du fait en même temps qu'à l'instruction contre l'infracteur, selon les règles portées au chapitre suivant.

ART. 309.

Procès-verbal sur la légale reconnaissance du fait.

Le fonctionnaire chargé de la constatation légale du fait doit en faire dresser procès-verbal sous ses yeux. Ce procès-verbal est ouvert par l'énonciation de la cause qui a donné lieu à la constatation, ensuite on rapporte exactement les circonstances reconnues dans l'ordre où elles se sont succédé.

ART. 310.

La déclaration des experts de l'art ou du métier est insérée au procès-verbal à l'endroit indiqué par l'ordre de la narration. Si elle est faite de vive voix, elle doit être insérée mot à mot, et signée par eux; s'ils veulent rédiger par écrit leurs dépositions, il est fait mention au procès-verbal, par extrait, des points les plus importants, mais l'original y demeurera annexé.

Déclaration des experts.

ART. 311.

Avant de recevoir la déposition des témoins, on doit les avertir que leur conscience et leurs devoirs envers la justice les obligent à dire la vérité, et que s'ils rapportaient sciemment des faits faux, ils seraient punissables. Dans les cas graves, les témoins doivent confirmer leurs dépositions par un serment, si le juge le trouve nécessaire.

Examen des témoins.

La déposition des témoins est insérée en regard de l'article auquel elle se réfère.

ART. 312.

Enfin, les parties lésées par l'infraction doivent aussi être entendues sur le genre et l'étendue du dommage. Si la partie lésée ne peut déterminer la

Audition des parties lésées.

valeur du dommage, ou si son évaluation paraît exagérée, on la fera vérifier et déterminer par des experts impartiaux.

ART. 313.

Lecture du pro-cès-verbal.

On devra lire aux témoins et aux parties lésées leurs dépositions reçues au procès-verbal, et les leur faire signer ensuite, ou, s'ils ne savent pas écrire, les leur faire confirmer par un signe tracé de leur main.

ART. 314.

Additions au procès-verbal.

Finalement le procès-verbal doit être relu encore une fois en son entier, et si cette lecture donne lieu à de nouvelles observations, l'addition en est faite en marge du passage qu'elles concernent sans rien changer au texte.

Clôture.

Le procès-verbal ainsi clos et toutes ses annexes seront signés par le magistrat instructeur et par le greffier.

CHAPITRE III.

DE L'INSTRUCTION CONTRE L'INCULPÉ, ET DE L'INTERROGATOIRE.

ART. 315.

Quand l'instruc-tion doit être en-treprise.

Quand, dans la constatation légale du fait, il se présente des circonstances telles qu'elles fassent tomber le soupçon légal sur une personne déterminée, on doit commencer une instruction contre elle. Il y a soupçon légal quand les circonstances vérifiées démontrent une connexité telle entre le fait et une personne, que celle-ci peut être considérée avec vrai--semblance comme coupable.

ART. 316.

Les circonstances dont le soupçon légal peut naître peuvent se référer à la personne, aux actions ou aux discours de l'inculpé, au temps et au lieu de l'infraction, ou à des choses qui se rapportent à l'exécution de l'infraction ou qui en proviennent.

D'où peut naître le soupçon légal.

ART. 317.

Comme il est impossible d'indiquer toutes ces circonstances si diverses, il est laissé au discernement du juge d'apprécier les circonstances qui établissent un soupçon légal, ainsi que leur importance; dans cet examen, il doit toujours se rappeler les deux règles suivantes.

Examen du soupçon légal abandonné au discernement du juge.

ART. 318.

Premièrement : des circonstances, qui isolées sont de peu d'importance, acquièrent plus de poids lorsque plusieurs concourent ensemble; au contraire des circonstances, qui par elles-mêmes tendraient à fonder un soupçon légal, peuvent perdre de leur force par leur rapprochement avec d'autres circonstances qui viennent à surgir.

Première règle.

ART. 319.

Deuxième règle.

Secondement : avoir déjà commis une semblable infraction, avoir mauvaise réputation et être de mauvaises mœurs, avoir de l'inimitié pour la personne lésée par l'infraction, avoir tiré ou pouvoir tirer indirectement avantage ou lucre de l'infraction, sont autant de circonstances qui par elles - mêmes ne peuvent établir un soupçon légal, mais qui peuvent seulement aggraver le soupçon légal résultant d'autres circonstances.

ART. 320.

Autres soupçons légaux.

Outre le soupçon légal résultant de la constatation légale des faits, ce soupçon peut même être suffisamment fondé pour instruire contre une personne,

1° Quand dans le cas de l'article 288 une personne qui s'est enfuie avant l'instruction est reconnue ; 2° quand on découvre près de quelqu'un des traces, des instruments ou des objets d'une infraction, sans qu'il puisse se justifier sur-le-champ ; 3° quand il existe à la charge de quelqu'un un document écrit ou signé de sa main, dont on peut induire qu'il a commis une infraction ; 4° quand un co-auteur, sans que dans l'interrogatoire on ait porté son attention sur une personne déterminée, en dénonce une, de lui-même, en s'appuyant de circonstances qui viennent d'être avérées par l'instruction ; 5° quand une personne connue du magistrat et de bonne réputation, produit contre quelqu'un une dénonciation précise, qui se rapporte à des circonstances de lui connues. Dans le cas de dénonciation provenant de personnes de réputation douteuse ou inconnue, on agira suivant les règles portées en l'article 297, au sujet des dénonciations anonymes ; 6° on procède enfin immédiatement contre celui qui, sans donner aucun signe d'altération mentale, se dénonce lui-même, comme auteur d'une infraction ; et 7° à plus forte raison contre celui qui est pris sur le fait.

ART. 321.

Celui contre qui une instruction est dirigée doit être cité ou traduit devant le tribunal. Généralement, en matière de graves infractions de police, les personnes de bonne réputation, et dont on n'a pas lieu de craindre la fuite, doivent être simplement citées.

Comment doit être cité l'inculpé.

ART. 322.

Si par suite de circonstances tenant à la personne, ou par la gravité de la peine répressive de l'infraction, il y a lieu de soupçonner que l'inculpé cherchera à se soustraire, ou bien si quelqu'un cité à comparaître n'obéit pas à cette citation, il doit être amené devant le tribunal par les hommes de justice (ou par la garde).

Quand on doit le traduire.

ART. 323.

L'arrestation positive ne pourra avoir lieu que

Quand on doit

procéder à l'arres-
tation.
dans les cas suivants : 1° quand la loi ordonne expressément l'arrestation dans le moment même où l'infracteur est saisi ; 2° quand on a lieu de craindre que la liberté laissée à l'inculpé puisse rendre l'instruction illusoire ; 3° quand quelqu'un est pris après ,avoir déjà fui, soit avant, soit depuis que l'instruction est commencée ; 4° quand les infractions ont occasionné un scandale public ; 5° dans les rixes qui ont occasiónné des blessures ; 6° dans le cas de résistance contre un fonctionnaire, un agent subalterne, ou un garde dans l'exercice de leurs fonctions. L'arrestation doit, néanmoins, toujours être exécutée sans bruit et avec le plus d'égards possible pour la réputation de la personne à arrêter.

ART. 324.

L'interrogatoire doit avoir lieu immédiatement.

Quand l'inculpé comparaîtra devant le tribunal, on procédera sans retard à son interrogatoire ; à cette fin on appellera pour le même temps, autant qu'il est possible, les témoins, la partie lésée, et toute personne pouvant fournir quelque éclaircissement sur le fait, et on tiendra toutes prêtes les choses et les traces qui peuvent se référer à l'instruction.

ART. 325.

But de l'interrogatoire.

Le but de l'interrogatoire est : 1° d'éclaircir le fait de l'infraction, quand celle-ci ou ses circonstances ne sont pas connues avec précision ; 2° de rechercher si et jusqu'à quel point l'inculpé s'est rendu coupable de l'infraction; 3° s'il a des co-auteurs ou complices; 4° enfin, de procurer l'indemnité due à la personne qui a souffert un préjudice de l'infraction.

ART. 326.

L'interrogatoire doit être continué, s'il est possible, sans interruption jusqu'à sa clôture; ou, s'il est nécessaire d'y employer plusieurs séances, il doit être poursuivi, sans travaux intermédiaires, autant que le cas et les circonstances le permettent.

L'interrogatoire doit avoir lieu sans interruption.

ART. 327.

Le procès-verbal de l'interrogatoire commence par énoncer le motif qui a donné lieu à l'instruction; s'il a été précédé de la constatation légale du fait, on rappelle les circonstances sur lesquelles le soupçon légal a été fondé contre l'inculpé, en citant les passages du procès-verbal qui y sont relatifs. Dans les autres cas, on annote exactement les personnes intervenues ainsi que les circonstances, afin que la régularité de la procédure soit clairement établie.

Rédaction du procès-verbal.

ART. 328.

L'interrogatoire doit commencer par un avertissement sérieux adressé à l'inculpé, pour lui rappeler qu'il est obligé de répondre sur chaque demande avec vérité et selon ce qui est à sa connaissance, et le

Règles à suivre pour l'interrogatoire.

prévenir que le mensonge, le silence malicieux ou les subterfuges auraient pour conséquence l'aggravation de la peine.

ART. 329.

Demandes préliminaires.

L'inculpé est ensuite interrogé sur ses nom et prénoms, sur son âge, son pays, sa religion, ses père et mère, s'il est marié, sur son conjoint et ses enfants, sur ses moyens d'existence, sur le lieu de sa dernière demeure, sur les poursuites antérieures dont il a pu être l'objet, et enfin, sur le motif pour lequel il est soumis à l'interrogatoire actuel.

ART. 330.

Si l'inculpé refuse de répondre ou cherche des subterfuges.

S'il refuse de répondre aux questions qui lui sont posées ou si les réponses ne sont que des subterfuges étrangers à la demande, on lui répète l'avertissement donné au commencement de l'interrogatoire en y ajoutant la menace de la peine de l'arrêt.

Si néanmoins il persiste dans sa manière d'agir, on doit le punir de l'arrêt jusqu'à ce qu'il demande, de lui-même, à être interrogé et promette de répondre comme il convient.

ART. 331.

S'il déclare ne pas savoir le motif de la procédure.

Si l'inculpé prétend ne pas savoir le motif pour lequel il se trouve devant le tribunal, on lui exposera l'infraction mise à sa charge et les circonstances d'où naît contre lui le soupçon légal, autant que cela est nécessaire pour qu'il ait connaissance de l'imputation.

ART. 332.

S'il nie le fait, on l'interrogera sur les motifs qu'il peut alléguer pour combattre les circonstances qu'on lui oppose : on lui demandera spécialement, s'il pourrait, à l'aide des circonstances du lieu et du temps où l'infraction a été commise, démontrer l'impossibilité qu'il en soit l'auteur.

S'il nie le fait.

ART. 333.

S'il n'est pas dans le cas de faire cette démonstration, on continuera les questions en les coordonnant de manière que les circonstances et les preuves connues du tribunal et qui sont à la charge de l'inculpé se présentent successivement, se continuent et se fortifient réciproquement, afin que l'inculpé acquière la conviction que toute dénégation ultérieure serait inutile, en présence des preuves qui lui sont opposées.

Continuation de l'interrogatoire.

ART. 334.

On devra surtout observer avec soin si les réponses que fait l'inculpé ne sont pas en contradiction avec celles qu'il aurait faites précédemment : si l'on remarque une contradiction, on lui donnera lecture du passage qui la renferme, et on lui demandera comment il peut s'en justifier.

Réponses contradictoires de l'accusé.

Art. 335.

Dénégation ité-
rative de l'inculpé.

Si, dans ces circonstances, l'inculpé persiste à nier
le fait principal, ou un ou plusieurs points importants, on lui fera connaître enfin les preuves qui
s'élèvent contre lui, on lui nommera les témoins, et,
pour le convaincre, on procédera conformément aux
règles tracées dans le chapitre suivant.

Art. 336.

Quand l'inculpé
se dispose à avouer.

Lorsque l'inculpé, au commencement ou dans le
cours de l'interrogatoire, se disposera à faire l'aveu
de son délit, on recevra sa déposition sans l'interrompre, en la dirigeant seulement par des demandes incidentes, de manière à avoir une narration
complète sur le fait commis et sur toutes ses circonstances.

Art. 337.

Questions sur les
co-auteurs.

Quand il résultera de la nature de l'infraction ou
des circonstances que plusieurs personnes peuvent
y avoir pris part, on interrogera aussi l'inculpé
sur ses co-auteurs, sans que rien dans les questions
puisse indiquer directement ou indirectement une
personne déterminée.

Art. 338.

Quand il se dé-
couvre d'autres in-

Si l'inculpé étend ses aveux sur d'autres infractions
que celles sur lesquelles il est interrogé, on conti-

nuera l'interrogatoire, même sur ceux-ci, et si la cons- *fractions ou cir-constances.* tatation légale du fait devient nécessaire, on devra y procéder.

ART. 339.

Si l'inculpé avoue un délit ou des circonstances *Lorsqu'on peut supposer que les faits constituent un délit.* telles qu'on puisse les considérer comme des indices légaux pour une instruction criminelle, on conti- nuera à recevoir sa déposition sans lui laisser entre- voir ce résultat en aucune manière; mais son inter- rogatoire sera transmis au tribunal criminel, auquel on demandera si l'inculpé doit lui être remis; jusqu'à la réception de la réponse, on devra prendre les me- sures nécessaires, selon les circonstances, pour em- pêcher l'évasion de l'inculpé.

ART. 340.

Si, d'une part, le but de l'instruction est de recher- *Le juge doit aussi rechercher tout ce qui peut justifier l'inculpé.* cher si l'inculpé est vraiment coupable, d'un autre côté il est également du devoir du tribunal, en outre des règles tracées par l'article 325, de diriger les questions à faire à l'inculpé de manière à vérifier tout ce qui peut servir à sa justification (sans ce- pendant donner ouverture aux subterfuges), et ce qui peut démontrer qu'il est entièrement innocent, ou moins coupable.

ART. 341.

Outre l'obligation de vérifier de cette manière *Questions pour* procurer satisfaction ou indemnité à la partie lésée.

tout ce qui peut éclaircir l'infraction et ses circonstances, ainsi que la culpabilité ou l'innocence de l'inculpé, le juge doit encore s'occuper de ce qui peut conduire aux moyens de procurer. aussi promptement qu'il est possible, une indemnité ou des dommages-intérêts à la partie lésée ou offensée par l'infraction.

Art. 342.

L'interrogatoire doit se faire avec décence.

L'interrogatoire doit être fait avec décence et avec calme; on doit éviter de faire usage contre l'inculpé de dénominations ou d'expressions injurieuses, et la gravité nécessaire dans le juge ne doit pas cependant dégénérer en une conduite dure ou de nature à intimider ou à confondre l'inculpé.

Art. 343.

Sans faire violence ni employer des menaces ou d'autres moyens captieux.

On doit encore moins, et sous peine de grave responsabilité, faire usage de moyens violents ou de menaces de tels moyens, d'annonce fausse de prétendues dénonciations et de moyens de preuve, ou de promesse d'impunité ou d'une diminution de la peine.

Art. 344.

Si néanmoins l'inculpé refuse de répondre à une demande, ou bien cherche à détourner ou à retarder l'instruction par des mensonges ouvertement démentis par des circonstances prouvées ou par ses réponses précédentes, on procédera contre lui conformément à l'article 330, mais en aggravant l'arrêt.

ART. 345.

Chaque question faite dans l'interrogatoire sera inscrite sur une colonne du procès-verbal avec la réponse correspondante en regard sur une autre colonne, et en suivant une série continue de numéros.

Comment on doit consigner sur le procès-verbal les demandes et les réponses.

ART. 346.

L'inculpé a la faculté de dicter sa réponse; en ce cas, elle doit être transcrite littéralement. S'il ne se prévaut pas de cette faculté, sa réponse devra être inscrite, autant que possible, avec ses propres expressions et elle lui sera luë aussitôt en lui demandant si, de cette manière, elle a été fidèlement rendue.

Comment les réponses de l'inculpé doivent se recevoir.

Lorsqu'il désirera quelque changement, on l'annotera sans, néanmoins, rien effacer ou changer de ce qui est déjà écrit.

ART. 347.

L'interrogatoire terminé, le procès-verbal sera lu de nouveau à l'inculpé, et il lui sera demandé s'il a quelque chose à y ajouter; ensuite le procès-verbal sera signé de lui ou confirmé par un signe de sa main, et enfin il sera signé par les personnes qui composent le tribunal instructeur.

Nouvelle lecture et signature du procès-verbal.

ART. 348.

Quand l'importance de l'infraction ou l'étendue de l'instruction ne permettent pas de la terminer en

De l'instruction durant plusieurs séances.

une séance, on en indique le motif à la fin du procès-verbal de la première séance, et à chacune des séances qui suivent on fait mention du jour, de l'heure où elle a commencé et où elle a été close, et en ce qui concerne la lecture et la signature des procès-verbaux de chaque séance on observe le mode ci-dessus prescrit.

ART. 349.

Règles à suivre pour s'assurer de la présence de l'inculpé pendant toute l'instruction.

Pendant le temps qui est nécessaire au complément d'un interrogatoire prolongé pendant plusieurs séances; les inculpés qui sont seulement cités conformément à l'article 321 doivent promettre de ne pas s'éloigner ni de se tenir cachés jusqu'à la fin de l'instruction. A l'égard de ceux qui sont traduits devant le tribunal, conformément à l'article 322, il est abandonné à la discrétion du tribunal de déterminer si, pour assurer la suite de l'instruction, il est nécessaire de les arrêter, suivant que l'interrogatoire déjà subi les charge plus ou moins. Pendant cette arrestation, l'inculpé ne peut être soumis à aucune contrainte ou privation autre que celles nécessaires pour la garde de sa personne.

CHAPITRE IV.

DES PREUVES LÉGALES.

ART. 350.

Preuve légale.

La preuve légale de la culpabilité ou de la non

culpabilité de l'inculpé doit être établie par les circonstances vérifiées au moyen de l'interrogatoire ; cependant le résultat de l'instruction peut aussi être insuffisant pour prouver légalement la culpabilité ou l'innocence de l'accusé.

ART. 351.

La preuve légale est établie lorsque l'inculpé a confessé ou a été convaincu d'avoir commis l'infraction.

Aveu ou conviction de l'inculpé.

ART. 352.

Lorsque l'inculpé, sain d'esprit, avoue l'infraction devant le tribunal, sans qu'il lui soit fait aucune violence ou menace, non par une simple affirmation, mais par un récit clair, son aveu a force de preuve légale, quoique le fait, en lui-même, ne puisse être vérifié.

Aveu nécessaire pour former une preuve légale.

ART. 353.

Les circonstances aggravantes de l'infraction doivent être considérées aussi comme légalement prouvées, quand l'inculpé les met à sa propre charge dans un aveu fait comme il est dit ci-dessus.

Preuve légale résultant de l'aveu des circonstances aggravantes.

ART. 354.

Lorsque l'inculpé avoue l'infraction, mais non les circonstances qu'on lui oppose, on doit tenir l'infraction seule, comme légalement prouvée, et à l'égard des circonstances il est nécessaire, de le convaincre par l'un des genres de preuve énumérés en l'article 356.

ART. 355.

Rétractation de l'inculpé.

Un aveu réunissant les caractères voulus par l'article 352 ne perd pas de sa force par une dénégation ou une rétractation postérieure, ou par l'indication de circonstances contradictoires, à moins que l'inculpé ne donne un motif satisfaisant sur son faux aveu ou n'indique des circonstances telles qu'étant trouvées exactes elles rendent l'aveu nécessairement douteux.

ART. 356.

Preuve légale pour convaincre.

Lorsque l'inculpé nie l'infraction ou les circonstances qui lui sont opposées, on peut le convaincre légalement, 1° par des documents émanés de lui, ou par d'autres faisant preuve contre lui; 2° par le concours des circonstances; 3° par les dépositions des témoins.

ART. 357.

Documents olographes témoignant contre l'inculpé.

Pour convaincre légalement l'inculpé par des documents d'une espèce quelconque, écrits entièrement de sa main ou souscrits par lui, il est nécessaire, 1° que ce document soit représenté à l'inculpé; 2° qu'il reconnaisse son écriture ou qu'il soit autrement constaté, avec certitude, qu'il est de son écriture; 3° que le document indique directement l'infraction commise ou des circonstances telles que, par leur nature et par leur connexité, on doit nécessairement en inférer que l'infraction a été commise par lui; 4° enfin que l'inculpé ne puisse donner, à cet égard, aucune explication propre à le justifier.

ART. 358.

Les extraits des registres de naissances, de mariage, de mort, ou les documents de cette nature délivrés sous le cachet des administrations publiques, ou même seulement d'office et dans les limites de sa charge, par un fonctionnaire autorisé à faire cette délivrance, suffisent pour faire preuve légale de leur contenu.

Autres documents.

ART. 359.

Tout ce qui se trouve consigné au procès-verbal d'interrogatoire, régulièrement rédigé, est toujours considéré comme légalement prouvé : en conséquence, si des diverses réponses faites par l'inculpé résultent des circonstances telles que leur réunion démontre clairement sa culpabilité, il est tenu pour légalement convaincu, quand même il nierait l'infraction.

Conviction au moyen du procès-verbal d'interrogatoire.

ART. 360.

Lorsque plusieurs des circonstances, dont chacune établit un soupçon légal, conformément aux dispositions des articles 316 à 320, concourent ensemble, elles constituent la conviction légale, en tant que

Par le concours des circonstances.

leur nature et leur réunion prouvent une connexité telle entre l'infraction et l'inculpé, qu'elles démontrent raisonnablement, et selon le cours ordinaire des actions humaines, qu'il doit être considéré comme l'auteur du fait.

ART. 361.

Règles à observer.

Lorsqu'on recherche la conviction par le concours des circonstances, chaque circonstance particulière doit être légalement prouvée par elle-même; de simples circonstances fugitives ne suffisent pas, par elles seules, mais elles doivent être au moins unies à une circonstance qui soit permanente, ou qu'on puisse reconnaître à des traces réelles; enfin, il faut que l'inculpé ne donne aucune explication capable d'affaiblir la preuve résultant des circonstances.

ART. 362.

Quelles circonstances servent spécialement pour amener la conviction.

Les circonstances suivantes concourent spécialement à convaincre l'inculpé, lorsque deux ou plusieurs se trouvent prouvées, et que l'inculpé ne peut élever aucun doute à leur égard : 1° quand l'inculpé a fait fabriquer un instrument ou quelque autre chose qui ne pouvait lui servir pour son état ou sa profession, mais bien pour l'infraction qu'on lui impute; 2° quand on trouve de semblables instruments près de lui ou dans un lieu accessible à lui seul; 3° quand dans sa maison et dans un lieu secret choisi par lui on trouve des effets provenant de l'infraction, ou bien quelque autre trace de cette infraction ; 4° quand il a tiré un lucre ou avantage immédiat de l'infraction ; 5° quand il a rapporté extrajudiciairement des faits qui ne peuvent être connus que de celui qui a commis l'infraction ou qui y a pris part; 6° quand, devant le tribunal, il expose pour sa justification une ou plusieurs circonstances dont la fausseté est évidente ou constatée.

ART. 363.

Lorsqu'on recherche la conviction par les témoignages, on doit avoir égard au degré de véracité du témoin et à la force de sa déposition.

Par les témoignages.

ART. 364.

Le témoignage d'un fonctionnaire assermenté sur un objet qui est soumis à son inspection, lorsqu'aucune circonstance ne vient la rendre douteuse, fait pleine foi pour opérer la conviction, quand il affirme, sous le lien du serment de sa charge, avoir pris l'inculpé sur le fait, et l'avoir immédiatement réprimandé ou arrêté.

Déposition d'un employé assermenté.

ART. 365.

Le témoignage des experts en un art ou un métier fait pleine foi, en ce qui se réfère à l'art ou au métier de la personne qui en dépose.

Témoignage des experts.

ART. 366.

Caractères d'un
témoignage véri-
dique.

Pour qu'un témoin mérite créance, il est nécessaire
1° qu'il ait accompli sa dix-huitième année; 2° qu'il
ne soit pas reconnu coupable d'un délit ou soumis à
une instruction pour délit, et relâché seulement pour
défaut de preuve; 3° qu'il ne vive pas en inimitié
avec l'inculpé; 4° qu'il n'ait à attendre aucun avantage de la condamnation de l'inculpé, ni aucun préjudice de son absolution.

ART. 367.

Pour qu'il en-
traîne conviction.

Pour que la déposition d'un témoin soit apte à
produire la conviction d'un inculpé, il est nécessaire
1° qu'elle soit faite de vive voix devant le tribunal;
2° qu'elle soit précédée de l'avertissement prescrit par
l'article 311, auquel on ajoutera que le témoin aura,
au besoin, à l'affirmer par son serment ou à la confirmer en présence de l'inculpé; 3° que le témoin
soit parfaitement maître de ses sens; 4° qu'il dépose
avec une volonté libre et sans aucune espèce d'excitation; 5° qu'il dépose des faits à sa connaissance particulière; 6° que sa déposition contienne un exposé
clair et précis du fait et des circonstances dont elle
doit attester la vérité; 7° qu'elle indique nominative-
ment la personne de l'inculpé, en la désignant par des
signes certains de reconnaissance; 8° que sa véracité
ne puisse être l'objet d'aucun doute par suite même

de son contenu; 9° ou qu'elle ne soit pas en opposition avec des circonstances déjà constatées.

Art. 368.

Pour la conviction légale d'infractions graves de délit, qui ne laissent aucune trace, il est nécessaire que deux témoins déposent des mêmes circonstances substantielles et soient parfaitement d'accord à cet égard.

Conviction légale d'infractions qui ne laissent aucune trace.

Art. 369.

Un seul témoin, digne de foi, conformément à l'article 366, et dont la déposition réunit les conditions énumérées en l'article 367, produit même une conviction entière lorsque le fait est légalement établi, et que l'inculpé ne peut donner aucune explication justificative sur une des circonstances à sa charge, énoncées en l'article 320.

Quand la déposition d'un seul témoin suffit pour faire preuve.

Art. 370.

La déposition de la personne envers laquelle l'infraction a été commise ou qui en a souffert un préjudice suffit, dans les mêmes circonstances, pour compléter la conviction de l'inculpé, pourvu que de la condamnation il ne doive résulter pour elle aucun dédommagement ou aucun avantage.

Art. 371.

Si le témoin ne demeure pas dans le district où se fait l'instruction, mais dans celui d'un autre tri-

Audition d'un témoin demeurant

bunal, on doit requérir ce dernier de procéder à son
audition, en lui communiquant les demandes à faire,
et en l'informant du fait et de ses circonstances,
autant qu'il est nécessaire pour le mettre en mesure
d'éclairer la cause par des questions subséquentes,
suivant les réponses que fera le témoin.

ART. 372.

Lecture de la
déposition des té-
moins.

La déposition des témoins, après avoir été transcrite sur le procès-verbal et souscrite, ainsi qu'il est
dit plus haut, est mise sous les yeux de l'inculpé;
s'il nie les circonstances essentielles déposées contre
lui, on passera à sa confrontation avec les témoins.

ART. 373.

Lorsqu'il y a plusieurs témoins à confronter, ils
doivent être entendus individuellement l'un après
l'autre, et, après un nouvel avertissement sur le devoir de déposer avec vérité, on les interrogera, point
sur point, relativement à chaque circonstance mise à
la charge de l'inculpé.

ART. 374.

Sur chaque partie confirmée par les témoins, on
doit immédiatement demander à l'inculpé s'il a quelque
chose à opposer à la personne ou à la déposition du
témoin. S'il n'a aucune observation fondée à faire,
on continuera de cette manière l'examen sur toutes

les autres parties, en consignant sur le procès-verbal tout ce qui a été ainsi fait.

ART. 375.

L'inculpé a la faculté d'opposer aux moyens dont le tribunal fait usage pour le convaincre tout ce qui peut servir à prouver son innocence, ou à diminuer sa culpabilité, ou contribuer de toute autre manière à atteindre ce but.

Droit de l'inculpé dans la confrontation.

ART. 376.

L'innocence de l'inculpé doit être tenue pour légalement prouvée quand les circonstances, desquelles résultait còntre lui un soupçon légal, sont éclaircies, de manière à faire tomber entièrement le soupçon.

Preuve légale de l'innocence.

ART. 377.

Si néanmoins le résultat de l'interrogatoire ne suffit pas pour établir contre l'inculpé une preuve légale de sa culpabilité, mais ne détruit pas non plus les motifs du soupçon légal, dans ce cas, ni la culpabilité ni l'innocence ne doivent être considérées comme légalement prouvées.

Quand l'innocence ni la culpabilité ne sont pas considérées comme légalement prouvées.

CHAPITRE V.

DE LA SENTENCE.

ART. 378.

Il doit être prononcé une sentence sur chaque

Sentence.

instruction entamée à raison d'une grave infraction de police.

ART. 379.

Qui doit la pro-
noncer.

L'autorité qui a fait l'instruction doit aussi prononcer la sentence.

ART. 380.

On devra toujours appeler, pour la formation de la sentence, deux hommes intelligents et de bonne réputation de la commune où l'instruction a eu lieu et auxquels on lira avec soin, en présence de l'inculpé, les procès-verbaux d'interrogatoire, qu'ils souscriront ensuite.

ART. 381.

Temps dans le-
quel la sentence
doit être prononcée.

En général la sentence doit être prononcée immédiatement après la clôture de l'interrogatoire; si cependant cela était impossible à cause de la nature de l'infraction ou par autre empêchement majeur, elle doit être prononcée dans le délai le plus rapproché; mais, en aucun cas, la séance ne doit être interrompue avant que tous les votes aient été recueillis.

ART. 382.

Base de la déli-
bération.

La base de la délibération est le procès-verbal d'instruction qui est lu de nouveau dans tout son contenu, avec tous les documents qui s'y rapportent; ensuite l'attention doit se porter sur les trois points suivants de décision : 1° s'il y a preuve légale que l'inculpé soit coupable de l'infraction ; 2° s'il y a des circonstances aggravantes ou atténuantes ; 3° quelle est la peine déterminée par la loi pour cette infraction, accompagnée de ces circonstances?

Art. 383.

Chacune de ces questions doit être mûrement délibérée, et portée, dans son ordre, au procès-verbal, en indiquant les principaux motifs de décision sur chaque point.

Art. 384.

Quand la question de savoir s'il y a preuve légale de la culpabilité de l'inculpé est résolue négativement, on doit délibérer pour savoir si son innocence est légalement prouvée, ou si, lorsque la preuve légale de la culpabilité n'existe pas, le soupçon légal n'a cependant pas été suffisamment détruit.

Recherches des preuves légales.

Art. 385.

Dans le premier cas, on prononce immédiatement la sentence par laquelle l'inculpé est reconnu innocent de l'infraction qui lui est imputée.

Sentence d'absolution.

Art. 386.

Dans le second cas, la sentence portera que l'instruction est suspendue pour défaut de preuve légale.

Sentence pour défaut de preuve légale.

ART. 387.

Condamnation. ‘ S'il est décidé que l'inculpé est légalement convaincu de l'infraction, on passera à l'examen des circonstances aggravantes qui s'élèvent contre lui.

ART. 388.

Circonstances aggravantes. Dans la fixation des peines pour différentes infractions, on doit prendre en considération les circonstances aggravantes qui suivent : 1° l'infraction pendant un long temps; 2° sa récidive et les condamnations fréquentes - qui en sont déjà résultées; 3° le plus ou moins de gravité du danger qu'on devait prévoir en commettant l'infraction ; 4° le dommage réellement survenu; 5° les rapports entre l'infracteur et la personne lésée ou offensée; 6° la séduction exercée sur de jeunes personnes ou autres personnes honnêtes; 7° les exemples pernicieux donnés dans une famille; 8° le scandale causé au public. On doit toujours avoir égard à ces circonstances alors même qu'elles ne seraient pas expressément indiquées dans la loi.

ART. 389.

Outre les circonstances sus-mentionnées, sont encore considérées comme aggravantes celles qui suivent: 9° lorsque pour accomplir l'infraction il a été nécessaire d'employer beaucoup de temps ou de faire de longs préparatifs, ou bien s'il y avait de grands obstacles à vaincre ; 10° lorsque le coupable a été le principal moteur ou, de quelque autre manière, l'auteur d'une infraction commise par plusieurs personnes; 11° lorsqu'il a commis plusieurs infractions de différentes espèces; 12° lorsqu'il a tenté de prolonger ou d'entraver l'instruction par de fausses allégations; 13° enfin et spécialement, dans les infractions contre la morale publique, lorsque le coupable a reçu de l'education et une haute instruction.

ART. 390.

Sont circonstances atténuantes, selon le genre d'infractions, 1° l'âge se rapprochant de l'impuberté; la faiblesse d'esprit ou l'éducation négligée; 2° une conduite irréprochable avant l'infraction; 3° la séduction du coupable par d'autres; 4° s'il a agi par la crainte ou la préoccupation de l'autorité d'autrui; 5° ou s'il se trouvait en état d'une violente commotion d'esprit; 6° ou s'il a été poussé par l'indigence; 7° s'il n'a commis qu'une simple tentative, alors qu'il était en son pouvoir d'accomplir l'infraction, d'en tirer un plus grand avantage, ou de causer un plus grand dommage; 8° s'il ne s'est approprié que le moindre lucre; 9° si spontanément il s'est abstenu de faire un plus grand dommage; 10° s'il a cherché à réparer le dommage selon ses moyens; 11° si dans son interrogatoire il a, de son propre mouvement, découvert des circonstances dont la connaissance mettait à même d'empêcher ou de diminuer un péril imminent.

Circonstances atténuantes.

23.

ART. 391.

Recherches des circonstances aggravantes et atténuantes.

Les circonstances aggravantes et atténuantes doivent être légalement prouvées suivant le même mode que l'infraction elle-même : en conséquence, le juge doit rechercher dans l'interrogatoire et peser légalement tout ce qui se réfère à ces circonstances et à leur preuve.

ART. 392.

Détermination de la peine.

Dans l'examen de la troisième question, on fera lecture de la loi qui concerne l'infraction que l'on recherche, et on appliquera l'espèce et le degré de peine qu'elle détermine.

ART. 393.

Infraction de diverses espèces.

Si l'inculpé a commis plusieurs infractions d'espèce différente, on appliquera la loi qui, pour ces infractions, porte la peine la plus forte.

ART. 394.

Genre de peine.

Du reste, en ce qui concerne la nature de la peine on doit observer ce qui est prescrit par le chapitre II de la 1re section (articles 22 à 26).

ART. 395.

Détermination du degré de la peine.

Le degré de la peine se détermine selon les circonstances aggravantes ou atténuantes; on applique une peine plus forte ou moindre, ou on l'aggrave ou on la modifie, selon que les unes ou les autres sont prépondérantes.

ART. 396.

On doit, dans chaque sentence, indiquer les nom et prénoms de l'inculpé, le jour et l'heure auxquels l'instruction a été commencée et la sentence prononcée.

Teneur de la sentence.

ART. 397.

Dans les sentences de condamnation, on doit, en outre, mentionner, 1° si le condamné a déjà commis plusieurs infractions ou est en état de récidive pour la même, s'il a déjà été puni et pour quel motif, et, en outre, s'il y a des circonstances aggravantes à sa charge; 2° le genre de peine et, selon ses limites, le degré et sa durée, ainsi que l'aggravation qui y a été jointe; 3° enfin la fixation des indemnités ou des dommages-intérêts, de manière à ce qu'il ne reste aucun doute sur la légitimité de la peine ni sur l'exécution de la sentence.

ART. 398.

Lorsque l'indemnité ou les dommages-intérêts peuvent être immédiatement fixés, on doit insérer cette fixation dans la sentence, autrement on exprime d'une manière générale qu'il est dû à la partie lésée une indemnité ou des dommages-intérêts et qu'il lui est réservé de réclamer la liquidation par les voies de droit; ces voies sont réservées également à toutes parties qui ne veulent pas se contenter de l'indemnité

De la réparation de l'indemnité et des dommages-intérêts.

ou des dommages-intérêts qui ont été fixés directement par la sentence.

ART. 399.

Rédaction de la sentence.

La sentence formée doit être aussitôt rédigée, lue mot à mot et insérée sur le procès-verbal, dont on fait immédiatement une expédition, qui, ainsi que le procès-verbal, est signée du juge, des deux assesseurs et du greffier.

ART. 400.

Sentence à communiquer à l'administration du cercle.

Lorsque la sentence porte une peine plus forte que l'arrêt pendant un mois, ou le châtiment corporel pour plus de dix coups, ou quand la preuve résulte du concours des circonstances, avant de la publier, on doit soumettre le procès-verbal avec toutes ses annexes à l'administration du cercle, pour qu'elle en fasse l'examen.

ART. 401.

Ce que doit faire l'administration du cercle.

Si l'administration du cercle n'y trouve rien à reprendre, elle renvoie sans délai les actes avec la simple annotation : *Vu : Administration du cercle*, etc. Si cette administration trouve des difficultés graves, soit dans la procédure, soit dans l'application de la peine, elle renvoie les actes, avec ses observations, au gouvernement de la province.

ART. 402.

Sentence à transmettre au gouver-

On doit transmettre, avant la publication, au gouvernement de la province, avec tous les actes, les sentences par lesquelles la peine de l'arrêt portée par la loi est commuée en une amende, ou celles qui prononcent un châtiment corporel de vingt-cinq coups, ou l'arrêt rigoureux pour trois mois, ou une amende de dix florins dans les campagnes et dans les petites villes, et de cinquante dans les capitales, ainsi que les sentences qui prononcent la perte des immunités ou des droits, l'expulsion d'une province, ou l'aggravation de la peine par l'exposition publique, ou celles qui concernent les tentatives de suicide.

nement de la province.

Art. 403.

Le gouvernement de la province doit alors examiner la marche de la procédure et la sentence rendue. S'il remarque dans la procédure des irrégularités essentielles qui influent sur la sentence, il renvoie les actes, par l'intermédiaire de l'administration du cercle, au premier tribunal, avec les instructions convenables et avec ordre de déclarer, lors de la nouvelle transmission des actes, s'il persiste dans la sentence déjà prononcée, ou s'il y trouve quelque chose à changer et en quoi ces changements consistent.

Examen à faire par le gouvernement de la province.

Art. 404.

A l'égard des irrégularités qui n'influent pas sur le prononcé de la sentence, on doit aussi les indiquer et donner à cet égard des avertissements aux tribunaux inférieurs, mais ils n'empêcheront pas de prendre la sentence en considération.

Art. 405.

L'attention du gouvernement de la province doit se porter, suivant les procès-verbaux qui lui sont soumis, sur les preuves légales du fait, de la culpabilité ou de l'innocence de l'inculpé, sur l'existence et l'importance respective des circonstances aggravantes ou atténuantes, sur la nature, le degré et l'aggravation de la peine.

Art. 406.

Faculté du gouvernement relativement à la sentence.

Hors les cas mentionnés en l'article suivant sous les numéros 1, 2 et 3, le gouvernement de la province n'a pas le droit d'aggraver la sentence, mais seulement de la confirmer ou de la mitiger. La sentence confirmée ou mitigée est aussitôt renvoyée au premier tribunal pour être exécutée.

Art. 407.

Dans quels cas les sentences des gouverneurs doivent être remises au dicastère aulique de police.

Les sentences du gouvernement de la province doivent, en outre, être préalablement remises avec tous les actes de la procédure au dicastère aulique de police, lorsqu'elles prononcent, 1° sur des sociétés secrètes ; 2° sur des infractions aux règlements de censure définies aux articles 62, 64 et 69 ; 3° sur l'excitation et des tentatives d'excitation des nationaux à s'établir en pays étranger, ou quand elles prononcent l'expulsion de toutes les provinces héréditaires.

ART. 408.

Les sentences qui ne sont pas soumises à l'inspection supérieure doivent être immédiatement notifiées au condamné; celles qui exigent la confirmation d'une autorité supérieure, le sont aussitôt qu'elles sont renvoyées par celle-ci.

Notification des sentences. (Voir appendice, article 15).

CHAPITRE VI.

DU RECOURS ET DE LA DEMANDE EN GRÂCE.

ART. 409.

On peut former un recours ou une demande en grâce contre la sentence portée.

Recours.

ART. 410.

On peut employer la voie du recours en la faisant porter sur la légalité de la procédure, ou contre la procédure elle-même, ou contre la sentence, 1° lorsque, la sentence prononçant la culpabilité, on demande à être absous ou, au moins, que l'instruction soit suspendue; 2° lorsque la sentence déclarant l'instruction suspendue, on réclame l'absolution entière, ou enfin 3° lorsqu'on demande une commutation de la peine infligée, quant à son espèce et à sa gravité.

Dans quel cas.

ART. 411.

Le recours contre la sentence rendue par le tribunal de première instance de police se porte devant

A qui ce recours doit être porté.

le gouvernement de la province, et celui contre le gouvernement de la police, au dicastère aulique de police.

ART. 412.

Au gouvernement. Le recours au gouvernement provincial a lieu contre les sentences du tribunal de première instance de police, qui peuvent être mises à exécution par ce tribunal, sans avoir été préalablement soumises au gouvernement.

ART. 413.

Au dicastère aulique de police. Le recours au dicastère aulique de police a lieu contre les sentences du gouvernement provincial changeant la sentence d'absolution prononcée par le tribunal de première instance en déclaration d'instance suspendue, ou aggravant d'une autre manière la décision portée par ce tribunal de première instance.

ART. 414.

Sentences contre lesquelles il ne peut y avoir recours. Il n'y a pas lieu à recours contre les sentences du gouvernement provincial qui ne réforment pas ou n'aggravent pas la sentence de première instance, ainsi qu'il est dit ci-dessus, ni contre les sentences prononcées par le dicastère aulique de police.

ART. 415.

Qui est autorisé à l'intenter. Ont le droit d'intenter le recours, le condamné, ses parents en ligne ascendante et descendante, son

conjoint et son tuteur; l'autorité pour ses subordonnés, le maître ou l'artisan pour ses ouvriers ou
apprentis; le patron ou la maîtresse pour ses servi-
teurs. S'il s'élève quelque doute sur la qualité qui
donne droit d'intenter le recours, le requérant doit
la prouver.

ART. 416.

Le recours contre les sentences dont le juge de
police peut ordonner l'exécution conformément aux
articles 400 et 408, sans qu'il soit besoin d'examen
ultérieur ou de confirmation postérieure, doit être
annoncé immédiatement, si elles prononcent le châtiment corporel avec coups; et, dans les autres cas,
au plus tard dans les vingt-quatre heures de la notification de la sentence, et il doit, en général, être déposé dans le délai de trois jours.

Terme dans lequel le recours doit avoir lieu.

ART. 417.

Le tribunal de première instance de police peut,
néanmoins, selon les circonstances et l'importance de
l'infraction, accorder une prolongation de délai pour
déposer le recours jusqu'à six jours.

Ce terme peut être prolongé selon les circonstances.

ART. 418.

Le recours contre les sentences à soumettre à l'examen de l'administration du cercle ou à la confirmation
de l'autorité supérieure doit être annoncé dans le

Délai pour réclamer contre les sentences qui doivent être soumises à la délégation provinciale.

délai de trois jours, et dans les huit jours subséquents on doit déposer l'acte de recours.

ART. 419.

Passé ce délai, aucun recours ne sera admis.

ART. 420.

Motifs de la sentence à communiquer par le magistrat au requérant.

On ne peut permettre l'examen des actes du procès pour cause de recours. Néanmoins, lorsque les personnes ayant le droit d'exercer ce recours réclament communication des motifs de la sentence pour savoir si elles peuvent avec fondement exercer ce recours, cette communication doit leur être faite dans les vingt-quatre heures de la requête.

ART. 421.

Comment on exerce le recours.

Le recours peut être fait de vive voix ou par écrit, ou par l'intermédiaire d'un conseil dans lequel la partie met sa confiance, tant contre les sentences dont l'exécution est laissée, aux termes de l'article 400, au tribunal de police, que contre celles qui doivent être soumises à l'examen de l'autorité supérieure.

ART. 422.

Ce que doit faire le magistrat en cas de recours verbal.

Les motifs du recours produits de vive voix sont transcrits par le magistrat sur le procès-verbal qui, ayant été lu au requérant, doit être signé par lui ou confirmé par un signe de sa main.

Art. 423.

Si le recours fait de vive voix ou par écrit est dirigé contre des sentences pour l'exécution desquelles il n'est pas besoin de recourir à des autorités supérieures, le tribunal de police doit transmettre sans délai au gouvernement provincial l'acte de recours, ou le procès-verbal dressé sur le recours, avec tous les actes du procès, et indiquer, dans le rapport qu'il y joindra, les motifs qu'il peut opposer au recours.

Art. 424.

Si le recours est exercé contre une sentence du gouvernement provincial, celui-ci doit le transmettre, avec tous les actes du procès de première instance, au dicastère aulique de police, en les accompagnant des motifs de sa propre sentence.

Recours contre les sentences du gouvernement.

Art. 425.

L'autorité à laquelle le recours est soumis doit s'en occuper selon les règles prescrites pour prononcer la sentence : s'il trouve la procédure et la sentence conformes à la loi, il rejette le recours : dans le cas contraire, il réforme la sentence conformément à la loi. En cas de réformation, on ne peut jamais aggraver la sentence contre laquelle le recours est exercé.

Règles à suivre par le tribunal auquel le recours est soumis.

ART. 426.

Effet du recours.

L'effet du recours est de suspendre l'application de la peine jusqu'à la décision de l'autorité supérieure, ainsi que l'exécution de la sentence, en tant seulement que le retard ne peut occasionner ou accroître un préjudice quelconque.

ART. 427.

Quand on doit, en cas de recours, comprendre la prison subie dans la durée de la peine.

Si la peine prononcée est celle de l'arrêt, et si le condamné se trouve déjà en prison et que la peine soit mitigée, on compte pour la durée de la peine la prison subie depuis la notification de la sentence jusqu'à la décision sur le recours : ce temps n'est pas compté si le recours est rejeté.

ART. 428.

Qui peut faire une supplique en grâce, et dans quel délai.

Les mêmes personnes qui ont le droit d'exercer le recours peuvent aussi demander grâce, c'est-à-dire, soit une commutation, soit une remise entière de la peine prononcée, mais elles doivent le faire dans le délai prescrit pour le recours.

ART. 429.

Effet de la demande en grâce.

La demande en grâce produit toujours l'effet de suspendre l'exécution de la sentence au point que la demande en grâce ne devienne pas inutile en tout ou en partie.

ART. 430.

En ce qui concerne les sentences mentionnées en l'article 400, la commutation de peine appartient à l'administration du cercle, et la remise totale au gouvernement provincial; à l'égard des sentences spécifiées en l'article 402, le gouvernement provincial n'a que la faculté de commuer la peine, et la remise entière est réservée au dicastère aulique de police.

Faculté du magistrat sur la commutation ou remise de la peine.

ART. 431.

· Les demandes en grâce contre les sentences qui, conformément à l'article 407, doivent être transmises au dicastère aulique de police, doivent être soumises au souverain lui-même.

Demandes en grâce qui doivent être soumises au souverain.

ART. 432.

Comme on ne peut énumérer les motifs qui peuvent donner lieu à accorder grâce, les autorités de police doivent se rappeler qu'on doit avoir principalement égard au concours de plusieurs circonstances atténuantes, ou à la réunion de circonstances non prévues par la loi, mais que, généralement, on ne doit accorder ni conseiller au souverain des remises ou commutations de peine sans motifs graves.

Motifs que peuvent admettre les tribunaux de police en cas de demande en grâce.

CHAPITRE VII.

DE LA PUBLICATION ET DE L'EXÉCUTION DE LA SENTENCE.

ART. 433.

Publication et exécution de la sentence. Les sentences qui ne sont pas soumises à la révision ultérieure doivent être régulièrement publiées et exécutées.

ART. 434.

Lieu de la publication. La publication se fait toujours dans le lieu où l'instruction a été dressée. S'il s'agit d'infractions dont la punition doit être exemplaire, à cause du danger que les conséquences peuvent avoir, ou à cause de leur trop grande fréquence dans un lieu déterminé, ou à cause du scandale public qu'elles ont occasionné par leur nature, la sentence est aussi publiée dans le lieu même où l'infraction a été commise.

ART. 435.

Mode de l'exécuter. Il appartient à l'autorité supérieure de déterminer les cas où il y a nécessité de faire cette publication, selon l'espèce et les circonstances de l'infraction.

La publication doit être exécutée selon le mode pratiqué ordinairement dans les condamnations criminelles.

ART. 436.

Lorsque l'inculpé La sentence par laquelle l'inculpé est déclaré innocent, doit être notifiée le plus tôt possible, même un jour de dimanche ou de fête. S'il se trouve en état d'arrestation, il doit être mis immédiatement en liberté et il lui est remis une copie authentique de la sentence.

est déclaré inno-
cent.
(Voir appendice,
article 16.)

ART. 437.

Si la sentence déclare l'instruction suspendue pour défaut de preuves, l'inculpé est conduit devant le tribunal, le plus prochain jour ouvrier; la sentence lui est lue, on lui en remet une copie, et en même temps le président lui signifie que, s'il survient de nouvelles preuves, l'instruction sera reprise.

Quand l'instruc-
tion est suspendue
pour défaut de
preuve.

ART. 438.

Lorsqu'on n'a pas exercé de recours, ou quand il a été statué sur le recours, l'exécution de la sentence a lieu, dans le premier cas, aussitôt après l'expiration du délai prescrit pour annoncer le recours, et, dans le second cas, aussitôt après la publication; seulement quand le châtiment corporel est prononcé, on a égard à l'état actuel de la santé du condamné et l'exécution est différée jusqu'à sa guérison.

Quand on doit
exécuter immédia-
tement la sentence
ou quand on doit
différer l'exécution

ART. 439.

La même précaution doit être observée pour les femmes enceintes ou alaitantes, quand un emprisonnement rigoureux ou de longue durée pourrait être préjudiciable pour la mère ou pour l'enfant, suivant l'avis des gens de l'art.

ART. 440.

Lieu de l'exécution.

En général, la sentence doit être exécutée dans le lieu même où elle a été prononcée. Il est, néanmoins, facultatif au gouvernement provincial d'ordonner dans les cas prévus par l'article 434, si la distance n'est pas grande, que le condamné soit conduit, pour la subir, au lieu où l'infraction a été commise.

ART. 441

Exécution contre un condamné fugitif.

Un fugitif déjà condamné pour graves infractions de police ne peut être poursuivi par mandats généraux de réquisition ; on doit seulement communiquer aux administrations des cercles son signalement, afin qu'il puisse être poursuivi, lorsqu'il s'agit d'affiliation à des sociétés secrètes désignées aux numéros 1, 2 et 3 de l'article 40, ou de séduction de sujets pour s'établir en pays étrangers, ou en cas de condamnation à l'expulsion de tous les états héréditaires.

ART. 442.

Règle relative aux condamnés à l'arrestation.

Ceux qui sont condamnés à la peine de l'arrêt doivent être gardés dans un lieu entièrement séparé de celui où se trouvent les condamnés criminels ; on doit surtout prendre des mesures pour que les condamnés impubères soient constamment tenus, pendant leur arrestation, séparés des inculpés ou condamnés dont le contact pourrait plus corrompre leurs mœurs que la peine ne pourrait les réformer.

ART. 443.

Si l'arrêt a été prononcé pour un temps si long que, par l'absence du condamné, son exploitation, son industrie ou les moyens de subsistance de sa famille puissent s'anéantir, ou du moins éprouver un préjudice considérable, l'autorité, par l'intermédiaire du tribunal civil du condamné, doit prendre les mesures opportunes pour, autant que possible, obvier à ce dommage.

Disposition relative à la famille du condamné.

CHAPITRE VIII.

DES FRAIS DE JUSTICE EN MATIÈRE DE GRAVES INFRACTIONS DE POLICE.

ART. 444.

Toutes les opérations du tribunal de police, concernant les graves infractions de police, doivent avoir lieu d'office; on ne peut exiger ni taxes ni épices au-delà des fixations faites par la présente loi. Les écritures faites dans ces procédures sont exemptes de timbre, et même de frais de poste quand elles doivent être expédiées.

Cette juridiction est gratuite.

ART. 445.

Les voitures pour la remise d'un inculpé doivent être fournies gratuitement par la commune au moyen de corvées.

Fourniture de voitures.

24.

ART. 446.

Les médecins, les chirurgiens, les sages-femmes, et autres experts sont obligés de donner leurs avis, certificats et parères sans honoraires. Si néanmoins ils sont appelés dans un lieu autre que celui de leur résidence, on doit les rembourser de leurs frais de route et de nourriture.

ART. 447.

On doit payer le prix ordinaire de sa journée au témoin appelé devant le tribunal d'une autre localité, lorsqu'il vit de son travail journalier et qu'il y manque par suite de sa comparution devant le tribunal.

ART. 448.

Les voyages des messagers qui ne sont pas au service de l'autorité de police sont payés à raison de dix kreutzers par chaque mille, tant en allant qu'au retour.

ART. 449.

Toutes ces taxes sont payées immédiatement par l'autorité chargée de l'instruction, aussitôt qu'elles sont dues. L'autorité a le droit d'en exiger le recouvrement de l'inculpé, 1° quand il est déclaré coupable, 2° ou bien quand, l'instruction étant seulement suspendue pour défaut de preuves légales, l'inculpé a lui-même donné lieu à l'instruction.

Art. 450.

L'autorité de police est aussi autorisée, dans les deux cas sus-mentionnés, à porter cinq kreutzers en compte à l'inculpé, pour sa nourriture, par chaque jour d'arrestation, lorsque cette nourriture a dû lui être fournie.

Frais de nourriture.

Art. 451.

Mais ce remboursement n'est poursuivi que dans le cas où il ne rend pas difficile le recouvrement de l'indemnité adjugée à la partie lésée, et ne porte pas préjudice aux moyens de subsistance de l'inculpé et de sa famille.

Exceptions.

CHAPITRE IX.

DE LA DIRECTION ET DE LA SURVEILLANCE GÉNÉRALE À EXERCER SUR LES JURIDICTIONS EN MATIÈRE DE GRAVES INFRACTIONS DE POLICE.

Art. 452.

Pour faciliter la direction et la surveillance de l'exercice de la juridiction en matière de graves infractions de police, les actes doivent en être conservés dans un greffe séparé, qui doit être disposé de la manière suivante :

Enregistrement spécial des actes de cette juridiction.

1° Les actes relatifs à chaque affaire sont réunis en un dossier portant au dehors un numéro. Toutes les pièces appartenant à un procès sont marquées

Leur disposition.

du numéro du dossier et d'un numéro particulier sous lequel elles se trouvent déposées dans ce dossier.

ART. 453.

Répertoire gé-
néral.

2° On doit tenir un répertoire général sur lequel est reportée chaque procédure avec l'indication du numéro de son dossier, sous trois rubriques, sous le nom de l'inculpé, sous la qualification de l'infraction et sous la dénomination du lieu où l'infraction a été commise.

ART. 454.

Formation des
tableaux annuels.

On doit, en outre, tenir dans le greffe un tableau annuel, sur lequel toutes les infractions de chaque espèce sont réparties sous une seule dénomination, afin qu'on puisse reconnaître les infractions qui prédominent, ainsi que leur augmentation ou leur diminution, en le confrontant avec le tableau de l'année précédente.

ART. 455.

Magistrats char-
gés de la surveil-
lance.

En conséquence des dispositions de l'article 292 de cette seconde section, le gouvernement provincial a la surveillance sur toutes les autorités de police de la province et le dicastère aulique de police l'exerce sur tous les gouvernements provinciaux.

ART. 456.

Quand les ad-

Les administrations des cercles ne constituent

point, il est vrai, un degré général de juridiction en matière de graves infractions de police ; mais comme, d'après les dispositions du présent Code, elles doivent prendre connaissance des procédures et des sentences des autorités de police, ceux-ci sont aussi soumis à leur surveillance immédiate.

ministrations des cercles exercent un droit de surveillance.

ART. 457.

Cette surveillance consiste à veiller continuellement à ce que les autorités de police exercent avec soin, selon les règles tracées par la loi, la juridiction qui leur est confiée en matière de graves infractions de police; chaque autorité supérieure, étant consultée, doit donner les instructions opportunes, corriger les défauts qui se découvrent, et punir d'office la négligence manifestée dans ce genre d'affaires, ou bien en faire un rapport ultérieur si l'affaire exige une répression et des mesures de la part d'une autorité plus élevée.

En quoi consiste la surveillance de l'autorité supérieure.

ART. 458.

Du reste, l'administration de cette juridiction doit être un objet spécial et particulier d'examen de la part des référendaires des cercles des prisons, lors de leurs tournées. Ils doivent examiner l'état des lieux d'arrêt, le traitement des condamnés, et l'ordre des greffes; donner immédiatement les ordres nécessaires pour ce qui peut être de suite amélioré ou réformé, et dénoncer, dans leur rapport, les autres vices qu'ils ont remarqués.

Visite des provinces.

ART. 459.

Lors de ces tournées, les tableaux ordonnés par l'article 454 doivent être examinés avec soin. S'il en résulte qu'une infraction est devenue plus fréquente, on doit rechercher, autant qu'il est possible, quelle est la cause de ce mal. Si de la vérification il résulte, au contraire, qu'une infraction antérieurement très-fréquente l'est devenue moins, on doit aussi rechercher la cause de ce changement salutaire, et tout ce qui est ainsi reconnu doit être détaillé dans le rapport sur la visite.

APPENDICE.

NOUVEAUX RÈGLEMENTS GÉNÉRAUX

SUR

LA SECONDE PARTIE DU CODE PÉNAL.

ARTICLE 1ᵉʳ.

Lorsqu'un étranger, qui s'est rendu coupable en pays étranger d'une contravention que le Code pénal autrichien qualifie de grave infraction de police, s'est réfugié sur le territoire autrichien et qu'il est ensuite réclamé par un magistrat étranger, on ne doit pas lui faire l'application des deux décrets auliques relatifs aux délinquants réfugiés, des 4 décembre 1808 et 12 janvier 1809 ; mais cet étranger doit être considéré seulement comme émigrant depuis son entrée sur le territoire, et traité conformément aux règlements de police existants. (*Décret aulique du 20 février 1813.*)

Voir article 2.

ART. 2.

Ceux qui font imprimer des gravures ou cartes géographiques sont obligés de soumettre à la cen-

Article 57.

sure, à leurs propres risques, la première épreuve et non pas seulement le dessin original, et toute impression faite avant la permission de la censure est punie de la peine portée au Code pénal contre les contraventions en matière de censure. (*Décret aulique du 7 mars 1813.*)

ART. 3.

Article 76.

Quiconque endommage volontairement et par méchanceté, d'une manière quelconque, des arbres fruitiers, particulièrement ceux qui sont plantés en lieux non clos, est puni, pour la première fois, de l'arrêt rigoureux d'une semaine, la seconde fois de l'arrêt rigoureux pendant trois mois, et en outre, selon les circonstances, de vingt-cinq coups de bâton. (*Décret aulique du 28 octobre 1806.*)

ART. 4.

Article 80.

Il est défendu aux maîtres de poste de fournir des chevaux aux voyageurs non munis de passeports en règle, ou qui s'éloignent de la direction indiquée par leur passeport; en cas de contravention, on prononce la peine portée par l'article 80, c'est-à-dire, une amende de cinquante florins, la première fois, que l'on double en cas de récidive; la troisième fois on prononce la perte de la charge. (*Décret aulique du 29 juillet 1813.*)

ART. 5.

Pour éviter toute fraude, la défense de dorer des monnaies courantes s'étend même aux monnaies hors de cours ; en conséquence, il est défendu de dorer et argenter les monnaies hors de cours, et le commerce de semblables monnaies dorées ou argentées est prohibé sous peine de confiscation. (*Décret aulique du 21 octobre 1813.*)

Article 83.

ART. 6.

Il n'est pas permis de transporter et de conserver des brasiers ardents dans des chambres fermées sous les peines portées en l'article 89. Sont exceptés ceux qui, pour l'exercice de leur industrie, ont besoin d'avoir dans leurs boutiques des brasiers de charbons; ils pourront en avoir à condition que, sur le poêle contenant les charbons, ils placeront un vase plein d'eau, afin de diminuer par sa vapeur les effets nuisibles des exhalaisons carboniques. (*Décret du 10 mars 1808.*)

Article 89.

ART. 7.

L'article 98 n'est pas applicable aux chirurgiens civils approuvés, qui entreprennent de guérir des maladies internes. Ces personnes, lorsqu'elles outrepassent ainsi les limites de leur licence, sont traitées comme tous autres industriels qui dépassent les limites de leurs patentes, et doivent être punies des

Article 98.

peines proportionnées à leur infraction. (*Décret au-lique du 12 février 1807.*)

ART. 8.

Article 130.

Les mères, gardes-malades, nourrices ou parents officieux qui feront prendre des décoctions de pavots à des enfants malades pour les guérir, et à des enfants sains pour les apaiser et les faire tenir tranquilles, se rendent coupables, attendu les effets nuisibles et souvent mortels de cette boisson, de l'infraction réprimée par l'article 130, et doivent être punis en conséquence. (*Décret aulique du 1er juillet 1802.*)

ART. 9.

Article 140.

Pour faciliter l'exécution de la disposition qui enjoint de notifier sans retard les signes de forte altération mentale qui se manifestent dans une personne, il est ordonné que l'annonce en soit faite dans la capitale, à la direction de police, et, dans les autres lieux, à l'autorité locale. (*Décret aulique du 12 juillet 1807.*)

ART. 10.

Articles 156, 157 et 158.

Il est défendu, sous peine de confiscation, d'exposer en vente ou de négocier comme vins étrangers des vins nationaux préparés, par des moyens artificiels, à l'instar des vins étrangers. Les infracteurs sont en outre punis, selon les circonstances, des peines

portées aux articles 156, 157 et 158. (*Décret au-*
lique du 7 décembre 1811.)

ART. 11.

Dans les villes où il y a des directions de police, Articles 163, 164 et 234.
l'instruction et la punition des lésions corporelles,
des attentats illégaux à la liberté et des offenses
contre l'honneur, qui, d'après l'article 1339 du Code
civil sont réservées à la connaissance des autorités
de police, sont de la compétence de ces directions,
que l'inculpé soit ou ne soit pas noble. Dans les
campagnes et dans les villes où il n'existe pas de
ces directions, elles sont de la compétence de l'autorité locale, lorsque l'inculpé n'est pas noble, et
s'il s'agit de personnes nobles, de celle de l'administration du cercle la plus proche. (*Décret aulique*
du 14 mars 1812.)

ART. 12.

Ceux qui cueillent ou enlèvent des glands ou des Article 210.
noix de galle dans les bois seigneuriaux, sans permission des propriétaires, sont punis des peines portées
contre les autres délits forestiers et contre les vols,
conformément à l'article 210 de la deuxième partie
du Code pénal. (*Décret aulique du 23 juin 1808.*)

ART. 13.

La spoliation d'une sépulture est punie comme Article 210.
grave infraction de police, et conformément à l'ar-

ticle 210, de la peine de l'arrêt rigoureux, dont la durée peut être étendue jusqu'à trois mois et même aggravée lorsqu'elle est accompagnée de circonstances nuisibles pour la salubrité publique. *(Décret aulique du 18 mai 1805.)*

ART. 14.

Article 27.

La vente et l'achat de clefs, rossignols, crochets, sont qualifiés graves infractions de police et punissables, pour la première fois, d'une amende de vingt-cinq à cinquante florins ; en cas de récidive, d'une amende double ; la troisième fois, on prononce la perte du métier ou de la patente. *(Décret aulique du 18 décembre 1812.)*

ART. 15.

Article 408.

Dans les sentences pour graves infractions de police, on doit toujours faire une mention expresse des délais pour exercer le recours, suivant les divers cas spécifiés dans le chapitre VI de la seconde section du Code pénal, et la partie doit en être informée avec soin. *(Décret aulique du 18 mai 1804.)*

ART. 16.

Article 436.

L'instruction peut être aussi reprise contre celui-là même qui a été déclaré innocent, lorsqu'il s'élève de nouvelles preuves, qui donnent lieu de supposer avec fondement qu'elles entraîneront sa condamnation. (*Décret aulique du 28 juillet 1808.*)

Restent en pleine vigueur les règlements non rappelés ici, qui ont été donnés dans des cas particuliers, ou les articles d'instructions sur la marche de la procédure, la compétence des tribunaux et autres points analogues.

FIN.

TABLE DES MATIÈRES.

PREMIÈRE PARTIE.

1ʳᵉ SECTION.

DES DÉLITS ET DES PEINES.

SECTION II.

DE L'INSTRUCTION CRIMINELLE.

DEUXIÈME·PARTIE.

DES GRAVES INFRACTIONS DE POLICE.

Iʳᵉ SECTION.

DES GRAVES INFRACTIONS DE POLICE, ET DE LEURS PEINES.

SECTION II.

DE LA PROCÉDURE CONTRE LES GRAVES INFRACTIONS DE POLICE.

FIN DE LA TABLE.